海外中国研究丛书 —— 到中国之外发现中国

中国近代思维的挫折

中国における近代思惟の挫折

[日] 岛田虔次 著
甘万萍 译

江苏人民出版社

图书在版编目(CIP)数据

中国近代思维的挫折/[日]岛田虔次著;甘万萍译.
—南京:江苏人民出版社,2005.8(2025.7重印)
(海外中国研究丛书/刘东主编)
ISBN 978-7-214-04027-5

Ⅰ.中… Ⅱ.①岛… ②甘… Ⅲ.思想史-研究-中国-近代 Ⅳ.B25

中国版本图书馆CIP数据核字(2005)第071765号

中国近代思维的挫折
本书经原出版社日本筑摩书房及版权所有人岛田元子授权,根据原著日文版(岛田虔次:《中国における近代思惟の挫折》,东京:筑摩书房,1970)译出
江苏省版权局著作权合同登记:图字10-2005-176

书　　名	中国近代思维的挫折
著　　者	[日]岛田虔次
译　　者	由其民　周启乾
责任编辑	曹　斌　李晓爽
装帧设计	陈　婕
责任监制	王　娟
出版发行	江苏人民出版社
地　　址	南京市湖南路1号A楼,邮编:210009
照　　排	江苏凤凰制版有限公司
印　　刷	南京新洲印刷有限公司
开　　本	652毫米×960毫米　1/16
印　　张	16　插页4
字　　数	212千字
版　　次	2010年7月第2版
印　　次	2025年7月第4次印刷
标准书号	ISBN 978-7-214-04027-5
定　　价	48.00元

(江苏人民出版社图书凡印装错误可向承印厂调换)

序"海外中国研究丛书"

中国曾经遗忘过世界,但世界却并未因此而遗忘中国。令人嗟讶的是,20世纪60年代以后,就在中国越来越闭锁的同时,世界各国的中国研究却得到了越来越富于成果的发展。而到了中国门户重开的今天,这种发展就把国内学界逼到了如此的窘境:我们不仅必须放眼海外去认识世界,还必须放眼海外来重新认识中国;不仅必须向国内读者迻译海外的西学,还必须向他们系统地介绍海外的中学。

这个系列不可避免地会加深我们150年以来一直怀有的危机感和失落感,因为单是它的学术水准也足以提醒我们,中国文明在现时代所面对的绝不再是某个粗蛮不文的、很快就将被自己同化的、马背上的战胜者,而是一个高度发展了的、必将对自己的根本价值取向大大触动的文明。可正因为这样,借别人的眼光去获得自知之明,又正是摆在我们面前的紧迫历史使命,因为只要不跳出自家的文化圈子去透过强烈的反差反观自身,中华文明就找不到进入其现代形态的入口。

当然,既是本着这样的目的,我们就不能只从各家学说中筛选那些我们可以或者乐于接受的东西,否则我们的"筛子"本身就可能使读者失去选择、挑剔和批判的广阔天地。我们的译介毕竟还只是初步的尝试,而我们所努力去做的,毕竟也只是和读者一起去反复思索这些奉献给大家的东西。

刘 东

目 录

译者的话 1

序 4

第一章　王阳明：作为人的自然的圣人　14

第二章　泰州学派：从大丈夫到"吾"　57

第三章　李卓吾：童心——新的"人伦物理"之发现　106

第四章　一般的考察：近世士大夫的生活和意识　149

补　论　王学左派论批判的批判　186

后　记　211

译者注　225

译后记　239

译者的话

《中国近代思维的挫折》的著者岛田虔次(1917—2000),日本广岛县人。1941年毕业于京都帝国大学文学部史学科。历任东方文化研究所助教,东海大学预科教授,京都大学人文科学研究所副教授、教授,京都大学文学部教授、名誉教授(退休后)。日本学士院院士。

岛田虔次先生不仅是日本学术界公认的东洋史、东洋思想史,特别是中国学研究领域的学术权威和泰斗之一,在世界学术界,也是如此。他在中国学方面,特别是以对朱子学、阳明学以及中国近代史的高深造诣而著称。余英时先生评价他是"世界中国学的伟大的指导者,日本的国宝"。他著作等身,日本正在筹备出版《岛田虔次全集》,但奠定了他在学术界不可动摇之地位的,是他的名著《中国近代思维的挫折》和《朱子学与阳明学》,后者已被蒋国保先生译成中文并由陕西师范大学出版社出版。

1949年由筑摩书房出版的《中国近代思维的挫折》是他的成名作。在日本,此书作为在中国思想史研究中最早提出中国"近代"问题的具有划时代意义的研究著作,不但在当时受到了最高的评价,而且即使是在现在也是研究中国思想史(特别是从宋至清)的日本学者的必读文献之一。实际上,"二战"后的日本对中国近代思想的研究,就是从这本著作开始的。日本学者认为,在"二战"后的日本学术界,岛田虔次氏的《中国近代思维的挫折》是最早对战前日本的历史学观进行反省,且最早作为担当克服所谓亚洲停滞论这个战后历史学界的重要课题而展开研究的第一本重要著作。岛田氏以极其宽广的历史视野,描绘出从王阳明、经过泰州学派、到李卓吾的所谓"王学左派"的中国近代思想史的展开,再现了当时社会与思想运动的活泼泼的气息,并指出这个时期在哲学与思想中已经出现"天理"与"人欲"的对立,已经分化出"天"与"人",而在社会中亦已出现了时而打破儒家规矩——这在当时几乎是"社会"的同义词——的"个人",总之,出现了可以说是近代市民意识的萌芽。与此同时,岛田氏又向我们描绘出了一幅这些新生事物由于过早出现的缘故,最终毫无疑义地遭受了"挫折"的图画(伊东贵之,《〈挫折〉论的克服和对"近代"的质疑》,东京大学中国哲学研究会《中国哲学研究》1993年第五号)。我国著名学者、武汉大学哲学系教授萧萐父先生认为此书的许多观点中国学者尚未涉及,如果其中译本在中国问世,将对中国思想界研究中国哲学起到很大的推动作用。

《中国近代思维的挫折》用与中国学者不太一样的研究方法、立场和思路,批判了那种"二战"以前长期普遍存在于学术界的中国只有古代社会没有近代社会、只有古代文明没有近代文明的观点,通过对中国阳明学的历史展开过程及其经济、政治和文化等历史环境的研究分析,指出中国和西方同样,不但存在着具有资本主义性质的近代社会,而且这个近代社会早在宋代就开始了,到明代已经发展到相当的程度。与中国近代社会相适应,中国出现了庶民(市民)社会和作为其意识反映的近代思想(思维)——阳明学。阳明学高扬人的主观能动性,反对和蔑视封建礼教及其权威,提倡知行合一的认识论和实践论,主张人不分高低尊卑、连愚夫愚妇那样的小人也能成为圣人的平等精神等等。阳明学的上述性质和特征使其当之无愧地成为中国近代社会中具有资本主义启蒙运动性质的反封建主义的东方精神运动,并且和西方文艺复兴运动一样在人类精神文明史上具有同等的重要地位和意义。阳明学这一中国近代思维,由于在中国资产阶级革命、科学技术(工业)革命等主、客观条件尚未完全成熟之前就过早登上历史舞台而受到挫折,遭到中国封建统治者的严酷镇压而夭折,成了异端邪说从而在中国一直得不到应有的重视(然而在日本,阳明学的命运正好相反,它被全盘接受并被改造成日本阳明学,不但是使日本变成世界强国的明治维新资产阶级革命运动的精神推动力之一,也被看成是现代日本社会的精神支柱之一)。本书对上述现象的必然性作了深入的探讨并得出了自己的结论。

序

根据内藤湖南[1]（编者按：方括号注为译者注）博士的观点，中国近代（宋、元、明、清）的成立，具有平民的发展与政治重要性的衰退这两个根本特征（参照《东洋文化史研究》所收《近代支那的文化生活》）。在思想学术领域中，这两个根本特征以自由研究、自由批判的形式表现出来。我在本书中所展开的研究，归根结底，就是受到博士的这个观点的启发而产生出来的。作为关于宇宙论、人性论的近代思辨之学的宋学，作为对经典进行批判的考证学、文献学之清学，这两者怎么会成为近代学术史上的双璧，这个问题毋须再提了。然而，居于宋学和清学之间的明学，即因阳明心学而为人们所知的明学，又是怎样的呢？它确实是宋学某一方面的发展，但仅此而已吗？一般认为，阳明学发展至其末流，便堕落于空疏的概念游戏，即所谓的"玄学"之中，而被其浸润的士大夫，则陷入无气力、无理想的境地，结果就发展成为被称之为"心学横流"的社会性弊病。阳明学就是这样被定论的。更有甚者，心学还被咒骂成是明朝社稷之所以灭亡的根源。被我国所移植的阳明学，倒是一直以很高的评价而受到关注，甚至还被看成是明治维新的一个精神推动力。把两国对阳明学的评价相对比，人们不禁为这种评价的悬殊之大而感到吃惊。然而，一种独自形成的思想，在它诞生的过程中就完全陨落了，应该得到很好评价的东西完全没有了，这是令人难以置信的。阳明学就没有发展了吗？再说，一种思想，说它造成了"社会"的危害，这是什么意思呢？更进一步说，经常以"实学"著称的阳明学，同时又被那些也标榜为实学的清初学者们痛斥到那样的程度，这又是为什么呢？这只应该断定为被玄学化了的阳明学末流之罪吗？实学是什么呢？我们对这样的概念的历史性，难道不是反省得很不够吗？把阳明学称为实践性的哲学，这无疑是正确的。然而，在这种场合，在实践中被作为目标的、根据实践应该实现的，是什么呢？是传统意义上的"名教"，是五伦五常、治国平天下之道吧！更进一步从根本上说，作为实践主体的人，是怎样被把握、以什么为前提的呢？心学的核心是什么？让心学那样地"横流"的根本动力又是什么呢？不解决这些问题，无论怎样地反复进行甲论乙驳，果真可以了解心学的本质与被其影响着的社会的真实吗？

在本书中，我想用一种方法来尝试解决这些疑问。这就是：跟踪作为心学的核心——人的概念的形成与发展，通过回顾构想这样的人的概念的心学者们的实践，去探寻心学运动之历史的、社会的意义，将其所遭遇的命运的必然性和近代中国本身的构造联系起来进行理解。我认为，心学的根本问题，无非是人性的问题。人的问题，可以划分为内在的主体性的人的概念，和以这个人的概念为根据的外在的客体性的实践这两个范畴。而且，人，归根结底无非是社会性的人；即使是实践，说到底也不是外在于社会性的实践。更进一步说，这个社会——在此处是作为对象的旧中国，在根本上无非是以士大夫的极端独特的性格作为核心而构成的社会。士大夫的世界才是本来意义上的"社会"，而所谓庶民的世界却可以作为这种优等"社会"的欠缺形态，或者说是伴随现象来理解的。如此说来，我目前所关心的，就与作为在这种社会中的旧中国式的人的存在方式相联系起来了。

我认为，明代是中国近代精神史上提出独特问题的时代。在这个时代,中国近代精神,可以说已经尖锐化到极限;由于自己产生了悖论,几乎快要毁灭自身了。一言以蔽之,旧中国的精神可称为"礼教的"精神。这虽然是极其笼统而又大胆的规定,然而我们不能否认,它直截了当地抓住了旧中国精神的核心。如同本书中也表明的那样,因为笔者的学问尚未成熟,要在中国精神所展开的各种现象中精密地规定中国精神的全貌,这是难以胜任的。我想暂且借用一下"礼教的"这个词。而它毕竟是未分化的精神,是作为 an sich[2] 的精神,这是固定不变的社会精神。但是,就是这种与他者毫无关系的、未分化的自我存在的精神,进入宋代之后,便理论化、理性化地开始自我分化;在明代,它的自己驾驭自己的自律即将完成。或者,对社会理性而言,它也可以被称之为个人理性的独立化、自律化吧! 这是近世士大夫、读书人的独特生活所产生的必然动向。当我们在探究中国近世的时候,一开始就必须预见到这样的动向。就像在欧洲的近世所被认可的那样,所谓文化形式的细分化,它的自律性要求的倾向(为学问而学问,为艺术而艺术等),在中国的近世也能被认可。而其根本在于站在确信人的根本能动性的立场上的不可遏止的自我扩充的热情以及与之互为表里的合理主义这两种特殊的精神态度。在历史时代的三分法(古代、中世、近代)中,不得不承认应该称之为几乎是形而上学的"时代"的类型性。既然同是人的生活的展开,那么,不论是欧洲还是中国,在本质上毕竟要表现出同样的倾向;既然把学问作为人的理智的认识,那么,把它当成法则性、类型性的东西来处理,就是很自然的事了。即使是中国的近世,也可以相信,它是与人类历史的"近世"一致的(而不是人类历史的"近世"的例外)。而与此同时,我们还必须探求它的彻底的中国式的性格。为了精确地认识和勾画中国的近世性与近世的中国性这两方面,必须把握作为近代中国史主体的士大夫的存在性格,这无疑成了本书的中心课题。近世士大夫的生活,必然促使分析的、逻辑的意识态度得到发展。合理主义极其激进,古往今来的儒家一律成为嘲弄的对象,"恒久之至道,不刊之鸿教"[3] 的儒教经典遭到嘲笑。"启蒙"的热情，决不是与中国无缘的，而它的命运最终却极为悲惨。中国的合理主义思潮被强权所镇压，此后历史上再也没有作为运动的形式出现。启蒙之树还没有结果就枯萎了。具有特色的这个事实所包含的意义，必须慎重地加以仔细研究。中国的近世最终没有达到市民社会。中国的近世是"最终没有达到"呢？还是如同一个社会无论它怎样地达到高潮，却最终没有达到市民社会一样，还会有其他特殊个别的近世存在呢？不用说，这大概就是"近世学"独特的课题吧？最近多次听到"古代学"这个词，而与这个"古代学"具有同等地位的关于近世的近世学，也是必须存在的。这是笔者所坚信的。但这还不是目前所关心的问题。

我认为，阳明心学是儒家思想（或者是中国思想）的极限，超越阳明心学，儒家思想在本质上就已经不再是儒家思想了。如果说凡是一种思想，在它的极限状态抓住它，对把握这种思想的本质往往是行之有效的方法的话，那么，对阳明心学的研究，在这里就应该具有独特的意义。然而现在即使把观点只限定在中国学术史上，也必须深刻反省向来对明学的漠不关心。从过去到现在，学者议论明学，言及李卓吾，十有八九是墨守自清学而来的非难，那不过是蹈袭《日知录》中的咒骂而已。可以把明学说成是"空疏"的，然而，这个空疏是相对于怎样的充实而言的呢？那不是因为用了清学的标准来衡量明学吗？而且，明学一贯认为，像清学那样引以为自豪的训诂考证之学，才是空疏而没有根基的学问。明学必须用明学本身的原理来衡量，而且明学的原理必须要由贯穿近世之原理的本身来定位和把握。不仅如此，根据清学来规范明学的态度，会招致更加重大的错误结果。那就是，不能理解明清思想史的正确联系，说清学的实事求是是对明学的空疏的"反动"而引起的，说明清的精神史是没有联系的。然而史学家不是把明清一同概括为近代吗？中国的近代，难道只不过是一个单一的政治经济体系吗？在它的精神发展史上，实际上是两个时代吗？作为清朝实证学的先河而列举出黄宗羲、顾炎武两氏，这已经属于常识,但是,黄宗羲作为刘宗周的弟子,又因为著有《明儒学案》《宋元学案》等著述,不言而喻是众所公认的心学者。顾炎武也将他的壮年时代归属于复社,置身于广义的明学的气氛之中(关于如张履祥、陆世仪这样的清初朱子学者,更没有必要论及)。或者又说清朝考证学的思想史的意义在于"以复古为解放"这一点上。① 然而从孔孟中解放出来这件事,实际上不是已经几乎被明学所完成了吗?明学与清学在这个问题上的一致,归根结底难道只不过是偶然论和唯果论的一致吗?在确信能够"客观"地考证神圣的经典的精神态度中,不是应该可以看到贯穿于宋元明清的、具有深刻同一性的"主观主义"吗?明清的非连续性,本来就是理所当然的,但是,如果不抓住在其本质上所存在着的、具有深刻连续性的基础构造,那么,要想统一地把握近世的中国,归根结底是不可能的。在思考明学和清学之间的联系的时候,仔细推敲阳明学的本质,概观其发展,是不可缺少的前提。本书虽然还仅是其绪论,但笔者的意图,应该是涉及了这一点。

笔者于1941年1月,把以"阳明学的人的概念、自我意识的展开及其意义"为题的毕业论文,提交到京都大学文学部(东洋史),后来又进行了增订,登载于《东洋史研究》第八卷的第三号及五、六合并号(1943年7月、1944年3月)上。本书总的来说不过是它的重复。虽然在引文上多少丰富了些,在叙述上增加了一些委婉曲折,但是从根本上来看,与那篇论文没有多少差别。本书如此没有进步,反思起来不禁汗颜。但是有一点需要说明,这篇论文登载于杂志上的时候,最初预告说一共是三章,但

---

① 梁启超的名著《清代学术概论》(文求堂本,十三页)说:"综观二百余年之学史,其影响及于全思想界者,一言以蔽之,曰:'以复古为解放。'第一步:复宋之古,对于王学而得解放;第二步:复汉唐之古,对于程朱而得解放;第三步:复西汉之古,对于许、郑而得解放;第四步:复先秦之古,对于一切传注而得解放。夫既已复先秦之古,则非至对于孔孟而得解放焉不止矣。然其所以能著奏解放之效者,则(作为清朝考证学精神的)[4]科学的研究精神实启之。"

又,橘朴氏[5]的《支那思想研究》三九四页中说:"我相信,考证学所具有的最重大的学问上的及社会上的意义,在于把由历代朝廷和御用学者的手捧上神殿的孔子从神位上拉下来,使之处于和先秦时代的诸子百家同列的地位云云。"

是其中的第三章,因为懒怠的关系,最终没有继续写下去,给编辑先生增加了很大麻烦,自己也非常过意不去。现在这一部分终于有机会发表了(本书第四章),这样一来可以相信本书也有一点存在的价值吧!不管怎样,总免不了"颜之厚矣"[6]的批评。但是,本来最初起草论文时的构想,是把黄宗羲的《明夷待访录》作为论文的主题,而把概观阳明心学作为论文的导论。1940年的秋天,预先要呈报论文题目的时候,我选择了"从王阳明到黄宗羲"这个题目。选择这个题目是因为能力不足以及阳明学本身的魅力的缘故。在这里尤其要特别交代一下的是,更因为是由于阅读了嵇文甫先生的《王学左派》的小册子(民国23年,开明书店),而开始对泰州学派产生了兴趣①的缘故,最终没有完全实现当初的意图。黄宗

---

① 在中国和日本,首先高扬阳明左派的,恐怕要数嵇文甫氏了。我受他的启发而开始注意到阳明左派的存在。根据序文,嵇氏于民国二十三年春,把在北京大学讲授思想史的一部分抽出来发表,就是这篇《左派王学》。但此书不如说是介绍之功居多,如嵇氏自己所言:"仅引端绪,不详细发挥。"在他的研究中,虽有不足之处,但那是筚路蓝缕的书往往难以避免的,决不应该因此而掩盖嵇氏的卓识。特别是此书的附录《十七世纪中国思想变动的由来》这篇文章,虽然有令人难以赞成之处,但应该加以慎重琢磨。这是一篇极其富有创见的文章。现在将此书的内容条目性地记录如下:

序
一、王阳明的道学革新运动(一至十七页)
二、王龙溪与王心斋(十八至四三页)
  A. 王龙溪
  1. 讲学的热情
  2. 狂狷、乡愿
  3. 现成良知
  4. 煎销磨炼
  5. 天泉证道
  B. 王心斋
  1. 乐学主义
  2. 淮南格物说
三、泰州学派之重要人物(四四至六三页)
  1. 王东崖 2. 颜山农 3. 何心隐 4. 管东溟
  5. 罗近溪 6. 周海门(接下页)

羲,所谓清初三大儒之一,作为开创清朝实证学,特别是实证史学的渊源的学者,又是作为君主制的深刻批判者,已广为人所知。他的《明夷待访录》,已多次被我国的内藤湖南、小岛祐马[7]两博士表彰。但是,关于黄氏的概括性研究,却还没有人进行尝试。钱穆的《中国近三百年学术史》,的确是本名著,但是他的理论,有难以令人信服之处;同时,书中关于清初诸家对君主的批判的论述和关于所谓民本主义的一些论述,也只

(续上页)四、李卓吾与左派王学(六四至八一页)
　　五、左派王学的历史评价(八二至一〇一页)
　　此章论述了樵夫朱恕、陶匠韩乐吾、田夫夏叟等。
　　附录:十七世纪中国思想变动的由来(嵇著《十七世纪中国思想史概论》第一章)(一〇二至一二四页)
　　一、阳明派心学影响后来思想界的正反两方面。
　　二、16、17世纪之间的西学输入与古学复兴。其中关于古学复兴:从藏书刻书之渐盛与古字古音的研究这两方面来进行论述,把清代朴学运动的第一步发展放在了这一时期。
　　三、17世纪中国思想变动的社会根源。嵇氏认为:各时代的思想之所以不同,是由于各个时代的社会物质生活条件不同、各个时代的社会构成形式不同所决定的。嵇氏本着唯物史观的理论,从大局出发,得出中国的历史无非是一部封建社会演变的历史的结论。然后,嵇氏从以下几点考察了明朝中叶以后的社会变动:
　　1. 货币经济
　　英宗以后,银被作为正赋,租税从自然物租税向货币租税转移,这是中国经济发展的一个重要的阶段。从此官俸、军饷都以货币支给,货币的需要日趋增加。这应该说是商业资本发展的重要标志。
　　2. 海外贸易
　　一些人违反即使连一片木板也不许入海的严厉禁令导致走私贸易盛行。而且,这些"势家"、"奸民",实际上操纵了舆论,左右了官吏,势力大到足以影响国家政策的程度。而另一方面,当时,葡萄牙人已经占据了澳门,荷兰人占据了台湾,国家处于西洋各国接踵而至的状况。
　　3. 土地兼并
　　4. 民众暴动
　　民众暴动历代并不是没有,但明朝却格外多。从《廿二史札记》三十六页的《明代前后流贼》、同书三十五页《万历中矿税之害》等可见一斑。
　　此文结论说:"明清之间——十七世纪——的思想变动是根据明中叶以后的种种社会条件所形成,是当时地主阶级自救运动的反映。"
　　这里预告的《十七世纪中国思想史概论》一书,那以后是否出版,就不太清楚了。
　　还有东京的后滕基己[8]氏刊登在《汉学会杂志》第十卷二号(昭和十七年十月)上,题为"清初政治思想的形成过程"的论文,作为既妥当地评价了阳明学、阳明学左派,又展望了明清思想的内在联系的书籍,确属一篇罕见的力作。我现在不知道他的近况,如果他现在还健在的话,那么发挥出其学问的蕴蓄,将会给学术界以很大的神益。特提醒诸君注意。

能使人感到非常表面化。从大学毕业到现在，我对黄氏的关心毫无衰减，我相信我把他的文章差不多都看完了。"国可灭,史不可灭"(《南雷文案》卷六,《董次公墓志铭》),这是黄氏的话,但如果人们用历史的眼光来看待这短短的话语的话,那么它在中国精神史上就一定是意味深长的了。如前所述,黄宗羲是心学者,心学者的黄宗羲怎么成了史学者的黄宗羲了呢？笔者想什么时候深刻地探讨一下这个问题,然而为了这一目标,首先必须面对东林学派。路途远险,乞请诸贤鞭策。

在本书将要公开出版发行的时候,我预先须要申明的是,本书并非是在充分准备之后写出来。本书虽然是对同样的主题进行三次改写之后的产物,但绝不是潜心钻研的结果,它只不过是乘着一时的兴趣,对胡乱阅读所得进行点缀增补的东西。加上搬家搬到现在这个地方,除了我那寒碜的书架藏书以外,应该依靠的文献就再也没有了,再加上我完全没有东奔西走去利用公私文库的充分时间。因为在这样的环境中起稿,所以没有能够把几年前的那些抄录与原典进行校对,只好再三把不能信赖的石印排印作为根据。不！不！将自己的错误归于"外",是阳明夫子所严禁的。这完全是笔者的病入膏肓的懒惰所致,江山易改,本性难移。请各位别责难我。况且,我对汉文的引用和翻释是非常拙劣和粗杂的,谨请诸贤指正。

最后,有一事需要辩解。那就是,自己原来是史学专业的,完全缺乏哲学素养,特别是不太理解为弄懂心学所必需的关于宋学、佛教的理论。要毫无遗憾地论证本书这样的主题,恐怕只有已故的安田二郎[9]先生能够胜任了。在安田先生长逝的一两年前,他渐渐地转为关心明学。安田先生生前不一定承认我的论述,我也难以同意安田先生的观点。但是,安田先生那深厚的哲学功底、关于宋学的坚实的知识以及由此而产生的严密透彻的剖析等等,都是我非常敬佩的。上天如果能够使安田先生多活几年的话,那么不容置疑,阳明心学的本质一定可以得到划时代的解明。本书由于笔者能力和才学的不足,遗漏掉了应该论证的很多问题,成了颇为片面的东西,这是我自己承认的。与此同时,在这里表达对安田先生的痛惜之情。作为曾是与安田先生同一研究室的,与安田先生一起读书学习的学弟,我认为我更有义务表示悲痛之情。安田先生的遗稿,最近已有《中国近世思想研究》(弘文堂)与《孟子字义疏证》(养德社)这两本书公开出版。安田先生的明白易懂的文章,可以使一般的知识人士轻松地阅读。读者一定和我一样感到痛惜吧!

成绩究竟如何,那是读者的评价。不管怎样,本书完成了。趁此机会,我想对很多师友表达深深的感激之情。首先,对高中时代的恩师铃木成高[10]先生,大学的宫崎市定[11]、梅原末治[12]两先生,东方文化研究所的吉川幸次郎[13]、平冈武夫[14]两先生以及友人富本健辅[15]兄,奉上满腔的感谢。从铃木先生那里,因为专业不同,虽然没有受到直接的教诲,但是在听他那轻松自如的闲谈中,我所得到的收获完全是不可估量的;即使在学问以外,使我从多次陷于意志消沉的境地中重新振作起来的,常常就是先生那些有意无意的片言只语。1943年4月,我辞去了长野县野泽女子高中的教职,进了东方文化研究所,成了当时由吉川先生所主持的经学文学研究室的一员。就在这里,在吉川、平冈两先生的指导下,一方面得到入矢义高[16]、(已故的)安田二郎、田中谦二[17]、市原亨吉[18]、小尾郊一[19]、布目潮沨[20]以及波多野善大[21]等学兄与同事们的帮助;另一方面,服从于严格的读书训练,学到了涉及整体中国学的广泛的知识。中途虽因应征入伍和生病住院而有所中断过,但在研究所的这三年,才是我迄今为止的学问生涯中最幸福的,而且又是最充实的岁月。特别是对不仅经常宽容我的无为无能,而且不厌其烦地回答我那幼稚的问题、教导我读书的方法而毫无倦意的吉川先生,以及对还不能独立研究的我经常予以温情的庇护、关心我生活的每一个细节的平冈先生,最情不自禁地要产生感恩的念头。我之所以能够对中国的学术多少产生一点见解,必须说完全是两位先生对我熏陶的结果。而且,自由活泼的东方文化研究所的浓郁的学术气氛,将成为我一生中的美好回忆。我听说,研究所也因财政短缺而不得不与京都大学合而为一。使研究所落到了不能走独立道路这一步的根本原因在于社会对基础学术的不理解,我对此感到非常愤慨。

家父去年已到花甲。中学时代以来,我肆无忌惮的言行,使家父非常操心。至少为了赎罪,我想以学者的唯一的方法来庆祝他的寿辰。本来计划于去年刊行本书,但因杂事纷纷,最终未能如愿以偿。这样虽然失去了机会,但是无论如何,本书完成的喜悦,对我来说具有特别的意义。我衷心祝愿辛酸奔走、毫不歇息的家父万福金安。同时也衷心祝愿今天还处在逆境中的家兄,就像他曾经酷爱朗读的杜樊川的诗句那样,再卷土重来。对学生时代常常志向不定而经常激动的我给予治学道路上的经常鞭策,并且几乎完全没有自己的快乐的家兄,此书也必须是首先向他奉献的。

最后,我要对东海大学预科的教授职员们,以及他们的家族成员表示深深的感谢。这本拙著,不管到什么时候都可以作为和大家在一起快乐生活的纪念,可以成为美好的回忆。特别是对相原信作[22]先生夫妻的厚意,简直不知应该用什么语言来表达。我还应该写下对东海大学预科的诸位学生表示感谢的语言,因为可以说我每天的生活,都是建立在和诸君的共同切磋之上的。社会上官学崇拜的迷梦还在泛滥,因而诸位也受到了不合理的轻视。为此,年轻的心受到了伤害。然而,诸位切不可失去自尊心,不可以成为"自画"[23]。至少我不能相信作为教授和学生的集体的本校,与其他同类学校相比,会有什么逊色!恳切地希望诸君自重。

昭和二十三年(1948年)四月七日于清水市郊外东海大学
建学寮之读黄斋
岛田虔次　记

第一章　王阳明：作为人的自然的圣人

一般认为,由南宋朱熹集大成的中国空前的思辨哲学,即所谓的性理哲学,经元代到明代被继承下来,但在明代的初期,始终只是墨守传统,思想界是极其沉滞的。这种沉滞,实际上是什么呢?是否应该真的把它称为沉滞呢?关于这个问题,虽然以后还有机会重新加以考察,但无论如何,打破"此亦一述朱耳,彼亦一述朱耳"①的所谓沉滞,迈出独自的明学建设第一步的,是白沙先生陈献章(宣德二年至弘治十三年,1428—1500)。② 他说:

> 三代以降。贤圣乏人。邪说并兴。道始为之不明。七情交炽。人欲横流。道始为之不行。道不明。虽日诵万言。博极群书。不害为末学。道不行。虽普济群生。一匡天下。不害为私意。③

他还说:"为学莫先于为己为人之辨。此是举足第一步。"④ 他的这些话,

---

① 黄宗羲《明儒学案》十,《姚江学案》序。以下,我们所根据的黄氏此书是道光元年莫晋刊本。
② 我们在这里并不是要试着对白沙进行概括性的叙述。有关白沙的研究甚少,故安田二郎氏的论文《陈白沙的学问》是卓越拔群的研究,关心明代思想史的学者无论如何都应该读一读(《支那学》十一卷一号,昭和十八年六月)。除此之外,也可以参照秋月胤继[24]博士《元明时代的儒教》(昭和三年)、容肇祖氏《明代思想史》(民国三十年,开明书店)等。
③④《学案》五,《白沙语录》。

极其贴切地表现了明学的精神,必须充分地加以认识。把近世的所谓士大夫作为读书人,即作为食禄性的存在来把握,大概不是误解吧。但在这里,如果按照白沙所坚信的,不管是士大夫＝读书人式的"博览通籍",还是士大夫＝官僚性的"经世济民",就"学"来说,都不是本质性的东西。学问,既不是作为修养的手段,也不是作为政治的工具,它仅仅只是为了明道、行道。这种本义上的学问,肯定是从对孔子所谓的"古之学者为己,今之学者为人"①进行反省而出发的。而朱子在对孔子的这句话进行注释时,引用程子的话说,为己是自己体认,为人是为了被人所知;前者是以"成物"为结果,后者是以"丧己"而告终;朱子还批评说,虽然自古以来的圣贤,对学者的精神曾有过各种论述,但再没有比这句话更切实、更重要的了[25]。② 正如随着叙述的展开将会明朗起来的那样,虽然朱子之言深刻地触及了中国近代精神的核心,但白沙先生认为,在政治和文化之前的那个极端的自己本身——最终也是人本身——才应该是学的根本问题。在其弟子林光的笔录中有这样一段话:

> 人所以学者。欲闻道也。求之书籍而弗得。则求之吾心可也。恶累于外哉。此事定要觑破。若觑不破。虽日从事于学。亦为人耳。斯理识得。为己者信之。诗文末习。著述等路头。一齐塞断。一齐扫去。毋令半点芥蒂于胸中。然后善端可养。静可能也。③

另外还有一段:

> 文章。功业。气节。果皆自吾涵养中来。三者皆实学也。惟大本不立。徒以三者自名。所务者小。所丧者大。虽有闻于世。

---

① "古之学者为己。今之学者为人。"(《论语·宪问篇》)在《雍也篇》的注中也引程子,把为己、为人与君子儒、小人儒配在一起。这句话,作为表示学问和学问者的存在方式,在宋学明学中多次被运用。
② "成物"的物,显然是包含所谓人物、物情的那个物。即包括人的存在在内的所有的物的自己以外之存在,这些都属于"物"这个范畴。"物我"这样的说法能够很好地表达出这方面的意思。
③《学案》六,林光记白沙语。

亦其才之过人耳。其志不足称也。学者能辨乎此。使心常在内。到见理明后自然成就得大。①

也就是说,学必须是这样的心的态度的表现。白沙的立志,据传说是他读了《孟子·尽心上》的"有天民者,达可行于天下而后行之者也"之后,发誓说"为人必当如此",并由此开始发奋。[26]孟子的话,古人赵岐注释为：天民指能识道之人,欲行即行,欲止即止。[27]朱子解释道："民者无位(非官,即广义的非为政者)[28]之称。以其全尽天理。乃天之民。故谓之天民。必其道可行于天下。然后行之。不然则宁没世不见知而不悔。不肯小用其道以殉于人也[29]。"②的确,治国平天下,是为学的目标,是道的究极,然而那也不过是应该行而行。在叫作"天民"的人的理想状态中,虽然道才是须臾也不应该离开的本质,然而这个道,在原理上和政治现实是没有关系的东西;它和政治现实是不同层次的最终极的东西。

> 道至大。天地亦至大。天地与道。若可相侔矣。然以天地而视道。则道为天地之本。以道视天地。则天地者太仓之一粟。沧海之一勺耳。曾足与道侔哉。天地之大。不得与道侔。故至大者

---

① 《白沙子全集》二,《书漫笔后》(又《学案》)。
② 儒家思想褒奖个人为了天下国家而活动(经世济民)是不言而喻的,但不能不看到,另一方面,所谓"危邦不入。乱邦不居。天下有道则见。无道则隐"《论语·泰伯》,以及像"天下有道。以道殉身。天下无道。以身殉道"(《孟子·尽心上》)这样的个人主义,被视为"高尚"(《易经》有"不事王侯,高尚其事"之语),这已成了儒家思想的本质性的要素(小岛博士《支那古代的社会经济思想》第四节,《古代支那研究》二三九页以下参照)。这种隐循主义、独善孤高主义深深潜在于士大夫的心灵深处,给士大夫的学艺文化以独特的性格。这和把实务性作为"俗"而蔑视的态度在本质上是一致的,它导致不追求权力的高洁的人格,同时,另一方面,也产生了一种作为政治担当者的士大夫的可怕的无责任性。即使不一定是在面临事情时表现出明哲保身,但也像内藤博士所指出的(《近代支那的文化生活》,载《东洋文化史研究》)那样,官吏对自己的职务不尽职,相反还有把这种不尽职的事加以夸耀的心态,这的确是士大夫意识中本质性的表现(参照本书第四章)。不能不看到在宋学中也流露着相同的孤高主义心情。阳明尽管一直主张"事上磨炼",但最终也没有摆脱孤高主义,而其弟子王心斋则直截了当地反对这样的独善孤高(参照本书四三页)。

道而已。而君子得之一身之微。其所得者。富贵贫贱死生祸福。曾足以为君子所得乎。君子之所得者有如此。则天地之始。吾之始也。而吾之道无所增。天地之终。吾之终也。而吾之道无所损。天地之大且不我逃。而我不增损。则举天地间物。既归于我。而不足增损于我矣。天下之物尽在我。而不足以增损我。故卒然遇之而不惊。无故失之而不介。舜禹之有天下而不与。烈风雷雨而不迷。

"道可状乎。曰不可。此理之妙。不容言道。至于可言。则已涉乎粗迹矣。"①这是白沙晚年的语录，然而在这样的气氛中观"道"，实际上多多少少已经是宋以来的传统了。作为明学建设之先驱的白沙，其立志开端所定下的目标，就是要做这样的道的体认者的"天民"。把它和白沙之后心学者的激进分子所定的目标，即或者是做"真人"，或者是做"大丈夫"的事实联系起来考查，必须说他的这一目标是极有特征性的。在给他人的一封信中，白沙这样叙述自己的学问：

> 仆才不逮人。年二十七始发愤。从吴聘君学。其于古圣贤垂训之书。益无所不讲。然未知入处比归。白沙杜门不出。专求所以用力之法。既无师友指引。惟日靠书册寻之。忘寝忘食。如是者亦累年。而卒未得焉。所谓未得。谓吾此心与此理未有凑泊吻合处也。于是舍彼之繁。求吾之约。惟在静坐久之。然后见吾此心之体。隐然呈露。常若有物。日用间种种应酬随吾所欲。如马之御衔勒也。体认物理。稽诸圣训。各有头绪来历。如水之有源委也。于是涣然自信。曰。作圣之功。其在兹乎。②

他之所以把"静坐"作为工夫（实践方法），把"随处体认天理"作为学问的

---

① 《白沙子全集》二，《论前辈言铢视轩冕尘视金玉》，上及下。
② 《白沙子全集》三，《复赵提学佥宪书》（又《学案》）。

目标,提倡学问者必须让"自然"作为主旨,主张"夫学贵乎自得也。自得之。然后博之以典籍。则典籍之言。我之言也。否则典籍自典籍而我自我也"①,是因为已被这种真挚的体验所证实。白沙的这种精神,就像以下所阐明的那样,尽管有所有儒家的传统的粉饰,但它才是贯穿阳明及其后学的、真正的明学的根本精神。② 与新兴的"心学"——应该说这才是本来意义上的明学——相对立的朱子学者罗整庵说:"近世道学之昌。陈白沙不为无力。而学术之误亦恐自白沙始。"[30]另一方面,处于心学正统地位的黄宗羲评价白沙说:"有明儒者。不失其矩矱者亦多有之。而作圣之功。至先生而始明。"③必须说这两种相反的评价是极其意味深长的。可以认为,对明学的误解和非难,大部分就是由于对这种根本精神的不理解所引起的。

明学的真正建设者是王阳明。阳明的传记目前已发行多种④,所以在这里就没有必要详细说明了。钱穆说:"阳明是一个多方面有趣味的人,在他的内心,充满着一种不可言喻的热烈的追求,毫不放松地往前赶着。他像有一种不可抑遏的自我扩展的理想憧憬,他的内心深处,隐隐地驱策他奋发努力。他似乎是精力过剩,而一时没找到发泄的出路。他一方极执着,一方又极为跳动,遂以形成他早年期的生活。"⑤阳明的父亲在成化十七年的廷试中,以第一甲第一人被授

---

① 《白沙子全集附录》,张诩撰《行状》。
② 奇妙的是,可以说阳明生前关于白沙完全没有言及。关于这一点,有各种各样的说法,没有必要再于此穿凿附会。阳明到壮年时,与白沙门下的首屈一指的湛甘泉交往甚密。毋庸置疑,他一定了解白沙的学说,但并没有根据其学说而打开眼界。阳明的学说毕竟还是基于他独自的体验而建立起来的。顺便说一下,白沙去世的弘治十三年(1500),阳明29岁。
③ 《学案》五,《白沙传》。
④ 对阳明的传记及其学问的研究,从高濑武次郎博士的著作到最近保田清氏的教养文库《王阳明》为止有很多,就我管见而言,特别值得推奖的是安冈正笃氏的《王阳明研究》(大正十一年)、安田二郎氏的《阳明学的性格》(《东方学报》京都一四之一)、武内义雄博士的《朱子·阳明》(《岩波·大教育家文库》)、钱穆氏的《王守仁》(民国22年《百科小丛书》)及容肇祖氏的《明代思想史》等,当然,《王文成公全书》三二以下附收的《年谱》具有根本的重要性,这是不需要再说的。
⑤ 钱穆《王守仁》,三六页。

予翰林院修撰。于是第二年,11岁的阳明由祖父陪伴着从浙江上京师和父亲一起生活。在途中,路过金山寺时赋诗二首:"金山一点大如拳。打破维扬水底天。醉依妙高台上月。玉箫吹彻洞龙眠";"山近月远觉月小。便道此山大于月。若人有眼大如天。还见山小月更阔"。[31]使人大为震惊。同一年,王阳明问塾师:"何为第一等事?"塾师答道:"惟读书登第耳。"阳明带着疑问说:"登第恐未为第一等事。或读书学圣贤耳。"[32]父亲听了笑道:就你也想成为圣人?虽然阳明的轶话,使人感到有一种在一些伟人传记中常带有的八股的气味,但是可以认为这是足以窥视年轻阳明性格的、具有典型性的轶闻。我们不妨再引用《年谱》中记载的几件轶事。在15岁前后,他出居庸关到塞外去游览,"慨然有经略四方之志"。[33]然后遍历诸夷的部落,仔细研究防备之策略,追逐胡儿试着骑射。这样一个多月之后才返回京师。又有一次,梦到自己前往以经略安南而闻名于世的伏波将军马援的庙去参拜,赋景仰之诗一首。[34]还有一次,他被当时陕西等地频发盗乱所刺激而不顾自己年少,几度企图向朝廷献上对策,被父亲叱责为狂妄。[35]即使是少年任侠武勇之事,一般也是不让士大夫风尚的。《年谱》中记载少年时代的王阳明"豪迈不羁",所以使他父亲"常怀忧"。[36]但这种盛气没有被抑制住。17岁在和江西布政司参议诸氏之女结婚的当天,他在散步途中靠近一个道院时,看见有一个道士趺坐冥想[37],阳明"因他自己不可羁束的好奇心和浪漫的情趣",便试着问道士问题。当他听了道士的养生之说之后,就开始和道士一起静坐,又"因他那副执着认真的性情",竟一坐之后完全忘了返回。人们找到他带他回家时,正好是第二天清晨。① 除此之外,还有很多不但奔放而且越出常轨的轶话。这些轶话都纷纷勾画出与其说是从父亲那儿,倒不如说是从达理的祖父的温和放任那里渐渐养成

---

① 引用的这两个句子是从钱穆那儿来的。

的这种"足以使人吃惊的机敏和达理但同时又是颇为大胆专横";有时也勾画出了几乎是恶少的幼年、少年时代的阳明的面目。① 但目前必须把它们放置在一边。为了从本质上理解由于阳明方始得以在完整意义上建立起来的明学的本质,必须专门考察这种学说到形成为止的体验的痕迹。

阳明仰慕圣学,是弘治二年他18岁时,在广信(江西省)拜见了娄一斋(名谅,永乐二十年至弘治四年,1422—1491),听到了宋儒的格物说,受到"圣人必可学而至"的指教而开始的。[38]关于这件事,钱穆认为,"其实他对娄一斋的景慕恐怕也不过和对铁柱宫的道士同样,他只是高兴,只是有趣,只是不肯安于卑近,要做一个超俗拔群的第一等人,做第一等事"[39],但也许他在某种程度上领悟到了真相。然而,假如能容许这样的解释,即使这不是根据确切的本质所得出的解释,也仍然不能对这历史性的会见等闲视之。宋儒的格物说——它的决定性的表述是朱子所赐予的——在当时是最广泛流传的。自元代理学被科举采用以来,到明代这种制度更加被强化,朱子学完全成了官学,成了定说。甚至出现了像明代一著述家因咒骂宋儒而在众人面前被处以杖刑,书也全部被焚那样的事件。② 即使标榜"圣人必可学而至",即使所谓的格物说,也只不过是性理学=朱子学的中心命题而已,本身并没有什么新意。然而据考察,传授这些的娄一斋并不是人云亦云的朱子学者。像阳明那样的一世俊杰,娄一斋之传之所以能打动他,并不是没有理由的。一斋和陈白沙一样,共同师事于吴康斋。而吴康斋不用说,一面是热情洋溢的朱子学徒,另一面又有独自的见解,树立了独立的学风。不!康斋甚至被讥笑为极端墨守宋儒学说,一步也不能超出宋儒学说,在学说上没有可取之处的孤

---

① 安冈正笃氏《王阳明研究》三一页及其他。
②《明史》六,成祖本纪,永乐二年条中记载的"秋七月壬戌。鄱阳民进书毁先贤。杖之。毁其书",就是这件事。容氏《思想史》三页中较详。

陋家。① 在这种形象的康斋那里，大概连应该能够被称做见解的东西都没有吧！那不如说就是他的性格，就是他天生的热情。所谓明学这种新学问，之所以开始是在其直接弟子陈白沙那里、随后决定性的是在其再传弟子王阳明那里放出光彩，在一定意义上就是因为康斋的热情。吴康斋（洪武二十四年至成化五年，1391—1469），名与弼，国子司业吴溥之子，江西崇仁人。他跟随后来成为大学士的杨溥学习，在读了《伊洛渊源录》之后，慨然立志于道。少年时代爱好狩猎的程明道，确信并公开申明在他跟周濂溪学习之后，气质变了。但即使是那样，在以后的生涯中，他一旦碰到猎人，还是不禁有所动心。这段轶话在道学史上是有名的。② 康斋接着这段轶话叫道："圣贤犹夫人也。孰云不可学而至哉。"于是放弃科举，谢绝交际，只是一个人闭居小楼，努力玩味四书五经、诸儒之语录，并以全身心体会之，两年没下楼。他的气质原来偏向于刚忿，但到了现在他已经自觉意识到这一点，于是经常进行克服刚忿气质的修养实践。很多弟子集聚而来，但康斋不进行社会之常情的讲学，只是让弟子和他一起农耕。

> 雨中被蓑笠负耒耜。与诸生并耕。谈乾坤及坎离艮震兑巽于所耕之耒耜可见。归则解犁饭粝。蔬豆共食。陈白沙自广东来学。晨光才辨。先生手自簸谷。白沙未起。先生大声曰。秀才若为懒惰。即他日何从到伊川门下。又何从到孟子门下。③

在这种专心的精神和要让儒学与生活成为一体的热情中④，我们不

---

① 容氏说："吴与弼是朱学的信徒，他是极端拘守的，而且学问简陋，除四书五经宋儒著作外，几乎都不注意的"，"他虽然负有一时盛名但只学到了理学家的规模样子"。参照容氏《思想史》吴与弼条（一八至二三页）。
②《程氏遗书》七。还有《近思录》五，《克己类》二一（以下引用的《近思录》，是根据岩波文库本的条码）。
③《学案》一，《崇仁学案》，《吴康斋传》。
④ 当然我们并不是无视"中岁家益贫。躬亲耕稼"（《明史》二八二）的事实。然而陷于贫穷的事实，与目前的事态并没有什么本质的关系。

是能够感觉得到胎动的大机运吗。又如"一日刈禾。镰伤厥指。先生负痛曰。何可为物所胜。竟刈如初"①的轶话所说的那样,即使是在学说上没有任何创见的康斋,也绝不会是"只能消极地做成了检束身心的事业"②。这个所谓的消极,如果深入到精神方面去理解,难道实际上不是正相反,是惊人的精神力的燃烧吗?一般认为他那细致的《日录》,完全记述了生平的所得:"所谓一人之史。皆自言己事。非若他人以己意附成。既以成说附己意泛言广论。"这和一般常情的语录随笔,有完全不同的情趣。③ 其所记载的完全是自己的事——是想要变化气质的执着努力和以圣贤为目标的气喘吁吁而又悲壮地奋发向上之记录。在《日录》中,多处可见他在梦中仿佛仰望见孔子、仰望见文王、拜见朱子等这样的记事。④ 正是这些事实,足以十二分地象征了作为明学先河的康斋在精神史上的地位。⑤ 在他的出入进退中,虽然有足以招致所谓清议的嫌疑,但是明学的最后一个大学者、殉国烈士刘蕺山(名宗周,号念台)却最对其为之倾倒,说:"先生之学刻苦奋励。多从五更枕上汗流泪下得来。及夫得之。而有以自乐。则又不知足之蹈之手之舞之。盖七十年如一日愤乐相生。可谓独得圣人之心精者。……薛文清(号敬轩,名瑄)多困于流俗。陈白沙犹激于声名。惟先生醇乎醇。"⑥作为学说家的康斋,或者如一般的评

---

① 《学案·康斋传》。
② 参照容氏《思想史》,二三页。
③ 引《学案·康斋传》中临川的章衮的话。
④ 容氏《思想史》一九、二○页中记载数例。例如:"孔子文王二圣人,在南京崇礼街旧居官舍之东厢,二圣人在中间,与弼在西间。见孔圣容貌为详。欲问二圣人生知安行之心如何。又仿佛将文王书一册在案披翫,似文王世系";"新居栽竹。夜归,吾妻语予曰:'昨夜梦一老人,携二从者相过,止于门,令一从者人,问:'子傅在家否?'答云:'不在家',从者曰:'孔夫子到此相访,教进学也'";"梦侍晦庵先生侧。先生颜色蔼然而礼甚恭,肃然起敬起仰也"等。
⑤ 黄宗羲以吴康斋为《明儒学案》之始,说:"椎轮为大辂之始。增冰为积水所成。微康斋焉得有后时之盛哉。"
⑥ 《学案》卷首,《师说》。

论者所主张的那样,也许是没有一点独自贡献的空疏低调的迂儒。例如即使在白沙被说成是康斋的弟子的场合,如在前面所引的书简中白沙自己所说的那样,康斋在学问上对白沙的影响,也几乎没有值得一说的东西。他在尊师的足下仅半年就回家乡去了。然而,白沙从康斋那儿所学到的,与其说是学说,倒不如说是对学问的热情。因此,白沙的门人在为尊师起草《行状》时,将白沙从康斋处所得到的,以"激励奋发之功"(先生之始为学也。激励奋发之功。多得之康斋)特书一笔,别的就没叙述了。① 我们不能不看到,真正促使新学问兴起的,与其说是学说,倒不如说是对学问的热情。承孔子之命的孔子之孙特意来访问,康斋感激之余,对着孔子之孙哭泣:尽管康斋醒了,那情景还历历在目不能消失——即使是到了 67 岁,还做过这样的梦。② 老康斋在不眠之夜的枕上挥汗求道,叹息力量不足而热泪直流——在这里,我们超过区区理论而看到根本的时代热情。娄一斋,就是像这样的康斋的入室弟子,传说是"凡康斋不以语门人者,于先生无所不尽"[40]的人。一斋的著述,由于某种原因完全散佚了,所以不能详细地了解其学说,但是当一斋在对阳明谈论格物、讲说"圣人可学而至"的时候,那已经不是单纯的陈旧套语,而是从心到心的如同火花一样的东西。

于是乎阳明被朱子的格物说打开了眼界。"格"就是"至","物"就是"事、物"。万事万物,没有任何一个不具有理,即这样的物、穷尽它的理,这是把握真理和启动良心的根本前提,也是修身、齐家、治国、平天下的基础条件。要达到在众物的表里精粗中无所不到、在我心之全体大用中无所不明的境地,除格物这一方法外,没有别的方法。阳明格究庭前竹

---

① 《白沙子全集》附录,张诩撰《行状》。还有安田氏论文。
② 容氏对吴康斋的"梦",也只批评如下:"这样的梦想圣人及朱子,他的思想自然很容易作古人的奴隶了。"(《思想史》二〇页)。又:在《四库提要》一七〇页中也能看到对他的梦的揶揄的话。

子之理的这件有名的轶事,也许不过是一幅朱子学的讽刺画。① 七天的苦苦思索付之东流,竹子之理最终没能把握,而阳明却因此病倒了。这即使有所夸张,但在把这件轶事特书一笔之中,我们是应该思索时代良心的真挚之情的。在这件事上受挫的阳明,认为毕竟圣贤是有分的,并不是任何人都能成为圣人,于是随世转向辞章之学(先生自委圣贤有分。乃随世就辞章之学),还为社会实情所驱,埋头于兵学研究,但这些都不足以寻求至道。在这种情况下,他再次返归朱子,一步步踏着着实的阶梯进行研究,收获甚大,然而又不停地受到"物理吾心终若判而为二"之烦闷的折磨,以致因忧愁而旧病复发。越发对"圣贤有分"之说不能不信的他在对到目前为止的正统学说感到绝望之余,偶然听到道士谈论养身之说,于是就理所当然地考虑要弃世而隐居于山(27岁)。数年之后他践行了这一志向。阳明对在文艺界中驰名的、热衷于新兴的古文辞运动的友人们——阳明实际上也是这个新文学运动中的铮铮者②——不满意,叫道"吾焉能以有限精神为无用之虚文也",于是辞了官职,离开京师,在浙江绍兴的阳明洞中筑起一室,静坐其中,专念于导引术的修行。修行的结果好像体会到了相当神秘的能力。但这个道家的方法不久又被他否定,他想彻底离开人世远去。但只是祖母和父亲怎么也离不开他的脑

---

① 这段轶话,见《传习录》下,一一八(以下,引用的《传习录》是根据岩波文库本的条码)。"先生曰。众人只说格物要依晦翁。何曾把他的说去用。我着实曾用来。初年(据《年谱》,21岁以前)[41]与钱友同论做圣贤要格天下之物。如今安得这等大的力量。因指亭前竹子令去格看。钱子早夜去穷格竹子的道理。竭其心思。至于三日。便致劳神成疾。当初说他这是精力不足。某因自去格。早夜不得其理。到七日。亦以劳思致疾。遂相与叹圣贤是做不得的。无他大力量去格物了。及在夷中三年。颇见得此意思(即所谓龙场顿悟)[42]。乃知天下之物。本无可格者。其格物之功。只在身心上做。决然以圣人为人人可到。便自有担当了。这里意思。却要说与诸公知道。"

安田氏把阳明的这个经验,论述为"可以说是对朱子格物说的讽刺化"(《陈白沙的学问》二五页,《阳明学的性格》四四页)。

② 阳明和李梦阳、何景明等古文辞派的交往,是应该搞清楚的重要问题。吉川先生曾指出过这个问题的重要性,鼓励我进行研究,但因为力量不足和心有旁骛,还没有完成。这里,只关注铃木虎雄博士的一篇十分简略的论文《李梦阳年谱略·附和王阳明的交涉》(《艺文》二〇之一,昭和四年)。

际,为此他犹豫不决,不能断然实行。就那样有一天,他忽然有所悟了。"此念生于孩提。此念可去。是断灭种性矣。"这是弘治十五年他 31 岁时的事,《年谱》中说"是年。先生渐悟仙释二氏之非"。依次沉湎于任侠、骑射、辞章、神仙、佛教的阳明的经历,在这里打上了终止符号。阳明的这个经历,虽然作为所谓"王子的五溺"而有名,但通过阳明到复归圣学为止的这个精神摸索的足迹,我们不难看到的,是超越卑俗,克服安逸无为,只顾不停地追求第一等事、第一义事的自我行动,是实践行动的强烈性。正确地认识这种激烈的内心发酵和精神泡沫,恐怕是对理解阳明具有决定性意义的大前提吧!并且那不单是阳明内心的激动吧!民族的精神史、人类的社会史,在它的某段时期,在大小强弱不同的规模上,也经历过这样的疾风怒涛;这一天,在"停滞"的国家,不是也最终到来了吗?虽说是个人的"性格",但它与历史的潮流也绝不是无缘的。时代的精神,在阳明那里不是集中地被表现出来了吗?

返归正统的王阳明,弘治十八年 34 岁时在京师开始讲学。《年谱》记载:

> 学者溺于词章记诵。不复知有身心之学。① 先生首倡言之。使人先立必为圣人之志。闻者渐觉兴起。有愿执贽及门者。至是专志授徒讲学。然师友之道久废。咸曰以为立异好名。惟甘泉湛先生若水(广东增城人,号甘泉)。时为翰林庶吉士。一见定交。共以倡明圣学为事。

这里的师友之道,指的是作为近世性的学艺、思想的背景的,具有重大意

---

① 这里所称的"身心之学",针对只为功利的学问或只为教养的学问——在道学、心学中,只为教养的学问毕竟是功利性的——而言,是屡次被用来指称自我目的性的真的学问,实践躬行的学问的用语。例如娄一斋在四方求师而最终得不到满足的情况下感叹地说"率举子学(为科举考试的学问)[43],非身心学也";又如他曾对潘玉斋说"致礼以治躬。外貌斯须不恭不敬而慢易之心入之矣。致乐以治心。中心斯须不和不乐而鄙诈之心入之矣。此礼乐之本。身心之学也",都是"身心之学"的例子(《学案》二,娄传;《学案》四,潘传)。

义的宋以来的"书院"或"讲会"中的自由研究的风气(参照第四章)。湛若水是白沙的高弟,是当代"心学"的一巨子,后来他的讲学,触犯了为政者的忌讳。"圣人可学而至"是宋以来学者常标榜的,但社会上却非难这样的学问。明代心学所具有的历史意义必须在这里加以考察。它是革新性质的学问,同时又无非是对近世人性学的正统的继承。①

阳明在京师,奉职于兵部的武选清吏司。当时是有名的宦官刘瑾的全盛时期。直率的阳明立即卷进了反刘瑾的运动中,招致刘瑾的憎恨,被流谪到贵州省龙场驿(正德元年,35岁)。这不过是非常普遍的官吏左迁之事。然而,正是在这不久,在中国精神史上却发生了划时代的事件。《年谱》正德三年,37岁的条目中记载:

> 龙场在贵州西北万山丛棘中。蛇虺魍魉蛊毒瘴疠与居。夷人鴃舌难语。可通语者。皆中土亡命。旧无居。始教之范(框架?)[44]土架木以居。时瑾憾未已。自计得失荣辱皆能超脱。惟生死一念。尚觉未化。乃为石墎自誓曰。吾惟俟命而已。日夜端居澄默。以求静一。久之。胸中洒洒。而从者皆病。自析薪取水。作糜饲之。又恐其怀抑郁。则与歌诗。又不悦。复调越曲。杂以诙笑。如能忘其为疾病夷狄患难也。因念圣人处此。更有何道。忽中夜。大

---

① 早在宋学形成之初,周濂溪对"圣可学乎"之设问就给予了肯定的回答,而且说为了至圣人必须无欲("圣可学乎。曰可。曰有要乎。曰有。请闻焉。曰一为要。一者无欲也",《通书》,《圣学》第二十)。后来程伊川也讲"学以至圣人之道也",对圣人可学而至欤这一问题断言为"然"。又说过"有求为圣人之志然后可与共学"。至于以后,通过宋元明的理学家、心学家,"圣人可学而至"这句话怎样被宣扬,已属于常识。这与清学的"实事求是"大体占有相似的位置。程子还说过"言学便以道为志。言人便以圣为志",宋学和明学最为关心的问题,在此已表现无遗(程子之语,全部根据《近思录》卷二)。另外在这里还想加上一点:本文中将要论述的阳明的学说,如他的格物说和知行合一说,当把它们逐个地抽出来看的时候,就不能将之作为阳明独创的东西,也由于这一点,阳明心学的确不是突然出现的。阳明的意义就是高度地把这些学说一贯化、逻辑化,并且热情地提倡之使之发展成一个"运动",使之成为所谓"震发雷霆"之势。而且必须承认正是在这一点上(即使个别之点在先人的言语中能够找到),才表现了阳明和先人的质的非连续性(参照黄宗羲《南雷文定》前集四,《移史馆论不宜立理学传书》,及大盐平八郎《洗心洞札记》上、五三)。

悟格物致知之旨。寤寐中若有人语之者。不觉呼跃。从者皆惊。始知圣人之道。吾性自足。向之求理于事物者误也。乃以默记五经之言证之。莫不吻合。

阳明学说形成的独特的体验的背景,在这里是明确的。确实,阳明在龙场的这番苦斗,才能够被称之为明学探究人的最鲜明的象征。这是与政治、文化、社会的所有交往相隔绝的,可以说是被置于鲁滨孙之境地的人,是克服并脱离了荣辱得失等所有的社会性,从生死一念的极限抽象出来的人——"身心"。明代的精神在不停顿地追求着;而明学,作为它的基础、出发点,需要把握确立的,实际上就是处在这种极限状态中"吾性自足"的人。而且就是这种人之形象才正是宋代以来中国近代精神所摸索的、作为前提的人之形象的理想型。下面我逐次说明各点。

关于阳明的传记,我想就叙述到这里为止。以后的阳明,历任南京鸿胪寺卿,都察院右副都御史,南京兵部尚书,都察院左都御史等官职,尤其是随时作为巡抚或者总督被差遣,在军事上、民政上都建立了赫赫功绩。如平定宁王宸濠之乱,讨伐广西思州、田州的蛮贼等,都是他武功最显著的地方。他被加以新建伯特进光禄大夫柱国的荣爵也是由于他的军功;他的长逝也是发生在远征思、田的归途中。他行十家牌法,建社学,制定乡约等,在民政上取得的成绩,是近来特别是史学家喜欢谈到的。他的讲学多数也正是在这样的倥偬间进行。在根据我们今天称之为"学者"的语言而很容易地、极其自然地假想到的几种存在类型中,阳明确实不能单纯地属于这些类型。《明史》没有把他列在"儒林传"中。《明史·王守仁传》赞曰:"提弱卒。从诸书生。扫积年逋寇。平定孽藩。终明之世。文臣用兵制胜。未有如守仁者也。"① 这是无可怀疑的事实,如同他作为学者一样,作为军事家、民政家,他也始终是认真直率,卓有成效的。要是一个伟大的人,不管在什么意义上都一定是时代的象征的

---

① 《明史》一九五,《王守仁传》。

话,那么,在思考有这样生平经历的人物王阳明时,我们对明代的理解就注入了不少的光辉。目前我正在仔细思考这个问题,虽然没有多少能力,但是我认为在对阳明学评价不高和对明这个时代评价不高之间,存在某种非偶然的联系。

在龙场所确立的格物致知说,直接展露了阳明心学的全貌。就像已经叙述过的那样,阳明的——或者不如说是把阳明作为其自觉的焦点的当代精神的——最大烦闷,就在于总觉得物理和吾心好像始终被判而为二。理和心的一致,如果换句话说,就是在所有根源性的、原理性的、规范性的事物中,让主观参与,使主观与之一致。不!更主要是主观方面吞并了那个根源性的、原理性的、规范性的事物,这才是当代精神所担负的最大课题。现在,阳明解答了这个课题。"格物"不是以内在的吾的心,去穷外在的事物的理。物实际上就是事,也就是"意之所在"。① 格就是叫作"格君心"(《孟子·离娄上》)的"格"。格物就是正自己意念的发动。② 事物也就是"全存在",最终亦即意念的发动,或者说是意念发动之后才存在的东西。于是自己在格自己的时候,这个应该遵守或应该作为目标的规范,就是"理"(天理,物理),但不用说,这个理也必须是自足于我的。格物即致知,行和知是一致的。朱子说:

> 所谓致知在格物者。言欲致吾之知(达知的极致,真的极致)[45]。在即物而穷其理也。盖人心之灵。莫不有知。而天下之物。莫不有理。惟于理有未穷。故其知有不尽也。是以大学始教。必使学者。即凡天下之物。莫不因其已知之理而益穷之。以求至乎其极。至于用力之久。而一旦豁然贯通焉。则众物之表里精粗无不到。而吾心之全体(本质)[46]大用(作用)[47]无不明矣。此谓格

---

① "身之主宰便是心。心之所发便是意。意之本体便是知。意之所在便是物。"(参照《传习录》上、六及中,《答人论学书》八、下、一等)再者"物犹事也",朱子已经在《大学》首章的注中说过。
②《传习录》上,七。

物。此谓知之至也。①

把格解释为从外延上去穷事事物物的理,这不得不说是完全失去了经意。朱子之说在这里之所以是谬误的,与其说是因为"用力之久。而一旦豁然贯通焉。则众物之表里精粗无不到"这一理论的暧昧性,即以不能穷尽所有的理(天下之物,如何格得)这样的认识论的理由为根据,不如说是在主张这一学说的时候,是以自己的问题没有解决,"失去自己"(玩物丧志)这一根本的实践性的理由为根据来进行论断的。这具有颇为重大的意义。② 学者之所以千思万虑努力研究,无非是为了复归他的本来面目。③ 人即使拥有全世界,但如果失去了自己的话,又有什么意义呢？朱子学的信徒,尽管高唱"无内外",但如果把心和理分离为二,实际上就是用"外来闻见以填补其灵明"。④ 不应该失掉自己。自己的灵明带有不能靠外来的闻见来填补的第一义性。这是阳明的,更是当代精神的至上的命令,是自明的请求。

理和心是一致的,不能有心外之理。心才是一切理的根源。"心即理也。天下又有心外之事。心外之理乎。"⑤心,如果从本质上看的话,就是"良知"。而如果知道"吾心之良知即所谓天理也。致吾心良知之天理于事事物物。则事事物物皆得其理矣"⑥这一原则的话,那么就能够很容

---

① 朱子对于《大学章句》传五章的有名的补传(再者参照《近思录》三、《致知类》九中可见的程子之说)。对朱子此格物说的反驳,正是阳明说的实质。这里将例文一一引出太烦琐,《传习录》中随处都可以找到。
② "先儒解格物为格天下之物。天下之物如何格得。且谓一草一木亦皆有理。今如何去格。纵格得草木来。如何反来诚得自家意。"(《传习录》下,一一七)"即物穷理。是就事事物物上求其所谓定理者也。是以吾心而求理于事事物物之中。析心与理而为二矣。……夫析心与理而为二。此告子义外之说孟子之所深辟也。务外遗内。博而寡要。告子既已知之矣。是果何谓而然哉。谓之玩物丧志。"(《传习录》中,《答人论学书》六)除此之外,在《传习录》中,到处都能看到同样的论述。
③《传习录》中,《答周道通书》三。又,《答欧阳崇一书》二。
④《学案·阳明传》。
⑤《传习录》上,三。
⑥《传习录》中,《答人论学书》六。又,《王文成公全书》五,在《答舒国用书》中说"夫心之本体,即天理也。天理之昭明灵觉,所谓良知也"。

29

易地理解关于草木瓦石有否良知这个有名的问答了。"人的良知就是草木瓦石的良知。若草木瓦石无人的良知。不可以为草木瓦石矣。岂惟草木瓦石为然。天地无人的良知。亦不可为天地矣。盖天地万物。与人原是一体。其发窍之最精处。是人心一点灵明（良知）[48]。"①这是阳明的解答。因此，心——良知就是天地万物，也就是所谓自然界的根据，也就是它们的原理。那么，人伦界是被怎样论述的，也就是能够直接预测到的了。对高弟徐爱的"事父之孝。事君之忠。交友之信。治民之仁。其间有许多理在。恐也不可不察"这段问话，阳明慨叹地回答②：

> 此说之蔽久矣。岂一语所能悟。今姑就所问者言之。且如事父不成。去父上求个孝的理。事君不成。去君上求个忠的理。交友治民不成。去友上民上求个信与仁的理。都只在此心。心即理也。此心无私欲之蔽。即是天理。不须外面添一分。以此纯乎天理之心。发之事父便是孝。发之事君便是忠。发之交友治民便是信与仁。只在此心去人欲存天理上用功便是。

阳明所宣扬的是"复圣学之旧"[49]，是还儒学之真面目。不用说，从以朱子学为首的训诂、记诵、辞章等"闻见之学""驰外之学"[50]所拯救出来的他的所谓圣学，实际上只不过是王阳明自己构想的一个理念。但无论如何，他是以儒学的正统自居的。与此相适应，他始终不能放弃对作为儒家学说之存在理由的治国平天下的关心。对多次被非难为禅学之事，阳明常常反驳道：因为良知之学不放弃对天下国家、社会人伦的关心，所以它与仙（道家、道教）释（佛教）完全不一样。

> 无善无恶者理之静。有善有恶者气之动。不动于气。即无善无恶。是谓至善。曰。佛氏亦无善无恶。何以异。曰。佛氏着在

---

① 《传习录》下，七四。再参照下，一三六。
② 《传习录》上，三。

无善无恶上。便一切都不管。不可以治天下。圣人无善无恶。只是无有作好。无有作恶(《尚书·洪范》)[51]。不动于气。然遵王之道。会其有极(《尚书·洪范》)[52]。便自一循天理。便有个裁成辅相(《易·泰卦》)[53]。①

在儒学,即使说"养心",也没有为此而离开事物的,但在佛教则相反,为了与所有事物绝缘,自然要进入虚寂,和社会完全隔绝。② 圣人之学和禅在求"尽心"这一点上没有不同,然而禅只在一味守心、养心之点上用力,结果陷入"外人伦。遗事物。以之独善"的自私自利之弊中。③ 即,如果按照阳明的用语,在"内"与"外"的绝缘之点上,有释老的抽象性和私的性格,而要立理于心外的朱子学的"支离",是最应该排斥的;但反过来,也难于掩盖要否定理,只求心的佛老的"空虚",他们不知道"物理即吾心。不可得而遗也"④这一点。

> 圣人之学。无人己。无内外。一天地万物以为心。今之为心性之学者。而果外人伦。遗事物。则诚所谓禅矣。使其未尝外人伦遗事物。而专以存心养性为事。则固圣门精一之学也。而可谓之禅乎哉。⑤

"而要之。不可以治国家天下"。这是禅学——佛学的谬误的最后铁证。⑥ 他所定立的人,即使在其极限的位相上,也绝对不能被认为是超脱父子、君臣、夫妇、长幼、朋友的人伦关系的东西。那么,王阳明是如何思考政治人伦的呢?

---

① 《传习录》上,一〇一。
② 《传习录》下,七〇。
③ 《全书》七,《重修山阴县学记》。
④ 《全书》七,《象山文集序》。
⑤ 《重修山阴县学记》。
⑥ 同上。又,《传习录》中,《答人论学书》八。自古以来,儒家排斥道佛的要旨,可以说全包含在这一句话中。

如前所引，孝、忠、信、仁等人伦关系，不是作为各种各样的理而独自"外"在的东西，而是"都只在此心"，此无非是纯乎天理之心，或在父子之间，或在君臣之间，或在兄弟之间被发挥而已。于是阳明又说："求理于事事物物者。如求孝之理于其亲之谓也。求孝之理于其亲。则孝之理其果在于吾之心邪。抑果在于亲之身邪。假而果在于亲之身。则亲没之后。吾心遂无孝之理欤。"①关于冬温夏清、昏定晨省等被称为孝的这件事中也是有很多的"节目"吧，但关于这些事情也都没有什么不同。②关于政治，我也发现了完全相同的原理。

> 圣人之求尽其心也。以天地万物为一体也。吾之父子亲矣。而天下有未亲者焉。吾心未尽也。吾之君臣义矣。而天下有未义者焉。吾心未尽也。吾之夫妇别矣。长幼序矣。朋友信矣。而天下有未别未序未信者焉。吾心未尽也。吾之一家饱暖逸乐矣。而天下有未饱暖逸乐者焉。其能以亲乎。义乎。别序信乎。吾心未尽也。故于是有纪纲政事之设焉。有礼乐教化之施焉。凡以裁成辅相。成己成物。而求尽吾心焉耳。心尽而家以齐。国以治。天下以平。故圣人之学。不出乎尽心。③

事物、人伦、社会、政治、文化等我们所说的这些东西，在阳明这里都被纳入"外"的范畴，相对于这个"外"的"内"的确立，加之这个后者的根源性、优越性，这才是他常常不停地强调的东西。而在这种场合下，这个"外"完全是被摄入"吾之心"的、"物来顺应"④的、从心里流出而构成的。"外"优越于任何物，它首先是礼乐刑政、五伦五常等儒家的规范，凡是传统性的士大夫的种种通常观念，都包括在这个范畴中。而相对于这样的"外"的"内"这个东西，即我的良知或良知的我，决不是与这个"外"相矛盾、相

---

① 《传习录》中，《答人论学书》六。
② 《传习录》上，三。
③ 《重修山阴县学记》。
④ "君子之学。莫如廓然而太公。物来而顺应"是程明道的有名的《定性书》中的话。

对立的非连续性的超越者,也不是否定性地批判这个"外"的独自的原理。"佛氏不着相(现象)[54]。其实着了相。吾儒着相。其实不着相。"[55]对自己的这段话,阳明加以如下说明:

> 佛怕父子累。却逃了父子。怕君臣累。却逃了君臣。怕夫妇累。却逃了夫妇。都是为个君臣父子夫妇着了相。便须逃避。如吾儒。有个父子。还他以仁。有个君臣。还他以义。有个夫妇。还他以别。何曾着父子君臣夫妇的相。①

前面引过的孝的理是在父还是在子的议论,也和这段话有着完全相同的趣旨,即:致我心之良知之天理于事事物物,事事物物的理由于这个原因而存在;孝的理当然也是基于这个根本原理而存在的。阳明的"格物"即"致知"之说、致良知之说,本来与其说是体系性的学说,不如说是以认识＝实践的方法来作为本义的学说。但在这种场合,应该由实践来实现的,正是传统的儒家伦常。在阳明的意图中,可以说,看不到任何破坏性的东西。不用说,就像马上就会明白的一样,把理给予事事物物,完全只根据自己的力量而让自然和人伦成立,这种"内"的设想,在逻辑上已经预先拒绝"外"的实在性。如果严密地追究阳明的主张,即如果把理完全作为内在于心中的话,那么在逻辑上就无论如何也不能承认事物的客观实在性,因为阳明连物自体都不保留。然而不把事物,即"外"的客观实在性作为前提,实践本身就不能具体地成立。在阳明那里,作为理论,应该扬弃的这个二律背反的高层次的逻辑——例如,像客观精神之学说——最终没有展开。而且,虽然与自己的逻辑归结相反,但阳明还是彻底把"外"——这个"外"在现实性上是怎样的,上面已叙述过了——作为前提保存。被他的士大夫性所制约的这样的矛盾,当然是不能忽视的。阳明死后,他的学派截然地分裂成左右两派的根本原因就在于此。

---

① 《传习录》下,三六。

41 然而,当前最重要之点,是在"让人立即发现其矛盾"之前对问题穷追不舍的、尖锐而又执着的分析逻辑——它把本质和非本质彻底地区分开来,以此作为自己的使命,以及作为掩盖此矛盾的异常热情。与天地融为一体,担当天地万物和天下国家的"吾"的尊严之自觉;对叫作"与其为数顷无源之塘水。不若为数尺有源之井水生意不穷"①之根本能动性的志向;连被谩骂为狂、被嘲笑为丧心之人也都无所谓,而唯独只关心如果圣学不复旧苍生将如何②——这样的传道的热情,即贯穿其学说的全部理论之根底的并使之生生不息的热情,才是给阳明学赋予了决定性意义的东西。而且,这个热情,是天地生意之谓,是道生生之谓,毋庸多言,它也就成为宋学之根本精神志向的一个环节。所以宋学的根本精神志向就是将人作为与天地万物为一体并与道相连接的东西来把握。

人都具有良知。这个良知的我,即在本质态上所被掌握到的人的一般,是认识"外"的根据,作为它的实践的构成原理——一般的儒家士大夫式的终极支持者——是"内"。但在这个意义上的人的本质,究竟是作为怎样的性格的东西而被把握的呢?就像已经叙述过的那样,"圣人可学而至"是宋以来学者的口号,是"学以至圣人之道"[56],作为它的方法,阳明提倡致良知之说。那么,应该致良知的人和由致良知所应该达到的圣人之间,具有怎样的关系呢?"圣人气象何由认得。自己良知。原与圣人一般。若体认得自己良知明白。即圣人气象不在圣人而在我矣。"③
42 在阳明那里,人被定义为彻头彻尾带有心的、固有良知的人。而且"不虑而知。不学而能"(《孟子》)的这个良知,在人那里是"无间于圣愚。天下古今之所同也"④,只是在常人那里,就像太阳被云隐蔽一样,良知不过是

---

① 《传习录》上,六八。
② 《传习录》中,《答聂文蔚》第一书。
③ 《传习录》中,《答周道通书》四。
④ 《传习录》中,《答聂文蔚》第一书。

被私欲所隔开,所埋没了。① 即便是盗贼也知道不应该作盗,所以当别人说他是盗贼时,他就会感到羞愧。而且这个良知实际上就是天理本身。另一方面,根据阳明通常的定义,如果"圣人之所以为圣人者。以其心纯乎天理。而无人欲之私"[57]的话,而且既然良知就是"良知在人。随尔如何。不能泯灭"[58],就像"只是物欲遮蔽。良知在内。自不会失"[59]那样的人的本质,那么,圣人也就必须是人的本质。因为人欲,即使深而难于拔除,毕竟只是相对于太阳的云,只不过是所谓"人若知这良知诀窍。随他多少邪思枉念。这里一觉。都自消融"[60]这样的偶然的东西。因此圣人不是根据致良知的功夫而应该达到的理想,而实际上却正是人的本来面目,换句话说圣人无非是人的自然而已。"人胸中各有个圣人。只自信不及。都自埋倒了。"[61]人的自然,就是这样的善美而完完全全的东西。没有必要由"圣人"来品定节操,礼乐刑政也不是规范人的原则。②

> 性无不善。故知无不良。良知即是未发之中。即是廓然大公寂然不动之本体。人人之所同具者也。但不能不昏蔽于物欲。故须学以去其昏蔽。然于良知之本体。初不能有加损于毫末也。③

学,就是学习回复到这样的人的自然、人的本体。"学者用功。虽千思万虑。只是要复他本来体用而已。"④由此,人的自然本来是完全的、善美的,无论是理和道,在这里都被赋予了依据,所以阳明的致良知说,在其本质上是理想主义的极致或简直就是自然主义这一根本的东西——这里的理想主义、自然主义,是就对现实否定或对现实肯定这种极为肤浅

---

① 以下数条根据《传习录》下,七、八、九。
② 《传习录》上,一二七,"马子莘问修道之教。旧说(朱子的章句)[62]谓圣人品节。吾性之固有。以为法于天下。若礼乐刑政之属。此意如何。先生曰。道即性即命。本是完完全全。增减不得。不假修饰。何须要圣人品节。却是不完全的物件。礼乐刑政是治天下之法。固亦可谓之教。但不是子思本旨"。按语:马氏的"品节吾性之固有"不一定正确,但在此自然毋庸赘言。
③ 《传习录》中,《答陆原静》第一书。
④ 参照注四一。[原著注释为章后尾注顺排,特此说明,下同。]

的说法而言的。明代心学从这样的人的观点出发的事实,必须加以充分注意。当然,在龙场根本的立场确立之后,阳明的主张不是经常一致的。按黄宗羲之见,其学大约有三变:第一时期把"默坐澄心"作为中心,对发散进行"收敛",此为重点;第二时期则一心提倡致良知,主张知行合一;①第三时期即最后的终结,则是"所操益熟。所得益化。时时知是知非。时时无是无非。开口即得本心。更无假借凑泊。如赤日当空。而万象毕照"②。我不是轻视这三个阶段的发展。然而那只不过是论述方法的不同,而"心即理"这个哲学的根本立场是始终一贯没有变化的。阳明学说的所谓三变,与对被作为异端邪说的社会上的激烈非难进行彻底反抗斗争的传道家的热情,这两者不应该截然分开来理解。越来越为社会所不容的这种热情,把自家学说的本质彻底显露出来,并使之锋芒毕露。于是这三个阶段的展开,不正向我们展示了刚才叙述过的阳明学说的本质性的东西的明确化、尖锐化之过程了吗?

圣人之所以为圣人,被定义为"纯乎天理而无人欲之私",被断定为"圣人可学而至"(这不是王阳明的发明,是宋以来的传统。阳明不过是最直截了当地主张之而已)。然而在中国,圣人不仅仅只是限于要求的东西,而且是尧、舜、禹、汤、文、武、周、孔等历史性的存在。站在儒家的传统上,可以说,在这些历史性的圣人以外不能有圣人。在这种情况下,阳明所赋予的圣人的定义具有什么样的意义呢?那就是由推究圣人的本质而鉴别传统圣人的真伪,或者由确立、发现新的圣人而否定旧的圣人的合理主义的批判原理。圣人不是神,也不是唯一的。在承认圣人是历史性的、人的、复数实在的条件下,尽管说"圣人可学而至",但当把伯夷和伊尹与孔子比较时,他们的力量虽然并不相同,然而却同样地把他们称为圣人,这是什么理由呢?这个疑问是不能避开的!阳明是怎样解决这个疑问的呢?

---

① 《年谱》在正德十六年、先生50岁在江西那条中记载:"是年。先生始揭致良知之教"。
② 《学案·阳明传》。

阳明先生曰。圣人之所以为圣。只是其心纯乎天理。而无人欲之杂。犹精金之所以为精。但以其成色足而无铜铅之杂也。人到纯乎天理方是圣。金到足色方是精。然圣人之才力。亦是大小不同。犹金之分两有轻重。尧舜犹万镒(镒是重量单位[63])。文王孔子有九千镒。禹汤武王犹七八千镒。伯夷伊尹犹四五千镒。才力不同。而纯乎天理则同。皆可谓之圣人。犹分两虽不同。而足色则同。皆可谓之精金。以五千镒者而入于万镒之中。其足色同也。以夷尹而厕之尧孔之间。其纯乎天理同也。盖所以为精金者。在足色。而不在分两。所以为圣者。在纯乎天理。而不在才力也。故虽凡人。而肯为学。使此心纯乎天理。则也可为圣人。犹一两之金。比之万镒。分量虽悬绝。而其到足色处。可以无愧。故曰"人皆可以为尧舜"(《孟子·告子下》[64])者以此。学者学圣人。不过是去人欲而存天理耳。犹炼金而求其足色。金之成色。所争不多。则锻炼之工省。而工易成。成色愈下。则锻炼愈难。人之气质。清浊粹驳。有"中人以上。中人以下"(《论语·雍也》[65])。其于道。有生知安行。学知利行。其下者。必须人一己百。人十己千。及其成功则一(《中庸》第二十章[66])。后世不知作圣之本是纯乎天理。却专去知识才能上求圣人。以为圣人无所不知。无所不能。我须是将圣人许多知识才能。逐一理会始得。故不务去天理上着工夫。徒敝精竭力。从册子上钻研。名物上考索。形迹上比拟。知识越广而人欲愈滋。才力愈多而天理愈弊。正如见人有万镒精金。不务锻炼成色。求无愧于彼之精纯。而乃妄希分两。务同彼之万镒。锡铅铜铁。杂然而投。分两愈增。而成色愈下。既其梢末。无复有金矣。①

真是明快的解答。不否定古圣人,而且对圣人的概念分析透彻,能够带来新的转折。被认为是开近世哲学之先河的唐代的韩退之认为：在人类

---

① 《传习录》上,九九。

历史之原初,给人类以衣食住的所有设施,授予礼乐政刑的所有制度,指导人们生存,使人类有存续可能的是圣人。他说:"如古之无圣人。人之类灭久矣。"(《原道》)韩退之可能以孟子为根据,接受了"作者之谓圣"[67]的儒家传统,可以说这正是儒家正统的圣人概念的理念性表现。当然,站在纯矛盾律的立场,推演严密定义之限定的所谓科学方法——我们所认为的近代哲学的方法,在中国最终没有出现。好不容易在阳明那里勉强看到一点这种萌芽,然而,如后所述,结果是还没有长到开花就枯死了。于是在中国思想史上,找不到对圣人一义的规定。我们只有抓住众多论述的共同倾向之处,然后对其进行理念性的培养而使其类型化。在此,显而易见,很容易看到,如韩退之那样朝超人的方向思考圣人,是儒家一般的正统。我们现在之所以要强调阳明圣人概念的划时代意义,就在于和这样的正统进行对比。根据阳明所论,圣人只应该认识其本质,而不应拘泥于其知识才能如何。正因为如此,他说"不必知的。圣人自不消求知。其所当知的。圣人自能问人。如'子入太庙。每事问'之类。先儒谓'虽知亦问。敬谨之圣'(《论语·八佾篇》的朱注)[68]。此说不可通。圣人于礼乐名物。不必尽知"①,否定了圣人的偶像化。圣人必须是人的自然,因为成为人的自然,才能是人的理想,这是阳明的信念,最高的权威。无论如何他首先必须是人,这在阳明是自明的要求。这一点我们在这里是能够领会到的。圣人在最本来的意义上是人,是不断地会困惑、会犯错误的人,是所谓"身心"性的人,圣人绝不可能是这种人以外的超人。

人孰无过。改之为贵。蘧伯玉。大圣也。惟曰"欲寡其过而未能"[69]。成汤。孔子。大圣也。亦惟曰"改过不吝[70]。可以无大过[71]"而已。人皆曰。人非尧舜。安能无过。此亦相沿之说。未足以知尧舜之心。若尧舜之心而自以为无过。即非所以为圣人矣。其相授受之言曰。人心惟危。道心惟微。惟精唯一。允执厥中[72]。彼

---

① 《传习录》下,二六。

> 其自以为人心之惟危也。则其心亦与人同耳。危即过也。惟其兢兢
> 业业。尝加精一之工。是以能允执厥中。而免于过。古之圣贤。时
> 时自见己过而改之。是以能无过。非其心果与人异也。①

阳明之所以这样说,绝不只是出于教训的方便吧。在说"学者,学至圣也"的时候,实际上无非是指学复归到这样的人之本体。既然是人,那么任何人都是一生下来就具有良知的,而且如果把良知等同于天理的话,那么即使愚夫愚妇,也都一定能实行致良知。这才叫学。

> 后儒只在分两上较量[73]。所以流入功利。若除去了比较分两
> 的心。各人尽着自己力量精神。只在此心纯天理上用功。即人人
> 自有。个个圆成。便能大以成大。小以成小。不假外慕。无不具
> 足。此便是实实落落。"明善成身(《中庸》)[74]"的事。②

格物,应该是即使童子和卖柴人也都能做到的;从公卿大夫到天子之尊,都必须是平等地同一地能够做到的。③ 在万镒之资、千镒之资,不!连在十镒一镒之资之中,如果他们都是具有身心、具有良知的人,就必须同等地成为圣人。在那个烦闷时代的"圣贤有分"的痛苦绝望,毕竟是没有根据的。人的天性是各种各样的。天分差的人,和别人相比,可能必须十倍百倍地努力,但是"其及成功一也"[75]。阳明说"圣人教人。不是个束缚他。通做一般。只如狂者便从狂处成就他。狷者便从狷处成就他。人之才气如何同得"。④ 或者说:"满街是圣人。"⑤还有"与愚夫愚妇同的。是谓'同德'。与愚夫愚妇异的。是谓'异端'"。⑥ 这些说法,也无非是表现了对这样的人性的全面的肯定和信赖。而且,理解了阳明这种心

---

① 《全书》四,《寄诸弟》。
② 《传习录》上,一〇七。
③ 《传习录》下,一一九。
④ 《传习录》下,五七。
⑤ 《传习录》下,一一三。
⑥ 《传习录》下,七一。

的态度——这与开头所引的白沙的言论具有密切的连贯性,还可领悟到,在有名的"拔本塞源论"中阳明所论述的也无非是这种相同精神的表现。① 在唐虞三代之世,

> 天下之人。熙熙皞皞。皆相视如一家之亲。其才质之下者。则安其农工商贾之分。各勤其业。以相生相养。而无有所希高慕外之心。其才能之异。若皋夔稷契者。则出而各效其能。若一家之务。或营其衣食。或通其有无。或备其器用。集谋并力。以求遂其仰事俯育之愿。惟恐当其事者之或怠。而重己之累也。故稷其稼。而不耻其不知教。视契之善教。即已之善教也。夔司其乐。而不耻于不明礼。视夷之通礼。即已之通礼也。盖其心学纯明。而有以全其万物一体之仁。故其精神流贯。志气通达。而无有乎人己之分。物我之间。譬之一人之身。目视耳听。手持足行。以济一身之用。目不耻其无聪。而耳之所涉。目必营焉。足不耻其无执。而手之所探。足必前焉。盖其元气充周。血脉条畅。是以痒疴呼吸。感触神应。有不言而喻之妙。此圣人之学所以至易至简。易知易从。学易能而才易成者。正以大端惟在复心体之同然。而知识技能非所与论也[76]。

我们在这里能够看到阳明所描绘的理想社会。对人只关心"本质的同然",其结果反而使知识才能得到解放。每个人都有自己独自的任务和职域,而分工性地有机性地构成了社会。

但这种学问的方法,即为了回复人的本体=成为圣人的工夫,就像已经明了的那样,无非是彻底地只把自己的良知作为头绪而已(致良知)。为什么呢?因为保证人与圣人同一性的,除了良知以外没有别的。这个良知实际上只有作为我的良知才能把握。还有圣人之所以成为圣人的天理(或理一般),不是存在于外面的事物中而自己仅从外面去认

---

① 《传习录》中,《答人论学书》一二。

识,它完全是存在于自己的良知(心)中;人伦事物的诸多的理,也无非是从这里肯定性地被演绎。学者依赖于良知以外,是和"以无星之秤而权轻重。未开之镜而照妍媸"①同样地本末倒置的。"内"优越于"外","本"优越于"末","身心之学"优越于"口耳之学",朱子学,词章之学,功利之学,当从学的本质去看时,统统无非是完全的堕落。② 不依据天理,要么只依据书本,要么只依据考证的见地,要么只模仿前言往行等等世间学者之所行,只是"知识愈广而人欲愈滋。才力越多而天理愈蔽"③。学者应该以"收敛"为宗,舍"繁"就"约","只求日减。不求日增"④,不据量,而应据质。"诸君功夫。最不可助长。"⑤助长,就像在《孟子·公孙丑上》中所看到的那样,是施加了外在的作为的东西。礼乐名物在儒家教学的传统上,曾占据了中枢性的地位,然而在"作圣之功"中是无足轻重的,徒然地议论天下国家,对"身心之学"是没有益处的。⑥ 与其"笃信圣人",不如"反求诸己"来得切实;⑦"学者必效先觉之所为"这个朱子的定义(《论语》首章注),实际上也不过是说"学中之一事"而已。⑧ 仅"有诸己之学"

---

① 《传习录》中,《答周道通书》四。
② 这样的论调,在《传习录》中到处都能见到。以后这样的情况不一一指出典据。
③④《传习录》上,九九。
⑤《传习录》下,四三。
⑥《传习录》中,《答人论学书》一二。
⑦《传习录》上,六。
⑧ 朱子对《论语》开卷第一的"学而时习之。不亦说乎"解释为:"学为效先觉之所为。"这个解释怎么样? 对这个询问,阳明如下答曰:"学是学去人欲存天理。从事于去人欲存天理。则自正。诸先觉考诸古训。自下许多问辨思索存省克治工夫。然不过欲去此心之人欲。存吾心之天理耳。若曰'效先觉之所为'。则只说得学中一件事。亦似专求诸'外'了。'时习'者。'坐如尸'非专习坐也(《礼记·曲礼上》)。坐时习此心也。'立如斋'非专习立也。立时习此心也。'说'是'理义之说。我心之说'(《孟子·告子上》)[77]。人心本自说理义。如目本说色。耳本说声。惟为人欲所蔽所累。始有不说。今人欲日去。则理义日洽浃。安得不说。"(《传习录》上,一一一)再者为了对照之便,下面引出朱子的注:"学之为言效也。人性皆善。而觉有先后。后觉者。必效先觉之所为。乃可以明善而复其初也。习鸟数飞也。学之不已。如鸟数飞也。说喜意也。既学而又时时习之。则所学者熟。而心中喜悦。其进自不能已矣。程子曰:'习重习也。时复思绎。浃洽于中。则说也。'又曰:'学者将以行之也。时习之则所学者在我。故说。'谢氏曰:'时习者无时而不习。坐如尸。坐时习也。立如斋。立时习也。'"

"为己之学""自慊之学"是真的学①,"只存得此心常见在。便是学。过去未来事。思之何益。徒'放心耳'"②。此心才是一切的根本,一切的尺度。因此阳明说:

> 夫学贵得之心。求之于心而非也。虽其言之出于孔子。不敢以为是也。……夫道天下之公道也。学天下之公学也。非朱子可得而私也。非孔子可得而私也。天下之公也。公言之而已矣。③

在这里,阳明到了扬言连孔子也还不能是最后的终极权威的地步。认为成为终极的,只是内在地固有着道的此心,和成为良知者的我。所有一切,都必须让这个权威进行判断批判。从发现人性的善美的完全的自然,到朝着确立作为尺度的良知性的我的方向发展,这才是阳明心学在精神史上所具有的最大意义。不用说,正如以上论述所表明的那样,断定这个良知的身心的自我,就是作为否定性地批判一切"外"物的批判理论的尺度,这个断定依然失之过急。在这里,不过是把到目前为止由于尊敬孔子而尊敬的儒家诸规范,转换为由于尊敬自己良知而尊敬的这些同样的儒家规范。然而一旦我们离开分析的思考,而将注意力转向贯彻这种主张的热情的时候,我们才领悟到这寥寥数语竟是从宋以来到目前为止成为中国近世精神的基调的主观主义的最最尖锐的自我表现。

如果系统性地追索这种致力于"我(人)"的根本能动性的志向之历史,那么恐怕它和宋以来的性理学的传统一样古老;不容置疑,它的渊源是发端于唐末五代的道教的宇宙原理探讨,以及和道教并列的,把禅学

---

① "自慊"是在《大学》中所见到的词(传六章),但在《传习录》中,《答欧阳崇一书》之三的一文中,可以见到如下的叙述,这应该引起重视。"君子之酬酢万变。当行则行。当止则止。当生则生。当死则死。斟酌调停。无非是致其良知以求自慊而已。故'君子素其位而行'(《中庸》)[78],'思不出其位'(《论语•宪问篇》)[79]。凡谋其力之所不及。而强其知之所不能者。皆不得为致良知。"
② 《传习录》上,七九。
③ 《传习录》中,《答罗整庵少宰书》。

作为最尖端而郁然耸立在禅学背景中的佛教的组织哲学。① 所谓理学——心学的传统,一贯把"大我的探究"作为中心课题的观点,这已经有钱穆氏的卓越的通论。② 这种精神倾向是在什么样的社会基础上产生的呢? 近代社会是怎样的社会呢? 大概没有什么人对此苦苦预先推测吧。停滞的国家也有近代。被称为近代的时代单位,综观大洋的东和西,在或大或小的规模上应该带有共同的本质性的性格。然而另一方面,我们必须明确地认识中国近代的,特别是使中国之所以成为中国的"在停滞的历史中的近代"的性格。思考阳明学及其展开,是对这种课题的一个解答,由此也必须常常平等地明确它的两面。说"以道视天地。则天地者太仓之一粟。沧海之一勺耳","天下之物尽在我。而不足以增损我"[80]的白沙,怎么会是阳明的先声,这个问题已经叙述过了。白沙在理论的尖锐性上不及阳明,性格也被隐逸,看不到像阳明那样的传道者的热情。想要被弘扬的要求,对被传播的热望——应该说大体上是宗教性的这种狂热倾向,正是阳明所固有的。白沙的学统没有得到多少势力,正是起因于这些地方。然而,产生明学的根本气氛,是要直接参入宇宙之中的一种浪漫的热情,是离开死文字,离开所有中介而去亲身触及那生生不穷之物的热望。所有这些,正是在与白沙的比较中,才能更加明显地看到;他在精神史上的意义,主要正是在这一点上。

> 终日乾乾(《易经》[81])。只是收拾此而已。此理干涉至大。无内外。无终始。无一处不到。无一息不运。会此则天地我立。万化我出。而宇宙在我矣。得此霸柄入手。更有何事。往古来今。四方上下。都一齐穿纽。一齐收拾。随时随处。无不是这个充塞。色色信他本来。何用尔脚劳手攘。③

---

① 钱穆《国学概论》第八章,《宋明理学》六页。
② 同上,五九至六〇页。
③ 《白沙子全集》五,《与林郡博书》。

白沙也这么说。根据他的弟子张东所的记录,静坐而一无所得的白沙迅速地放弃了静坐,"或浩歌长林。或孤啸绝岛。或弄艇移竿于溪涯海曲。忘形骸。捐耳目。去心智",于是才悟得这一步。① 阳明也是和他的弟子们逍遥于山川,一边赏月一边讲学。不!不只是白沙、阳明,一般从宋代至明代学者的讲学,多数是以这种吟风弄月的形式来进行的。也许我们从近世士大夫文人的山林趣味、超脱主义中能够说明这种现象。还可以说,这是来自佛教,也就是禅学的出世主义。或者也许应该指出,这是在本质上内在于勃兴"近世"的一种浪漫情调。曾点的"浴乎沂。风乎舞雩。咏而归"(《论语·先进》)的故事,之所以常常被性理学者——心学者羡慕,不是没有缘故的。而且不可忽视的是,它在根本上具有要说明万物的"春意"、宇宙的"生生",要在"鸢飞鱼跃"的活泼泼之处把握万物一体的近世的宇宙性的热情。然而,在阳明那里,重要的是,他现在已经脱离了"林下高士"的超脱主义,展开了正面举起圣学复兴大旗的革新运动;与之相表里的是纵横地、自如地运用极其尖锐的理论性分析。在悟性逻辑之彻底这一点上,在其分析的尖锐性上,在不断地从根本原则出发的论旨之透彻这一点上,在中国思想史上,找不到有谁能与阳明相匹敌。也许可以说,四百年前先驱陆象山已经说尽了阳明学说的纲领。然而在象山那里,没有阳明的那种一直迈进不已的逻辑性,没有为使命感所燃烧的改革者的热情。这种寻求解放与自立的热情和作为它的必然产物的分析逻辑的合理主义,其后在李卓吾那里达到无忌惮的历史批判、文化批判的顶点,实际上就是从这种热情与合理主义中得出的当然结论。因此必须指出,所谓"圣教的罪人",就是要最严峻地返回到圣教真面目的阳明之嫡统。这种热情及其所要求的逻辑,使阳明甚至拒绝承认孔子的终极权威,所谓"孔子之言"具体而言不过是六经而已。对于这个虽经万世也不变的规范集成,这个神圣不可侵犯的六经,阳明是怎么

---

① 《白沙子全集》附录、张诩撰《墓表》(又:《学案》)。再参照《学案》六,《李大崖传》。

说的呢?

> 六经者非他。吾心之常道也。故易也者。志吾心之阴阳消息者也。书也者。志吾心之纪纲政事者也。诗也者。志吾心之歌咏性情者也。礼(周礼、仪礼、礼记等)[82]也者。志吾心之条理节文者也。乐(乐经今已不传,礼记中有乐记)[83]也者。志吾心之欣喜和平者也。春秋也者。志吾心之诚伪邪正者也。君子之于六经也。求之吾心之阴阳消息而时行焉。所以尊易也。求之吾心之纪纲政事而时施焉。所以尊书也。求之吾心之歌咏性情而时发焉。所以尊诗也。求之吾心之条理节文而时著焉。所以尊礼也。求之吾心之欣喜和平而时生焉。所以尊乐也。求之吾心之诚伪邪正而时辩焉。所以尊春秋也。盖昔者圣人之扶人极。忧后世。而述六经也。犹之富家者之祖父。虑其产业库藏之积其子孙者。或至于遗忘散失。卒困穷而无以自全也。而记籍其家之所有以贻之。使之世守其产业库藏之积而享用焉。以免于困穷之患。故六经者。吾心之记籍也。而六经之实。则具于吾心。犹之产业库藏之实积。种种色色具存于其家。其记籍者。特名状数目而已。而世之学者。不知求六经之实于吾心。而徒考索于影响之间。牵制于文义之末。硁硁然以为是六经矣。是犹富家之子孙。不务守视享用其产业库藏之实积。日遗忘散失。至于窭人丐夫。而犹嚣嚣然指其记籍曰。斯吾产业库藏之积也。何以异于是。①

此即陆象山之所谓"六经皆我心之注脚",这和白沙的以下论述也有着完全相同的精神:

> 自炎汉迄今。文字记录著述之繁。积数百千年于天下。至于汗牛充栋犹未已也。许文正(元的许衡[84])语人曰也。须焚书。

---

① 《全书》七,《稽山书院尊经阁记》。

一遭此暴。秦之迹。文正不讳言之果。何谓哉。……夫子之学。非后世人所谓学。后之学者。记诵而已耳。词章而已耳。天之所以与我者。固憒然莫知也。夫何故载籍多而功不专。耳目乱而知不明。宜君子之忧之也。是故秦火可罪也。君子不讳非与秦也。盖有不得已焉。……六经夫子之书也。学者徒诵其言而忘其味。六经一糟粕耳。犹未免于玩物丧志。①

---

① 小岛祐马博士曾经发表过题为"支那文字的训诂中的矛盾统一"(《朝永博士还历纪念哲学论文集》,现收入《古代支那研究》)的论文,例证了在汉字训诂中有很多"相矛盾的两个意思被统一于一个词中"的现象(例如,乱:一训为不治,又训为治;嗛:一训为不足,又训为足;离:一训为丽也、附也、著也,又训为分也、散也等)。结论如下:

"凡文字,从它的发生过程来看,是社会性的存在,不是个人性的存在……而就以上所举文字的内容来看,只能这样考虑:在支那古代社会,人们在其精神生活中,又在对客观世界的观察中,把矛盾的综合统一作为极其普通的事来理解。更为贴切地说:支那古代人的生活全体似乎竟是遵循着一种辩证法。这件事让我们看到,人在知道什么是辩证法以前,与其说已经在进行辩证的思维,不如说已经在辩证地生活着这样一个例证。但从这些文字所表示的意思来看,只能认为这些文字中所包含的矛盾,即使常常反复循环,也并不具有每反复一次其内容就向上发展的性质,而只不过是在一个统一体内反复地进行单纯的循环而已。不过也许有人认为因为在简单的文字中要表达这样复杂的关系是困难的,所以由此不能衡量人的思维乃至其生活的全体。但是这种想法的错误,看一看《易》就容易明白。《易》是在支那古代根据辩证法的方法来说明自然现象及社会现象的最复杂的一本书。而且如果要来诠释其中所言的话,最终也要归结为和这些文字的情况相同的没有向上发展的一种循环作用。由此看来,这里所列举的支那的文字,虽然是很零碎的东西,但古代支那人特有的一种辩证法,不正是毫无遗憾地表现在这当中了吗? 更进一步,当我们把这种文字和支那社会自古以来反复进行的极为平板的循环作用的事实相对照时,我们在这些零碎的东西中,不正是看见了过去两千余年的支那历史了吗? 如果这种平板的循环作用是使支那社会具有特色,并使辩证法成为其特色的原因的话,那么,我想这应该归结为由于这个社会自古以来长期处于经济饱和状态,而不曾有过任何足以促使其向上发展的强有力的刺激这一点。"

我们信服于这个结论的精确,看不出有什么需要补充的必要,但对博士所说的"矛盾的统一""辩证法的",我们不能不抱有一些疑问。据我们所见,那与其说是辩证法的"矛盾的统一",倒不如说是 an sich(即自的)、是未分化的东西,即是"矛盾"以前、"辩证法"以前的东西。在那里,不能求得真实的断绝、真实的否定。不能看到向上的发展之原因正在于此。段玉裁在《说文解字》的"忍、能也"的注中如下说道:"能者熊属。能兽坚中。故贤者称能而疆壮称能杰。凡敢于行曰能。今俗所谓'能干'也。敢于止亦曰能。今俗所谓能耐也。能耐本一字。俗殊其音。忍之义也兼'行''止'。敢于杀人谓之忍。俗所谓'忍害'也。敢(接下页)

当然，我不认为阳明所言是要否定六经。阳明是说，自己的主张才是尊经的根本义。而且如果敢断章取义的话，那么，在阳明的为数众多的文

(续上页)于不杀人亦谓之'忍'。俗所谓'忍耐'也。其为'能'一也。仁义本无二事。先王'不忍人之心''不忍人之政'。中皆必兼斯二者也。"(《说文解字注》第十篇下)我在语言学上是外行，恐怕所有民族的语言，实际上都一定是从这种混沌未分化之处出发的。而且众多国家的语言，进入近世之后就显著地分化起来。相对于此，在中国，那是作为所谓文言而根深蒂固地残存下来的。在这一点上应该承认这是中国语言的特色。在旧中国，白话文最终没能压制住文言文。如果认为，分析逻辑、合理主义与其说接近文言的性质，倒不如说接近白话的性质的话，那么我们在这一点上也能看到中国分析逻辑不发达的一个证例。而且，就像我们以下论述的那样，虽然浑然未分化的东西被拿来分析时是具有近世中国精神史的意义、阳明的意义的，但是，这个浑然未分化的东西的分裂最终没有彻底地进行。这与欧洲近代思维相类似，但中国思想最终还是没有超出这个界限。自然科学最终和近代中国没有缘分。所谓天人相关的思想，非常具有代表性地表现了这种中国思维的性格。朱子也说"有是物必有是理"(根据张伯行《濂洛关闽书》一三)，另外还说"至善则事理当然之极也"(《大学》首章注)。无价值地、纯粹地、对象性地思考自然的思考方式，在中国人的意识中最终是不存在的。彻底的客观主义可能只能从承认在神和人、净土与秽土之间具有不能超越的深渊这种宗教的绝对信仰的立场中产生。自然科学，就其产生的历史而言，不正是宗教——特别是严峻的基督教的两世界意识的产物吗？我们应该知道，"与天地一体的我"，绝不是"拷问自然"(培根)的我。当然，事物的理最终也许将作为归结于"至善"的伦理的真理而被观察。然而这首先必须是天理分裂成人之理和自然之理(义理——包含性命——和物理)并朝其各自的方向追求之后的"矛盾的统一"。然而儒家——一般是指中国思想——最后没有产生这个分裂。"凡离乎人而言物。离乎理而言性命者。非吾所谓道也"之说，是清朝实证学的大家钱大昕的话(《潜研堂文集》六,《李之才邵尧夫问答辩》)，钱氏还说过："大臣不亲细务……自王安石以新法致宰相。专以理财用刑迷惑主人。甚且谓天变不足畏(在天变地异之际，天子就不用说了，连百官也把这个灾害看成是'天'对秕政的愤怒或者警告，应该畏惧。但王安石却无视天变地异)。而燮理阴阳之职。置勿讲矣。"(《十驾斋养新录》十八，《臣道》)在阳明那里也是决不抛弃天人相关的思想的(《全书》二一,《答佟太守求雨书》；二二,《气候图序》)。在中国人的世界观中，缺乏所谓否定的逻辑。在清朝灭亡之前，死刑在万物发生的春天不施行、而在肃杀的秋天施行的原则，已成为通常观念的事实，这正是这种心性构造的一个极有代表性的表现(关于佛教，我们完全没有发言的资格。但如通常所说的禅的彻底否定，究竟值不值得称为否定，不能不有一些疑问。那毕竟是处于"众生本来佛也"的乐观主义的大前提=终极目标之上的，而不是把彻底的厌离作为根源动力。我认为禅的勃兴的根源，是与近世儒家情况相同的一种浪漫的热情。这是一种要超越语言这一手段、把握活生生的真实、把真佛夺取到自己内心深处的热情。近世儒学正是受到禅的这种热情的激励并继承这种热情而产生的。再进一步，在高唱厌离秽土的净土教那里，也不承认这世界是彻底两分的。阿弥陀佛是大慈大悲的佛、是救济的佛，但不是愤怒的佛、妒忌的佛。在这个意义上即(转下页)

章中,要找出和这些论述正相反的论调也绝不是困难的。但是,不把握作为总体的倾向,只偶然地,或有时用先入为主的主观拾起片言只语的做法将会有怎样的危险性,这个问题正是在阳明自身的"朱子晚年定论"的著述中,就已经明了地阐述过了的。在思想史的研究中,不仅应注意对象的逻辑性,还必须致力于从其热情的基础上提炼出纯粹的理念性。纯粹自律性的分析逻辑,所谓思维的自律性是贫困的;价值和存在、思维和实践,是最直接地结合在一起而未分离的。就像某个词语被反复引申,而它的意义不间断地连续下去一样,在逻辑上没有决然断裂的中国思想中,这个程序是特别必要的。①

(续上页)使在净土教那里也看不到决然的断绝。我想它是使人欢喜、使人赞叹,而不是使人肃然、使人战栗的吧。正因为这样的精神性格,儒家思想共通的最后的根据的"理"之学说——阳明学说是它的纯粹理念形态——最终不能把"恶(欲望)"的问题作为单独的东西而深入思考或者解决。逻辑作为其自体也不得不陷入矛盾。就像远的如宗密所指出的(《原人论》),近的如颜习斋(《存性篇》)、戴东原(《孟子字义疏证》)所论证的那样。

顺便提及,本书中的近代思维、分析逻辑、悟性逻辑等名称,是指严密地按照矛盾律,彻底与自己的合理要求相整合,追求满足于自己的合理要求的精神态度(参照本章注释末的补记)。把它们规定为"近代",首先必须把握中世的精神性格。我虽然没有对此进行全面考察的能力,但以下这些问题还是能说的吧!即,例如像结晶于《五经正义》之中的中世的思辨,首先是从传统的外在的权威——经及对经所做的传、注——出发,并采取"曲徇"于这种权威的态度,即不是要摆脱已有文字的拘束,而是要依存于这种已有文字的安定性的态度,这样的精神态度就是中世的特色吧。而像"学问始于发疑,大疑得大进步,小疑得小进步"(陈白沙)那样的语句,在这里是找不到的。如果看《五经正义》,就可知道,就连与自然现象相关的判断,经常也是首先根据经典权威而下结论的。对《毛诗》卫风氓的诗的第四章"桑之落矣。其黄而陨",郑笺正义为"桑之落矣谓其时季秋也",说:"《礼记·月令》中有'季秋草木黄落',所以能知'桑之落矣';因为'其黄而陨',所以是'其时季秋矣'";在对"鄘风蝃蝀"进行正义时也有"月令孟冬虹藏不见,则十月以前当自有虹"的论证,无非就是这样的一例。是所谓"注不破经,疏不破注"。我想这种精神态度与在文学中盛行四六骈骊体的精神态度毕竟是同一个东西,在这里,流露出贵族社会独特的精神性格。这种精神性格开始展示其变貌的大概是在唐的开元天宝以后,即杜甫、韩退之的现实主义文学、啖助及其他的"不本所承。自用名学。凭私臆决"(《新唐书》二〇〇,《啖助传》)的新儒学运动,是这种精神性格的先河(还有韩退之)。据考察,它在佛教哲学的影响下,不久就成为宋代新精神的伏流。

① 《白沙子全集》一,《道学传》序。

在我国以往的研究中，最欠缺的就是对这点的考虑，由此进行甲论乙驳，产生出没有结局的议论。由这种思想倾向来作类型化的思考，就可以把明代儒家分为如开始所引的罗整庵所说的"作圣派"和"矩矱派"。前者特别地注重理论，相对地，后者如用辜鸿铭的"为何必须这样做这个问题不成其问题，应该如何做这个问题才是要议论的"①这段话来形容的话，是非常妥当的。所谓"笃信圣人""效先觉之所为"的态度，把六经和圣人超越于人来思考的态度，所谓"古人之于经传。敬之如神明。尊之如师保"②的态度，是后者的特征，同时也是一般被称作儒家的本质的性格，这是不言自明的。并且，"矩矱派"的儒家中有"作圣派"抬头的倾向，在此之中具有中国近代精神史的意义。我所说的以"礼教性"作为特征的未分化的精神发生了自我分化，并向理论理性的自立化发展，就是指的这一点。在停滞的精神史中，活泼的近代思维即将开始活动。然而这个近代思维的命运极其悲惨。关于这点，将另章论述。眼下首先为了预见从正统儒家的立场来分析这个"作圣派"的究极之处会达到什么样的结果，我只是引用以纠正阳明后辈的奔放矫激为重点的东林学派的巨头顾宪成的话：

"求诸心而得。虽其言之非出于孔子者。亦不敢以为非也。求诸心而不得。虽其言之出于孔子者。亦不敢以为是也。"此阳明先生语也。……此两言者宪犹然疑之未能了也。私以为。阳明得力处在此。而其未尽处也在此矣。请略陈之而门下裁焉。今夫人之一心。浑然天理。其是天下之真是也。其非天下之真非也。然而能全之者几何。惟圣人而已矣。自此以下或偏焉或驳焉。遂乃各是其是。各非其非。欲一一而得其真。吾见其难也。老之无佛之虚。杨墨之仁义。彼非不求诸心也。其浑然者未能尽与圣人合。

---

① "辜鸿铭曾试图对西洋人说明支那思想时说，儒家所重在于怎样振舞其身，而为什么应该这样行动，这不太会成为问题。"（冈崎文夫[85]博士《支那史概说》上，六三至六四页）
② 顾炎武《日知录》一八，钟惺条的原注中所引钱氏的话。

是以谬也。故阳明此两言者。其为圣人设乎。则圣人之心。虽千百载而上下。冥合符契。可以考不谬。俟不惑。恐无有求之而不得者。其为学者设乎。则学者之去圣人远矣。其求之或得或不得。宜也。于此正应沉潜玩味。虚衷以俟。更为质诸先觉。考诸古训。退而益加培养。洗心宥密。俾其浑然者果无愧于圣人。如是而犹不得。然后徐断其是非。未晚也。苟不能然而徒以阳明此两言横于胸中。得则是。不得则非。虽其言之出于孔子与否。亦无问焉。其势必至自专自用。凭恃聪明。轻侮先圣。注脚六经。高谈阔论。无复忌惮。不亦误乎。……甚而谓性无善无恶。谓三教无异。谓朱子等于杨墨。以学术杀天下。后世是何识见。只缘自信太过。主张太勇。忘其浑然者之尚异于圣人。而惟据在我之得不得为是非然之公案。……阳明尝曰。心即理也。宪何敢非之。然而言何容易。孔子七十从心不逾矩。始可以言心即理。七十以前尚不知何如也。……书曰。人心惟危。道心惟微。惟精唯一。允执厥中。（论）语曰。吾尝终日不食。终夜不寝以思。无益。不如学也。又曰。学而不思则罔。思而不学则殆。详味数言而阳明之得失亦略可睹矣。①

阳明思想中的人所应有的状态及其存在性格，根据以上的概观大致能了解到了吧。现在我们来思考这样的人的最后的规定性。人，在其自然本质上是完全地纯于天理，"纯乎天理。无人欲之私"的圣人实际上无非是人的本然的状态。人的这样的根本规定，究竟有什么样的意义呢？就像已经看到的那样，天理才是人的本质，相对于天理的人欲，可以说是蔽住太阳的云，只不过是"一旦觉悟。完全消融"[86]的偶然。如果规范性的东西和反规范性的东西在原理上能够归为天理和人欲的话②，那么，应该被

---

① 《泾皋藏稿》二，《与李见罗先生书》。又，《学案》。
② 不用说，称为天理或人欲的语言，作为规范和反规范，在最终被掌握以前，应该试着进行周到的分析。然而关于这个问题，安田氏已经有了最为卓越的研究。参照《阳明学的性格》四一至四五页。

排除的所有恶的东西,蔽、杂、私、功利、邪思、枉念,无非都是偶然的东西。即在阳明那里,恶在原理上是不存在的。与顾宪成所说"为善为其固有也。去恶去其本无也"相似①,阳明也对"人皆有是心。心即理。何以有为善有为不善"这个极为重要的提问,下了"恶人之心失其本体"的直截了当的定论。② 但是,"理"仅仅是这样的观念性的人性的固有物吗?规范在某种意义上,不是应该预想全体、预想社会吗?阳明说孝的理,说忠的理,说礼乐刑政、制度文物的理,在他论述理的一一具体发现之时,我已经能窥视到它的一端。而对儒家的理的学说进行最客观的研究的,应该是清代学者戴震。他在其名著《孟子字义疏证》中说:

> 六经孔孟之言。以及传记群籍。理字不多见。今虽至愚人。悖戾恣睢。其处断一事。责诘一人。莫不辄曰理者。自宋以来始相习成俗。则以理为如有物焉。得于天。而具于心。因以心之意见当之也。于是负其气。挟其势位。加以口给者。理伸。力弱气慑。口不能到辞者。理屈。③

即无论在主观上给理以怎样的规定,但在社会现实中,那是"如有物"一样被意识到的,它适应着阶级,适应着性格,要么屈要么伸。按照戴氏的研究,就像根据分理、肌理、条理这些语言我们就能理解的一样,理最初是"察之而几微。必区以别之名也"[87],像后儒所给予它的那样的意义,在古人那里是没有的。古人在说"天理"的时候,天理就是"自然的

---

① 在高攀龙所撰的顾宪成的《行状》中可见(《顾端文公遗书》)。正像"圣人学而可至"这样的宣扬已经启示,又如阅览一下《近思录》之类的书就直接能看出的那样,近世哲学根本确信的是"性善"这两个字。再者,至于古代儒家的欲望说是怎样的东西这个问题,参照本田成之博士的《儒家的欲望论》(《支那学》四,四页,昭和三年),还有安田二郎氏的《孟子字义疏证的立场》(《支那学》第十卷特别号,昭和十七年)二三页以下。
②《传习录》上,三四。
③《孟子字义疏证》上,《理》五(条码是根据胡适氏《戴东原的哲学》的附录)。再者,关于此书,安田二郎氏有上面(注九九)引过的论文。

分理"的意思。自然的分理就意味着以自己之情去度他人之情而没有什么不妥当,即"情之不爽失"[88],所以"未有情不得而理得者也"。① 但是自宋儒以来,因为把理解释成了"如有物焉,得于天,而具于心"[89],所以,本来应该在人与我之心之同然中求的理,却形成了只以某人的意见为理的倾向。在舍去己所不欲勿施于人的人之常情而求理时,所谓理,无非意见也。② 如果知道理不是与情——因为情是由外物而引起的,所以,广泛地说它是事、事物——相对立的,那么就能直接了解到理之外还有与之对立的"气禀"(称本然之性、气质之性时的气质)存在,那种认为欲是专从气禀而产生的宋儒的观点是不正确的。如果"情不爽失"为理,在情的根本处发生作用的是欲的话,那么甚至可以说理倒是存在于欲中,在这种场合所必要的就是统制欲望(寡欲),使之合理化而不破坏人伦关系(仁),但无欲就不是这样,因为要求人无欲无疑是命令人去死。③

> 有是身。故有声色臭味之欲。有是身。而君臣父子夫妇昆弟朋友之伦具。故有喜怒哀乐之情。惟有欲有情。而又有知。然后欲得遂也。情得达也。天下之事。使欲之得遂。情之得达。斯已矣。惟人之知。小之能尽美丑之极致。大之能尽是非之极致。然后遂己之欲者。广之能遂人之欲。达己之情者。广之能达人之情。道德之盛。使人之欲无不遂。人之情无不达。斯已矣。欲之失为

---

① 《孟子字义疏证》上,《理》一、二。又《理》三中说"情与理之名何以异。曰。在己与人。皆谓之情。无过情无不及情之谓理"。
② 《孟子字义疏证》上,《理》五、七。
③ 问:今以情之不爽失为理。是理者存乎欲者也。然则无欲亦非欤。答:孟子言"养心莫善于寡欲。"明乎欲不可无也。寡之而已。人之生也。莫病于无以遂其生。欲遂其生。亦遂人之生。仁也。欲遂其生。至于戕人之生而不顾者。不仁也。不仁实始于欲遂其生之心。使其无此欲。必无不仁矣。然使其无此欲。则于天下之人。生道穷促。亦将漠然视之。己不必遂其生。而遂人之生。无是情也。然则谓不出于正。则出于邪。不出于邪。则出于正。可也。谓不出于理。则出于欲。不出于欲则出于理。不可也。(《孟子字义疏证》上,《理》一○)

私。私则贪邪随之矣。……不私则其欲皆仁也。皆礼义也①。

《诗经·大雅·烝民篇》中唱道："天生烝民。有物有则。"理和欲也必须作为"欲其物。理其则也"这样的关系来把握。但是，如此本不是处在对立的关系中的理和欲，动辄被置换成处于正邪对立的关系中，而且，这个理还屡屡被篡改为"己之意见"。宋儒以来对理的解释是，不自理出则欲，不自欲出则理，于是一般就认为理欲的分歧就是君子和小人的分歧。甚至导致了以下的严重结果：

> 尊者以理责卑。长者以理责幼。贵者以理责贱。虽失谓之顺。卑者。幼者。贱者。以理争之。虽得谓之逆。于是下之人。不能以天下之同情。天下所同欲。达之于上。上以理责其下。而在下之罪。人人不胜指数。人死于法。犹有怜之者。死于理。其谁怜之。②

与人欲相对立的天理（一般的理），在社会现实中，是以什么形式而实施它的职能的，这一点现在已经清楚了！宋儒以来，也包括阳明在内的存在论者、人性论者，不管怎样给理以特殊的规定，怎样施以哲学的解释，但是现实中的理，正如戴氏所指出的那样，随即被置于正与邪的社会规范中，实质上，虽然是"上之人"的意见，但仍然被作为"死于理其谁怜之"的规范性通常观念的强制性、绝对性来逼迫人服从。对确信相对于"外"的"内"的绝对优越性的阳明来说，作为其"内"的权威的最终极根据的理，至此，实际上已成为"外"的东西了。大体上规范性的东西，在某种意义上就是社会性的。如果社会在这里被解释为阶级秩序的话，那么，"因社会而善，因个人而恶"[90]的定则在这里也适用，于此，社会（公）和个人（私）究竟意味着什么样的实质就很明了了。那就意味着上之人和下之

---

① 《孟子字义疏证》下，《才》三〇。
② 《孟子字义疏证》上，《理》一〇。

人、君子和小人、士大夫和庶人……这样的意义而已。即虽然两者都一样,都是部分的社会,但是,一方面作为通常观念、规范的担当者、强制者,是天理的"社会";另一方面,把所谓名教作为"理"而服从之,自专自用。于是,就表现为作为"小人无忌惮"而必须马上被压服的那种人欲的"个人"。当然,要想通过这种事而直接期待支配阶级与被支配阶级的对立,那还为时过早。就像小岛祐马博士所指出的那样,事先有效地采取防止被支配阶级的觉醒的自觉防患于未然的手段,才能按照原样维持永久专制和停滞。① 问题倒是必须从士大夫的存在本身的特殊性中去寻找。关于这一点,后面准备详细地论证,但无论如何,在阳明那里,天理完全为良知所吸收,在这一点上——假定允许把天理和良知分开来看待——就能够看到确立了相对于"所与"的理的那个"能与"的吾(良知)的优越性,但是良知实际上就是天理本身,不包含天理以外的东西,而且这个天理,作为制度文为、礼乐名物、五伦五常等"许多的理",无非就是儒家传统性的通常观念而已;"吾"因为是"推"、"还"这样的理的东西,所以"纯乎天理。无人欲之私",这无非就是传统和习惯,也就是为士大夫的名教社会效劳的可能的姿势中存在的东西而已。阳明在说"诸君只要常常怀个'遁世无闷。不见是而无闷'(《易·乾卦》)[91]之心。依此良知。忍耐做去。不管人非笑。不管人毁谤。不管人荣辱。任他功夫有进有退。我只是这致良知的主宰不息。久久自然有得力处"②的时候,不用说,一定论述了不论在什么社会,被期待的都应该是学者的孤高的决意。而且,对已经了解了如上所述的良知(天理)的现实态的人来说,这些话,还带有个别的阴影而余音缭绕吧。③ 刚才说过"吾"被作为一切的尺度,但是那也是作为纯乎天理无人欲之私的良知的吾,实际上,就是像前面所叙述的性格那样的东西;个人和社会,在真实上尚未决裂,这一点必须

---

① 《支那学问的固定性与汉代以后的社会》(现收入《古代支那研究》中)(参照本书二四〇页)。
② 《传习录》下,四三。
③ 例如在《泰州学案·王心斋传》中可见引了这句话(参照本书八七页)。

被正确地认识。把认识的实践的主体从所有的客观中严格地区别开来，并想要确立它的优越地位的宋以来的精神史倾向，被作为它的必然产物的合理主义所支撑，在阳明那里大致取得了成果，主观讴歌了它的万能。客观被主观所吸收，丧失了它自身的原理的实在性。而且，在此情况下，作为带有客观的"物"——社会学者所谓的 La chose——的性格，实际上是毫无保留地完全被移到了主观这一侧。热烈地指向"洒脱自在、活泼泼"的"吾"的近代中国的热情，在阳明那里，尚未能冲破士大夫的存在性的拘束。我们不能不看到革新的"致良知"说所带有的这种局限。阳明学在其后学中分裂为名教派和小人派，引起了所谓的心学横流，就是因为在阳明学中已包藏着这种根本性矛盾。不是客观最后被主观所包摄，而是肯定人的这种心的倾向，归根到底，是不能满足于把人欲作为偶然这样的理论逻辑的。我们在以后的章节中再论述这个问题。

以上，仅仅只概观了对于下面一章的展开是甚为必要的阳明所提倡的人的性格。总的说来，不管其最后意义如何，阳明的主张是：

（一）人性不假借任何外来的闻见修饰。人性，作为本来就存在于其自身之完全善美的东西，在理论上被予以全部的肯定。

（二）由于把圣人看成是"人的自然"而去掉了其偶像化，把其权威移到人之一般这一边；这样的人的自然，作为政治、文化、社会、人伦以前的东西，反过来被看作是制度文为、礼乐名物、五伦五常、治国平天下等所有"理"产生的根源。

（三）由于纯粹只把良知当做人的课题，实际上就对知识、才能、情意等给予了独立的评价。

（四）由于对人，特别是对良知的人这个一般概念进行了平等化，打破了被士大夫独占的以前的学问观，为愚夫愚妇，即农工商贾等庶民，打开了与士大夫具有同等意义的学问的道路。

阳明的主张在以上诸方面，完全具有划时代的意义。根据第一点，马上就表现出所谓现成良知说和肯定欲望的理论。根据第二点，表现出已经不依靠圣人的权威而且不顾虑传统通常观念的独立的自我意识和赤身担当天下的奔放的行动主义。根据第三点,表现出对例如仪秦之术那样的长期以来一直被儒家通常观念所指责的人的致用的肯定。① 根据第四点,则导出了秦汉以来空前绝后的盐丁和樵夫之类对公卿士大夫的堂堂的讲学,到处"鼓动流俗"而终于必然地受到统治者弹压的狂热精神运动的心学运动等等,这些现象发展了以上所列举的诸倾向并和它们互为因果,产生了把这个时代的疾风怒涛进行发酵的独自的生气。阳明学说好不容易才摆脱了儒家的、士大夫的限制,现在却又要来批判它了。正因为如此,才引起了所谓心学横流的"社会"性的事件。

---

① 参照本书一九三页以下。

　　补记:就像读者已经容易推察到的那样,著者在本书中把欧洲近世性的特征——或,在形成市民社会的近世的时候,参与其过程而且起了很大作用的欧洲性的特征——作为法则上的有典型性的特征而设想起来,然后在与此的对照中来试图理解旧中国。

第二章　泰州学派：从大丈夫到"吾"

据《明儒学案》记载：阳明死后，其学问被各种各样的人所继承；在对其学说的解释和发挥中，产生了很多门派，但其中最活泼泼地活动着的、引起激烈的社会性的议论的，是王心斋以下的泰州学派。黄宗羲在《泰州学案》(《明儒学案》三二)的序中说：

> 阳明先生之学。由泰州(即王心斋)[92]龙溪(即王龙溪)[93]而风行天下。亦因泰州龙溪而渐失其传。泰州龙溪时时不满其师说。益启瞿昙之秘而归之师。盖跻阳明而为禅矣。然龙溪之后。力量无过于龙溪者。又得江右①为之救正。故不至十分决裂。泰州之后其人。多能以赤手搏龙蛇。传至颜山农何心隐一派。遂复非名教之所能羁络矣。顾端文(即顾宪成)[94]曰。心隐辈坐在利欲胶漆盆中。所以能鼓动得人。只缘他一种聪明亦自有不可到处。羲以为

---

① "姚江之学(阳明学)[95]。惟江右为得其传。东廓(守益)[96]念奄(洪先)[97]两峰(文敏)[98]双江(豹)[99]其选也。再传而为塘南(时槐)[100]思默(廷言)[101]。皆能推原阳明未尽之意。是时越中(越中是浙中，即王龙溪一派)[102]流弊错出。挟师说以杜学者之口。而江右独能破之。阳明之道赖以不坠。盖阳明一生精神俱在江右。亦其感应之理宜也。"(《学案》十六，《江右学案》序)还有关于江右派学问的要领，参照例如容氏《明代思想史》第五章的邹守益、聂豹、罗洪先等条。

> 非其聪明正其学术也。所谓祖师禅者。以作用见性。诸公掀翻天地。前不见有古人。后不见有来者。释氏一棒一喝。当机横行放下拄杖。便如愚人一般。诸公赤身担当。无有放下时节。故其害如是。

也就是说在接受阳明说的泰州学派中，最终辈出了一群摆脱了"名教"羁绊的狂士小人。这也应该说是社会的极限状况。对于我们最想关心的问题——为了探究中国思想与社会的关系、究明士大夫存在的本质性格——来说，这正是个很好的题目。在成为心学横流的积极面的这个所谓的"王学左派"中，将天理人欲作为核心的人的概念是怎样展开的？它又是怎样发展到和名教相冲突的呢？

在阳明那里，人，作为也包含愚夫愚妇的人的一般，实际上只不过是一种超脱主义，还没有逸脱士大夫的限制。他的圣人论最雄辩地说明了这个问题。志于圣学者，都应该决意于"遁世无闷，不见是而无闷"的忍从之道。在阳明的弟子王心斋那里，又是怎样的呢？黄宗羲论及王心斋的学问时说：

> 先生（王心斋）[103]以九二见龙（《易·乾卦》九二的象辞）[104]为正位。孔子修身讲学以见于世。未曾一日隐也。故有以伊傅称先生者。先生曰。伊傅之事我不能。伊傅之学我不由。伊傅得君。可谓奇遇。如其不遇。终身独善（对兼善而言，《孟子》之语）[105]而已。孔子则不然也。此终蒲轮辙环意见。阳明之所欲裁仰者（参照本书九〇页）[106]。熟处难忘也。于遁世不见知而不悔之学。终隔一尘。①

黄宗羲还进一步引了下面这段话："道尊则身尊。身尊则道尊。故学也者所以学为师也。学为长也。学为君也。以天地万物依于身。不以身依于天地万物。舍此皆妾妇之道。"阳明学说这时将要朝着怎样的方向展开，是我们大概能够预感得到的吧。

---

① 《学案》三二，《王心斋传》。

王心斋,名艮,字汝止,泰州之安丰场人。场即盐场。心斋本来是安丰盐场盐丁之子。泰州属扬州府。近世人文兴隆的背景中隐然存在着两淮的盐商、江都的盐商,对于想要了解当时历史的人来说,这是首先必须记住的事实。心斋7岁时进入乡塾,因为贫穷而中途退学。之后或学医,或学商,又代替父亲从事盐丁之事。曾因商赴山东,偶然经过孔子的庙,慨然说夫子亦人也,我亦人也,圣人可学而至,于是发奋努力。这是心斋25岁那年的事。他之所以志于学,就是因这种动机而开始的。从那以后,他常将《孝经》《论语》《大学》等书携带于怀,在进行业务的同时,一有机会就向人问问题,一直坚持"以经证悟。以悟释经"[107]的研究。一天夜里,梦到突然间天坠落下来,就要把人们压死,万人狂奔求救,心斋举起双臂擎起就要坠落的天;看到日月星辰失去了秩序,又亲手将其整理,照原样放好,人们欢呼拜谢。醒来则汗溢如雨,但顿觉心体洞彻。此时,他彻底得到了万物一体、宇宙在我的大悟。他踊跃跳起,马上在壁上题曰"正德六年间居仁三月半"[108]。从此以后,行住语默无一不由此悟而发。于是,他按《礼经》制作五常冠、深衣、大带、笏板穿着,说是"言尧之言。行尧之行。而不服尧之服可乎"[109]。他作为学者逐渐在学术界立足,就是以这件事作为开始的。他在门上挂榜,上面写着:"此道贯伏羲、神农、黄帝、尧、舜、禹、汤、文、武、周公、孔子,不以老幼贵贱贤愚,有志愿学者传之。"①他在所到之处开展讲席。不用说,他的学问是所谓自得之学,不拘泥于由儒家学者所堆砌起来的那些传注。这致使刘念台说:"后儒之格物说,确以淮南为正。"②这种独自的格物说在非士大夫读书人的庶民学者王心斋那里被这样的体验和心力所证实从而成立、确信。不久,当他知道了阳明的存在时,高兴地说:"有是哉。虽然王公论良知。艮谈格物。如其同也。是天以王公与天下后世也。如其异也。

---

① 据周汝登(海门)《圣学宗传》一六。
② 同上。而且伊藤仁斋[110]在他的《大学定本》第五章也说"明王心斋著格物论。亦与鄙见合"。

是天以艮与王公也。"[111]由此可看出他那堂堂的自信。他即日出发,赴当时在江西的王阳明处,不用说,他是按照《礼经》穿着古服而去。到中门,他"举笏而立"[112],等阳明出到门外来迎接时方才进去。进去之后,他一下子就坐在阳明的上座,与阳明展开论战,他每屈服一点,就将座位往下座移动一些,当辩论结束的时候,他完全心服口服了,叹道:"简易直截。艮不及也。"[113]于是下拜自称弟子。然而,当他回到住宿处,玩味刚才听到的阳明的话时,才发现阳明的有些观点他难以同意。于是非常后悔自己太轻易信服。第二天又早早去拜见阳明,告诉阳明自己后悔的事。阳明对他的不轻信盲从说道"善哉"[114],于是又反复进行辩论,此时,心斋终于决定性地心服了,成了阳明的弟子。阳明对弟子们述怀曰:"向者吾擒宸濠一无所动。今却为斯人动矣。"[115]最初名为"银"的心斋,被阳明改名为"艮",也是这个时候的事情。心斋一度回到家乡,得到父亲的允许后,又一次奔赴阳明那里。据传说,在途中,心斋访问了南京的太学,在所有学生面前,创立了六经的大旨说:"六经者吾心之注脚也。心即道。道既明。经何必用哉。经既明。传不复用矣。经传之间。印证吾心而已矣。"[116]心斋还骄傲地说,自己并非要专门研究某一特定的经,只是要治总经(吾治总经)而已。①

阳明回到浙江绍兴专念讲学,各地的学者都聚集在其门下,心斋似乎也不例外。他为这些学生积极奔走,并且热情洋溢地宣传阳明的学问。阳明的教授法是先由高足弟子对刚入门的学生授课。所以心斋也是代讲者之一。②然而心斋并不满足于此。因为他虽然深信师之学以及自己之学是圣学,但是在当时的一般教养社会,他们的学问还不能占主

---

① 总经云云,年谱中未见,但《圣学宗传》中却记载着。在李颙的《观感录》(《李二曲全集》二二)中,这样叙述说:"大司成汪咸斋延入。问。先生治何经。曰:吾治总经也。闻者悚然。"
② 在《学案·心斋传》中,说"阳明归越。先生从之。来学者多从先生指授",这已经充分说明了这个问题。在《学案》一九,《黄宏纲(洛村)传》中,更明确地有"阳明教法。士子初至者。先令高弟子教之"之说。

流的地位,被看成是徒然地标新立异,即他所感叹的"孔孟殁后。圣学失传久矣。千载绝学。天启我师。可使天下有不及闻者乎。风之未远也。是艮罪也"。① 过去孔子遍历天下说道,现在心斋也决心同样周游天下,弘扬道义。他问阳明孔子游说之际的车制,阳明笑而不答。于是他自制蒲轮(朝廷招聘贤者时的车),乘着它,一路上边讲学边走。他首先向京师出发,但在京师什么事也没干成。他要向天子呈递千余言的上奏文,被在京的同门人(即同门于阳明门下)所劝阻,蒲轮车也被同门人藏起来。因为当时的阳明学说,本来就是被诽谤的对象,他那突如其来的冠服言行,也只能产生相反的效果。据说,他在京师出现的时候,同门人都面面相觑而愕然失色;京师的人都把他看成怪魁。同门人极力恳求他离开京师,阳明也来信厉加叱责。滞留了一个月,没办法,他只好空手南归。②

在这极为概略的传记中,我们直接体会到的是这种不同寻常的传道热情和不拘泥于士大夫"格套"的直率的理解和言行。心斋对多次使阳明自身及其弟子们感到危惧的讲学,抱有非同寻常的、直率的热情和信念(后来这也是所谓泰州学派,特别是颜山农、何心隐一派的共同特征)。这种直率性与其学说的内容相辅相成,渐渐呈现出一种社会性精神运动的状态。这种社会性的精神运动,后来发展到对社会的安宁产生威胁,终于受到严厉的镇压。心斋就是这个精神运动的先声。而且,我们必须看到,心斋的这种对社会的积极意欲是与在他成为阳明门人以前独自建立的学说互为表里的。当然,心斋接受了阳明之教,他的学说要加以洗练,但并没有本质性的变化。必须把王学左派心学运动的这种庶民的、

---

① 这是根据焦竑《焦氏笔乘》三,《王先生》那条中所记载的赵大洲(贞吉)作的墓铭。
② 以上根据《明儒学案·王心斋传》、《王心斋全集》卷首的《年谱》、《焦氏笔乘》、《圣学宗传》、《观感录》等加以取舍。更详细的可见《年谱》。还有,本书所说的《王心斋全集》(五卷),用的是楚黄耿定力和金陵焦竑原校、曾孙元鼎辑、八世侄孙以铊震九读识的日本刻本(弘化四年,春日潜庵[117]序)。容肇祖氏的《明代思想史》(一五一页)提到了《明儒王心斋先生遗集》二卷(宣统二年东台袁承业排印本),但没有见到过。

士大夫的二重起源性暂时区别开来进行理解。心斋独得之说,就是所谓
的"淮南格物"。

> 身与天下国家一物也。唯一物而有本末之谓。格絜度也。絜
> 度于本末之间而知本乱而末治者否矣。此格物也。物格知本也。
> 知本知之至也。故曰自天子以至于庶人壹是皆以修身为本也。修
> 身立本也。立本安身也。①

> 格如格式之格。即絜矩之谓。② 吾身是个矩。天下国家是
> 个方。絜矩则知方(方形)[118]之不正。由矩(尺,量天;标准,尺
> 度)[119]之不正也。是以只去正矩。却不在方上求。矩正则方正
> 矣。方正则成格矣。故曰格物。吾身对上下前后左右是物絜
> 矩。是格也。其本乱而末治者否矣。……格物知本也。立本安
> 身也。安身以安家而家齐。安身以安国而国治。安身以安天下
> 而天下平也。……不知安身便去干天下国家事。是之谓失
> 本也。

《周易·系辞下》说"君子安其身而后动",又说"身安而天下国家可保
也"。孟子所说的"守孰为大。守身为大。失其身而能事其亲者。吾未
闻之矣",也无非是说出了这个格物的根本意义。在阳明的格物说中,物
解为事也,事事物物也。而且主张这个事事物物是我心之良知所具有的
东西。从哲学上来说,其意义是很深奥的,但在另一方面,作为儒家学
说,它却成了无限定的空疏的东西。而与之相对,在心斋的学说中,物正
像可以用身、天下、国、家那样的语言来表现的那样,能够从被限定的方

---

① 《学案》三二,《心斋语录》(又《全集》三,《语录》下)。絜度,在《大学》传十章的"是以君子有絜
矩之道也"的朱注中,有"絜,度也(测、量)。矩,所以为方也(尺子,尺度)"。即如同木工用曲
尺量物使之方正一样,将自己固有的道德性作为根本准则,来检测自己行为使之正确,就叫
做絜矩。这里是根据上面的话语。还有,因为心斋的语录量不大,所以以下根据心斋语录所
引的话,不一定一一作注。
② "格字不单训正。格如格式。有比则推度之意。物之所取正者也"。《学案》三二,《王一
庵语录》。还有这条也在《学案》三二,《心斋语录》中。

向去寻求;格,解释成以身絜度,可以说是强调了其社会实践性的、机能性的意义。如果从相对于"事事物物"(那最终也无非是意念的发动)的"良知",到与直截了当的、外在的、实在的"天下、国、家"和非常具体的自己"吾身"的对立—本末论的图式中远眺的话,那么从阳明到心斋的推移,正可以被理解为这种由本到末的发展。人于是必须是絜度的存在。不用说在这种情况下是因为"行有不得于心。然后反己也"(《孟子·离娄上》),"反己才是格物的工夫",所以,天下、国、家被在彻头彻尾的传统概念的限度内思索;这个絜度的人,在逻辑上也不一定就能够是彻底坚持自己主张的人,但无论如何,在心斋那里,是把人作为这种社会存在、行动存在的积极性而强调的。这时候,它在理念上,是以什么样的类型被把握的呢?我想从被称之为"大丈夫"的语言中去寻找。①"大丈夫存不忍人之心。而以天地万物依于己。故出则必为帝者师。处则必为天下万世师。出不为帝者师。失其本矣。处不为天下万世师。遗其末矣。"我们必须注意的是,这些话语不是从翰林院检讨陈献章和新建伯王守仁那样的人那里说出来的,而是从完全是庶民的、盐丁出身的王艮口中说出来的。如果天地间至尊的是道的话,那么体得这个道的人才应该是师、是长、是君,"师道立则善人多"。这里,天下之治就大可不必仅仅只期待那些专事社稷人民的人。"学不足以为人师,皆苟道也",如果极端地说,无非是"妾妇之道"。以天地万物依于身,不以身依于天地万物。天地万物为一体,"为天地立心。为生民立命",这就是大丈夫。心斋的大丈夫意识的热情又是怎样的呢?下面这段文字直截了当地说明了这个问题。

---

① 大丈夫这种说法来自《孟子·滕文公下》:"景春曰。公孙衍张仪岂不诚大丈夫哉。一怒而诸侯惧。安居而天下熄。孟子曰。是焉得为大丈夫乎。子未学礼乎。丈夫之冠也。父命之。女子之嫁也。母命之。往送之门。戒之曰。往之女家。必敬必戒。无违夫子。以顺为正者。妾妇之道也。居天下之广居。立天下之正位。行天下之大道。得志与民由之。不得志独行其道。富贵不能淫。贫贱不能移。威武不能屈。此之谓大丈夫。"

道人闲行于市。偶见肆前育鳝一缸。覆压缠绕。奄奄然若死之状。忽见一鳅从中而出。或上或下或左或右或前或后。周流不息。变动不居。若神龙。然其鳝因鳅得以转身通气而有生意。是转鳝之身。通鳝之气。存鳝之生者。皆鳅之功也。虽然亦鳅之乐也。非专为悯此鳝而然。亦非为望此鳝之报而然。自率其性而已耳。于是道人有感。喟然叹曰。吾与同类（即人）[120]并育于天地之间。得非若鳅鳝之同育于此缸乎。吾闻大丈夫以天地万物为一体。为天地立心为生民立命。几不在此乎。遂思整车束装。慨然有周流四方之志。少顷。忽见风云雷雨交作。其鳅乘势跃入天河。投于大海。悠然而逝。纵横自在。快乐无边。回视樊笼之鳝。思将有以救之。奋身化龙。复作雷雨。倾满鳝缸。于是缠绕覆压者。皆欣欣然而有生意矣。其苏醒精神。同归于长江大海矣。①

据《年谱》记载：作为要向天下宣扬圣学的心斋，在驱蒲轮之车首先向京师出发的时候，创作了这篇文章，表达了他的志向。不难看出，贯穿这篇文章的根本的热情和那段确立其根本性立场的决定性契机的梦的轶话所表达的精神是完全相同的。这已经不再是超越世俗的阳明的"圣人"。"大丈夫"才一定是学道之人的，或者说是生于道之中的人的理想性样态。大丈夫不是因为怜悯芸芸众生，不是因为期待报恩，只是按照"内"的自己固有特性而纵横自在、快乐无边地活动，而且这也就是其所以立即要去拯救因为"外"而陷于悲惨状态的其他一切人的理由。作为这种绝对的主体者的达人、自由人，就是大丈夫。阳明已经道破了"乐心之本体也"②，对于把握了道之生生、体得了宇宙的根源是活泼泼的这样的人来说，"乐"才一定是人在那里应该生机勃勃地存在着的理想的热情。

---

① 《全集》四，《鳅鳝说》。
② 《传习录》中，《答陆原静第二书》一二；还有，下，九二等。

"学是学此乐。乐是乐此学"①,而且这个乐,既然在根本上就是道本身的性格,那么,它就不应该仅仅只是没有被私欲束缚的,或者说仅仅只是从道学先生的捆缚苦楚中被解放出来的②自由那样的消极的东西。道是至上至尊的。道唤起人的使命感,志于道的人因此都至尊(道尊则身尊,身尊则道尊)。在道的使命中人在本质上是平等的。最初拜见阳明、相互议论的时候,心斋"纵言及天下事",阳明对此告诫他,说了"君子思不出其位"(《论语·宪问》)这一极有特征性的警句。心斋马上回答说自己虽不过是草莽的匹夫,但君为尧舜之君、民为尧舜之民的信念却没有一天忘记过[121]。在这里可以看到大丈夫堂堂的自负。于是对道负有使命的人,已经不止是单单的良知者,而应该是大丈夫。而且,在应该是大丈夫的人那里,与道相连的根本,与其说是作为良知被把握,不如说是作为"身"被把握。我已经论述过,心斋的格物说是把"安身"作为最大的眼目,但他还用爱身、敬身、保身、尊身等词语的表述来强调这个主张。例如"尊身",在回答尊身有怎样的意思这个问题时,心斋论述如下:

> 身与道原是一件。圣人以道济天下。是至尊者道也。人能宏道。是至尊者身也。尊身不尊道。不谓之尊身。尊道不尊身。不谓之尊道。须道尊身尊。才是至善。故曰。天下有道。以道徇身。天下无道。以身徇道(《孟子·尽心上》)[122]。必不以道徇乎人。使有王者作。必来取法。致敬尽礼学焉。而后臣之。然后言听计从。

---

① 心斋有《乐学歌》。"人心本自乐。自将私欲缚。私欲一萌时。良知还自觉。一觉便消除。人心依旧乐。乐是乐此学。学是学此乐。不乐不是学。不学不是乐。乐便然后学。学便然后乐。乐是学。学是乐。于戏天下之乐。何如此学。天下之学。何如此乐。"(《全集》四)这种"乐是学。学是乐"的主张,是心斋说的一个特征,后来到其子东崖更加被发挥(《学案》、《东崖传》)。乐应该是相对于"戒惧"、相对于"主静无欲"、对比于"收敛禽聚"而理解的,是开放而肯定的心态,是对能动的生命之自身之大肯定的热情。刘念台说:以后心斋的这种鼓吹,在其门流中成为小人之无忌惮者辈出的原因(《学案》卷首《师说》,《罗念庵》条)。而且如后所述,在心斋的弟子中,樵夫朱恕的号为乐斋;在东崖的弟子中,陶工韩贞的号为乐吾,这个问题在这里讲一下为好。
②《传习录》下,五七。

不劳而王。……又曰。君子之守。修其身而天下平。若以道从人。妾妇之道也。己不能尊信。又岂能使彼尊信哉。①

除此之外,又曰:"即事是学。即事是道。人有困于贫而冻馁其身者。则亦失其本而非学也。夫子曰。吾岂匏瓜也哉。焉能系而不食(《论语·阳货》)[123]。"②还说:"仕以为禄也。或至于害身。仕而害身。于禄也何有。仕以行道也。或至于害身。仕而害身。于道也何有。"③常人和圣人在本质上没有差别,但因为存在气质之性和物欲等偏向,两者也就悬绝起来。这就是学问之所以存在的理由。那么学是怎样的东西呢?它穷尽于"明哲保身"四字之中("与圣人异。然后有学也。学之如何。明哲保身而已矣")[124]。明哲是良知也。明哲保身者,良知良能也。立足于良知而保身,才是学问的眼目。人如果自觉到人在本质上是与圣人同等的话,那么也肯定爱我身、敬我身如宝。爱我身、敬我身也是爱人、敬人的道理。如果爱人、敬人,那么人也还我爱、还我敬。保身,就是建立在这样的构造之上的。吾身被保全,一定直接意味着国家、天下也被保全。如果一旦保身而不爱人,就陷入利己主义,损害他人;他人也必定对我加以报复,这样就不能保全我身。我身不能保,又何以保天下国家哉?这应该说是利己主义者之流不懂得本末一贯的道理。同时若只知道爱人而不知道爱身,必定会做出烹身割股这样的愚举来。④ 这就是残害生

---

① 《全集》三,《语录》下。
②③《全集》二,《语录》上。
④ 烹身割股,是为了治愈父母之病的孝子所采取的献身的手段,一直被作为孝行的最高行为。当然,朝廷对此是禁止的,但社会的一般风潮相反却是叹赏之,地方官也表彰之。特别在明代,此风甚行(桑原骘藏[125]博士《支那人食人肉之风习》第十一章。又《支那的孝道》第十五章)。儒家(士大夫)对此行为一般采取何种态度这个问题我没有作过调查,但如果根据读近人的集子,从墓志铭、节妇传等两三本书籍得到的印象来说,他们大体上还是有对此认可称赞的倾向。特别是在曾读过康德并引用过尼采的燕京大学教授王国维的《罗君楚妻汪孺人墓碣铭》(《观堂集林》一九)中,当读到"孺人服勤无方……刲臂肉以疗所天"一句时,不禁为之惊叹(所天是丈夫的意思)。也许不免有少见多怪的讥谤,但心斋对割股的意见,我想是值得注意的。《语录》下中又有如下一条:"先生谓周季翰曰。止于仁。止于敬。止于孝。止于慈。止于信。若不先晓得个安身。则止于孝者烹身割股有之矣。止于敬者饥死结缨有之矣……"

灵、杀身,其结果吾身就不能保。不能保吾身,又怎能保君父呢? 这应该说是忘本逐末之徒的举止。孔子的"敬身为大"、孟子的"守身为大"、曾子的"启手启足",无非都是论述了应该重"身"这个问题。① 王心斋喜欢用"身"这个表现方法来代替"良知"或者"心",他所说的"身",作为应该絜矩天下、国、家的根本,必须被要求为"安""爱""敬""尊""保"。应该说,这是和前面所讲的王心斋的大丈夫意识是有关系的,是在阳明的人之形象展开之上应该极为注意的事实。心斋排斥隐居独善,正是他的这种学说的必然归结。

> 孔子谓"二三子。以我为隐乎"。此隐(隐遁隐逸的隐)[126]字对见字说。孔子在当时虽不仕而无行不与二三子。是修身讲学以见于世。未曾一日隐也。隐则如丈人沮溺之徒。绝人避世而与鸟兽同群者是已。②

引用《论语·述而篇》的文章,这个解释明显地离题了。然而正是由于这个解释的悬殊,才能窥视到心斋的心态。孔子说"沽之哉沽之哉我待价者也"(《论语·子罕》),待价而沽者才能做"格君心之非"(《孟子·离娄上》)的大人。③ 应该为帝者之师的大丈夫,更必须是这样。"无诸己而求诸人。是其本乱而末治者。否矣。有诸己而不求诸人。是独善其身者也。"④如赋《归去来辞》的陶渊明,是企图要断绝对人和对社会的交涉。后世的读书人只仰慕这种高风,并干脆感服于这种高风,但就像周濂溪已经说过的那样,陶渊明是隐者之流,但得不到中正之道,所以也应该被视为丧心失志的人。此与所谓"外慕"相比较时也许近道,但当和孟子的"不得志则修身见于世"(《孟子·尽心上》)相对比时,却不能说是合道。⑤

我们已经知道了那样热烈地主张"道"的根源性、崇高性、第一义的

---

① 《全集》四,《明哲保身论》。
②③ 《全集》二,《语录》上。
④ 《全集》五,《与南都诸友》。
⑤ 同上,《与薛中离书》。

陈白沙。然而,虽然王心斋和陈白沙同样是以"道"作为根据,但是把心斋和只顾"高尚其身"而希望作为林下高士的白沙相对比,就会发现心斋的心态和白沙正好相反。即使在冒天下之非难嘲笑而高唱圣学并要从沉沦中救济苍生的阳明那里,也要求学者必须有殉于"遁世不见知而不悔"的决意,然而,身为一个地地道道的庶民——其德被认为只如随风的草,自己不存在有任何自发的能力——的王心斋却扬言"某也亦所谓修身见于世也"。他引用孟子"有大有为之君。必有所不召之臣"(《孟子·公孙丑下》)的话时说的"仆固非不召之臣。亦不敢不愿学也"这段话,正显露出了他的自信。① 当知府某官要召他去讲学的时候,他拒绝了。那是因为,正像"闻来学,未闻往教"(《礼记·曲礼上》)所说的那样,"致师而学。则学者不诚矣。往教。则教不立矣。皆不足以知至尊者道也"。②因为他虽然是庶人,可是又有为"道"之师的自觉,所以他自信具有不屈服于为政者之权威的权威。在其自然的本质这一点上,被作为像圣人一样的阳明那样的人来说,这的确是人的自信之最直截了当的表明吧! 立足于这个信念,阳明才能断言:虽孔子之言不敢以为是。但是当阳明强调相对于"外"的"内"的优势、主张"外"应该完全包摄在"内"之中的时候,实际上依然是原封不动地承认传统的"外"的诸权威的,只不过是这些权威成立的根据,也要在"内"中寻找而已。阳明学说的不彻底性就在这里。由于士大夫性的"闻见格式"的重压,其所谓的存在拘束性非常牢固,以至于阳明的热情只限于热情而没有达到充分的理论。正基于此,阳明对学者才要求要具有"遁世不见知而不悔"的孤高的决意。相对于此,摆脱了这样的儒家士大夫的闻见格式,心斋是多么自由啊! 不,更正确地说,他越是纯粹地——即只是一味地、本质性地追求这种儒家士大夫的"闻见格式",作为其直率而又热烈的合理主义之当然结果,他就越

---

① 同上,《答太守任公书》。
② 同上,《答林子仁第二书》。

是远离士大夫、读书人本身,其言谈举止,就必然表现得越奇特古怪。我们在他的实际言行中,已经看到了这一点吧。不管所谓淮南格物怎样独特,把心斋作为杰出的"学说家"是不妥当的吧!可以说,作为近世精神的纯粹实验,庶民心学者王心斋的意义,就在于近代的热情几乎完全暴露在他那追求自己理论的那种一味的激进性中。王心斋主张"身"是天下、国、家的根源,但同时又认为正因为这一点,所以当天下、国、家有某些不正不义的时候,就应该责备吾身。在王心斋那里,存在着怎样的区别于阳明的原理性的差异啊!刘念台称赞淮南格物是格物说中的最高峰,我国的伊藤仁斋也心服于心斋的淮南格物说,其理由不如说反而正是这一点吧!而且心斋断言:"吾命虽在天,造命却由我。"①

> 舜于瞽瞍。命也。舜尽性而瞽瞍底豫。是故君子不谓命也。陶渊明言。天命苟如此。且尽杯中物。便不济。孔子之不遇于春秋之君。亦命也。而周流天下。明道以淑斯人。不谓命也。若天民则听命矣。故曰大人造命。②

近人刘师培评论"天民随命,大人造命"这句话说:这句话是先儒没有阐明的,从来很多中国的古人就一直说"随命",而只有心斋才讲"造命","造命者人与天争之谓也。观此可以见先生之志"。③ 我们也毫不犹豫地把心斋的这句话,与不以孔子为是的阳明的言论,一起看成是中国近代热情的最直接的表现。了解"天""命"在中国精神史中所占分量的人,可以领会到几乎应该把它和欧洲精神史上对神的否定相提并论这一事实了吧。④

《焦氏笔乘》记载:心斋生平最不喜欢著述,若要应酬诗文,就令其门

---

① 同上,《与徐子直书》。
② 《全集》二,《语录》上。
③ 《左盦外集》一八,《王艮传》。
④ 在中国精神史上,关于"天"的思想所具有的基本命运之意义,参照例如平冈武夫氏的名著《经书的成立》第三篇第三章。

人或儿子代作,只要能表达出想说的话就行了。① 说他所读的不过是《孝经》、《论语》、《大学》之类这种说法,虽不中而不远矣[127]。就像诸家再三言及的那样,心斋是无学,如果更恰当地说,是无教养。然而,在阳明门下,心斋的名声,与众所周知的那个王龙溪并列,被称为王门的"二王"。当时阳明的弟子遍天下,几乎都是一些有爵位有权势的人,而心斋却是以布衣的身份与他们为伍,名声反而胜过阳明的那些弟子。② 布衣之说,在这里,应该在相对于士人、士大夫而言的非士大夫,亦即庶人的意义上理解。不用说,要在士大夫和庶人之间确定明确的界限,是一件很难的事。但总而言之,士大夫是对那些为诗书之香所浸染的教养人(所谓读书人)的称谓;不嗜好诗文的士大夫,在理念的意义上,就大致与被叫作圆的三角形相等吧!这对翻阅轻视词章、痛骂词章的白沙和阳明的文集的人来说,应该是可想而知的。即使只看这一点,心斋也不能算在士大夫的范围中。尽管"学"这个概念,无论怎样地暧昧多义,无论与我们现代的理解有怎样的不同(学,除掉道学的意义上的学,大致与读书同义),一个原本并非士大夫的"学者"而仅仅不过是庶人的人,竟敢讲"儒学",这样的事在最初是能够被预料得到的吗?然而王心斋正是这样的学者,并且他不仅仅只是偶然的存在,而是一个作为极有特征性的学派的始祖而俨然占据着学术史位置的学者。据说阳明死后,当阳明门下的人要主办会讲的时候,常常请心斋主持会讲,公卿士大夫之徒非常乐意参加这一布衣的讲席③。这样的现象,一直引起我们留意,这是不言而喻的。但是现在要注意的,作为与此相表里的,是从心斋的门下门流中涌出了与其师完全相同的庶民学者这一事实。《明儒学案》列举了属于泰州学派的樵夫朱恕、陶匠韩贞和田夫夏廷美三人。如果看李二曲(名颙)的《观感录》,吏胥李珠、商贾林讷也属于此派。朱和李是心斋弟子;韩、林是心

---

① 特别在《焦氏笔乘》中记载的赵大洲撰的《墓铭》(上引)中。
② 《明史》二八三中使用的关于他的传的话。
③ 参照《年谱》及《弟子录》。如罗念庵也特地拜访他,请教他。

斋之子王东崖（名襞）的弟子；夏稍微晚些，是焦弱侯的弟子。显然，他们只不过是一部分优秀人物而已。在心斋的门中，很多庶人与士流缙绅为伍，接受"尧舜孔孟之学"。所谓"公卿士大夫也如此，卖柴人也如此"之学，在阳明那里只不过是一种要求，但是现在它已成为事实并展现出来。现在如果要列举庶民学者的话，那么：

朱恕，字光信，和心斋一样同是泰州人，每天打柴换麦，以此来养活老母。有一天，朱恕唱着"离山十里，薪在家里，离山一里，薪在山里"的歌路过心斋的讲堂旁，心斋听到了这首歌，对弟子们说："你们听到那首歌了吗？不求道是不行的，但如果去求就能得到。如果不求道，即使道就在身旁，也不是自己的。道即歌中所唱的薪也。"朱恕听到了这些话，觉得津津有味，以后，每次挑着柴薪路过心斋的讲堂旁时，一定要到心斋讲堂的阶梯下听讲。肚子饿了，就到厨房去要点水吃随身带的干粮。听讲结束后又背负柴薪而去。疲倦时就放下柴火盘腿而坐，仰天浩歌一番。心斋的门人中有个宗部（字尚恩），因为可怜朱恕而对朱恕说：我给你数十两银子，你去找别的活干怎样？这样可以免去劳动的辛苦，而且可以早晚与我们一起切磋学问。朱恕手里拿着银子，低头思索了片刻，非常气愤地说："你并非爱护我。现在我眼睛一看到银子，胸中便憧憧然起了经营的念头，你是要以此断送我一生。"于是将银子还给了宗部。胡直（阳明再传弟子、《学案》二十二详介）任提督学政时，听了朱恕的事，多次招朱恕，但朱恕不去，于是胡直借口课税要朱恕来一趟。朱恕没办法，只好去了，身着短衣，打着赤脚，进衙门去见胡直，行了礼之后赶快退了出来。朱恕死后，户部尚书耿天台写了朱恕的传。（因为根据《王心斋全集》所附的弟子录，朱恕的号好像为乐斋。另外，在《明儒学案》的《发凡》中，作为最终没有能引用的书籍，黄宗羲所列举的《朱布衣语录》恐怕就是这个樵夫朱恕的语录吧！）[128]

李珠，字明祥，号天全，泰州人。生于农家，但年轻时就成了州署的胥吏，在知州王瑶湖（心斋的经济资助人）身边勤务。然后学于瑶湖，有收获之后就辞去了胥吏之职,来到心斋门下。因为在学问上勇猛精进,又努力实践躬行,终于远远闻名。士大夫认为他与众不同,争相褒美他,珠谦逊地说不敢当。因为他以导人为善为己任,所以在当时的州署县署的胥吏和使丁中,就有很多人接受了他的感化并改过迁善。当有人要辞职而转入学问之道时,珠说:如果真心为善,在公门尤其容易产生功效,何必去职呢?听到此话的人无不叹服。珠尽全力侍奉老母,即使在贫穷中也决不失礼。母死不能葬,在埋葬的数日前,掘墓穴得天全钱百缗。因天全是珠的号,所以人人都说这是孝心的感应所致。[129]

韩贞,字以中,号乐吾,兴化县(和泰州同属扬州府)人,以制作陶瓦为生。在听到樵夫朱恕的名声之后而仰慕之,于是赴其门下学习。朱死之后,又从学心斋之子东崖,大体记住了文字,也读了几本书。传说最初住在三间茅屋中,后因为还债被迫住在破窑中,过着缺衣少食的生活,自咏曰"三间茅屋归新主。一片烟霞是故人",安然自在。过了36岁还是独身一人,于是在东崖首倡下,弟子们醵金为之完婚。不久,自信有所得,毅然意识到宣扬道和教化世俗已成了自己的使命。于是,他按才能启发指导,从农工商贾至劳动者、皂隶之人,跟从他游学者达千余名。在每秋收获结束的农闲期,他与弟子们班荆跌坐,从容讲学。一村聚众讲学之后又换一村。大家分乘小舟,前歌后答,弦诵之声洋洋然也。看到此情此景的人都非常欣赏。① 县令知道此事后,赠他米二石和金一镒。他只收下米而把金退还县令。县令对他提出关于政道的问题,他回答说:"我只是一个穷民,对阁下的政道我无能补于左右,但我和一起居住的人都幸无讼牒烦公府,此我之所以报明府也。"当时耿天台作为御史巡

---

① 同样的事迹,关于其师王东崖也有记载:"心斋没后。继父讲席。往来各郡主其教事。归则扁舟于村落之间。歌声振乎林木。恍然有舞雩气象。"(《学案》三二,《王东崖传》)舞雩的气象指的是近世的学者喜欢称道的曾点的故事(《论语·先进篇》)。内在于近世精神中的审美的情调,就以这样的心学者的讲学方式毫无遗憾地发挥出来。

阅管辖来泰州,在心斋的祠堂里举行盛大的讲会。耿讲了性无须加损的主题,举了已故宰相某某,取高位极人臣,喜怒动辄越出常轨的例子,乐吾拍着床说:稍微懂得一点这个道理的我基本上还是优秀的(乐吾拊床叫曰。安能如侬识此些子意耶)。天台笑着说:穷居而意气有加亦损也。东崖评论说,韩生是懂得这个的,如果可以把"大行"和"穷居"平等相看就好了。① 乐吾每和诸名公卿列席会讲,碰到有人聊闲话,就会大声叱责说:光阴有几乃作此闲谈耶?或碰到有人寻章摘句,就大怒,说:舍却当下一大事不理会,却搬弄陈言,此岂学究讲肆耶?在坐者为之警省(《学案》:乐吾每遇会讲。有谈世事者。辄大噪曰。光阴有几。乃作此闲谈耶。或寻章摘句。则大恚曰。舍却当下不理会。搬弄陈言。此岂学究讲肆耶。在坐为之警省)。识者评论他说:"气冲牛斗,胸次怡怡洒落,号曰乐吾不虚。"他有《乐吾集》行世(在《心斋全集》所附《弟子录》中有《乐吾诗集》)[130]。

林讷,字公敏,福建省莆田人。曾打算在淮南行商,算命先生给他算命说他并没有特别能够称道的商运,但在经商中可能会有奇遇。林讷于是出去开了店铺,但因为生意不好,决定回乡。在归途中,遇到了韩乐吾。在聆听了韩乐吾一席话之后,胸中感到有所开窍,于是再拜韩乐吾,成为韩乐吾的弟子,侍于韩乐吾左右,随韩乐吾一道从事陶业。嘉靖三十三年,倭寇在福建骚扰掠杀,林讷的家也化为灰烬,没有了归处。乐吾死后,林讷成了东崖的门人,继续完成学业,深得其真髓。他提倡学问,到老也不知疲倦,死时 84 岁[131]。

夏廷美,号云峰,南直隶省太平府繁昌县的农夫。② 有一天,听到张甑山讲学说:"为学。学为人也。为人须求为真人。毋为假人。"夏廷美怃然说:"吾平日为人得毋未真耶。"因此到湖北去访问耿天台,天台

---

① 《孟子·尽心上》:"君子所性。虽大行不加焉。虽穷居不损焉。分定故也。"
② 关于夏云峰还有《明文授读》五四中的《夏叟传》。

说"你乡焦弱侯可师也",归从焦弱侯学习,体会到了自然的原理。夏云峰听了弱侯说的"要自然便不自然。可将汝自然抛去"这段话而有所悟。他过去不曾读过书,弱侯命令他读四书。他乐诵久之而喟然叹息说:我阅《集注》,不能了了,以本文反身体贴。即使在"如思知人不可不知天"(《中庸》)的例子中,也是说"仁者人也",人原是天;人不知天便不是人,如何能孝亲而被称为孝子?论语中所谓异端者,是搞错其端的意思。吾人须研究自己为学初念。其发端果是,为何乃为正学。今人读孔孟书,只为荣肥的手段,便是异端。这个样子又如何辟异端呢?又曰:"吾人须是自心做得主宰。凡事只依本心而行。便是大丈夫。若为世味牵引。依违从物。皆妾妇道也。"李士龙为讲经社供奉一僧,他出席了这个会讲,但拂袖而出,然后对士龙的儿子说:你父亲以学术杀人,然而你为什么不抗议呢?又对人说:都会讲学,乃拥一死和尚讲佛经乎。作此勾当,成何世界?某日在南京的同志会讲上,有人说:"良知不是究极的原理,更有向上一著,无声无臭是也。"廷美一听此言,愤然站起,激昂地说:"良知曾有声有臭耶。"听的人霍然大悟[《观感录》:是时士大夫咸知重学。递迎廷美莅会。至则因人开发。多所兴起。耿尚书天台一日问之曰。子得此学。如何作用(发挥原理于现实生活)。对曰。某一农夫。有何作用。然至于表正乡间。则不敢让。耿为之惧然[132][133]。

当然,我们没有必要非要认为,这些庶民学者的学说一定会具有独自的特色,但是,他们的确给"学"的世界吹进了新的风气。被"道"呼唤而产生的使命意识和传道热情,信仰"道"而具有的英雄般的自负,截然严格区别"道"而产生的激进的合理主义——以上这些正是从庶民学者王心斋那里开始源流出来的泰州学派的特征。但同时,这些特征被上述庶民学者最果敢最直率地实践,也绝不是偶然的。因为,真挚的热情和真挚的分析逻辑,在本质上是士大夫、读书人以外的人所具有的(要斟酌这当中的详情,因为成了本稿的最终课题,所以暂且不涉及,现在只把视野限定在当前的问题上)。也就是说,上述庶民学者都不在士大夫之列,他们都是有专门职业的庶民。他们讲学——圣贤之学,他们鼓动起时代的风潮,不言而喻这件事本身的确是秦汉以来没有前例的极有特征性的现象;另一方面还应该看到,这种庶民性的"小人"的行为,浸润到了士大夫阶级之中,并逐渐促使士大夫阶级的风气发生质变。一般地说,在一个健全而又安定的社会、阶级中存在着固有的人的感受方式,人的行为、举止的方式,而且,它们成为一个体系,成为自明的统一,就像物一样存在着。我想,儒家的"气象"、士大夫的"矩矱"等语言,就是指这样的存在。① 那决不是理由与逻辑的问题。就像已经叙述过的那样,王心斋奇矫的行动,是和他的理论相结合的。对了解阳明学的人来说,王心斋的理论在逻辑上决不是唐突的。只是在他那里,理论和实践被非常直率地结合在一起(这里所说的理论和实践的一致,是指按照理论去行动而不是反过来。这就是所谓的合理主义)。对他行动的奇矫性,之所以人人侧目相看,同门人也皱着眉头,只不过是因为心斋无视(在士大夫社会内)应该具有的"气象""矩矱"而已。而这些人这样做的理由则无论如何都明显是荒唐的、奇怪的。据说当心斋在京师最终不得志而南归的时候,阳明曾打算抑制他的"意志太高、行事太奇"的行为,不同意轻易与心斋会面。被阳明拒绝见面的第三天,心斋等他送客出门,便长跪在道旁谢罪,阳明却头也不回地进门去了。心斋于是随后追至庭院,厉声说:"仲尼

---

① "气象"或者"矩矱"等语,虽是常见的,但把它们译成日语却非常困难。矩矱一语,早就在《离骚》中出现了。在很多场合,训为法度、法则,但好像确实比气象一语更多地包含着规范的意味。关于气象一语,如下面一文,就非常清楚地表达了它的概念:"吕荥公(程子的弟子吕希哲,宋的学者)[134]曾说。后生初学。且须理会气象。气象好时。百事自当。气象者。辞令容止。轻重疾徐。足以见之矣。不惟君子小人于此焉分。亦贵贱寿夭之所由定也"(朱子《小学》五,《嘉言篇》);"凡看论语。非但欲理会文字。须要识得圣贤气象"(《论语》公冶长、颜渊季路侍章的朱注,引程子之语)。关于矩矱,还可以根据例如"……故先生(钱绪山)[135]之彻悟。不如龙溪。龙溪之修持。不如先生。乃龙溪竟入于禅而先生不失儒者之矩矱。何也。龙溪悬崖撒手。非师门宗旨所可系缚。先生则把缆放船。虽无大得。亦无大失耳"《学案》一一,《钱绪山传》)这样的话语来了解。

不为已甚。"(《孟子·离娄下》)①阳明至此才开始将他揖起[136]。这的确是心斋的铁话,然而,应该被认为是"已甚"的,不应该是阳明,倒应该是心斋,这是了解心斋行状的任何人都不得不承认的吧！而且,作为士大夫的阳明,不管怎样因心斋的言行太高太奇而生气,但是由于阳明已经承认"从天子公卿到卖柴人"都具有平等的人性,主张"从天子公卿到卖柴人"都具有实践道的平等的能力,所以就没有足以否定心斋言行的理论根据。"君子思不出其位",这的确是先哲的语言。但即使是先哲的话,也不应该盲从,这本来就是阳明自己所扬言的。一般在儒家士大夫的意识中,对庶民学者的行动,不管怎样感到滑稽,进而怎样感到不愉快,但那归根结底也不能只以轻蔑和嘲笑来对付。在这里——在理论上,在儒家士大夫这一方面会产生出两种态度来吧！一种是始终拒绝这样的"无忌惮""自专自用"的小人性而守住自己的"矩矱";另一种是站在贯彻"理"的立场而自愿地容许其存在。不言而喻,这样说只不过是理论上的考察而已。然而,由于这种站在"道"的立场而主张"理"的庶人的崛起——这实际上不过是一般庶人崛起的一个顶点而已——而给士大夫的判断力和道德观造成了深刻的混迷和变质。我们如果能够指出这一事实的话,那就足够了。作为近代学问的理学道学,因为固执于理和道的歇斯底

---

① "已甚"一语,在《论语·泰伯篇》中可见:"子曰。好勇疾贫。乱也。人而不仁。疾之已甚。乱也。"这是为了不使人致乱而说的对对方宽怀照顾的话(新注古注都是这样)。对孟子的这句话,赵岐(古注)也还是朝这方面解释。如果孟子书的编纂是在相当程度的准备之下完成的话,那么,把这条前后的孟子之言合起来思考,赵注恐怕不太妥当吧。孟子之所以用此语,与其说是预想这种特定的企图,不如说是在最一般的意义上,将其作为人的行为的当然方式而言的。朱注引杨氏的"言圣人所为。本分之外(参照《朱子语类》五十七)[137]。不加毫末。非孟子真知孔子。不能以是称之"的话来解释,虽然很不明确,但恐怕非常接近其真意了吧(在后世诸家用语的例中,几乎都只解释为"不做太极端的事"、"不做太过激的事"这种很一般的意思)。无论如何,在做这种一般性的解释的时候,我认为这句"不为已甚"之语是赋予士大夫一般存在性格特极其适当的语言。士大夫无论在怎样的意义上都是作为"不为已甚"的存在。宽容、宽厚、忠厚、浑然等语言的神韵,归根结底就是指这个吧！而且在其实质上,我想,它有不知断绝的意识态度,即有到"对自"(黑格尔用语: für sich)为止不能分化的"即自"(同上, an sich);作为士大夫思想的中国思想一直停滞着,总是有堕入常识中的趋势,归根结底,这些都是这样的存在性格所然。占有一切或一无所有(不全宁无)这样的意识态度,最终没有出现。说在中国思想中进步的观念很少出现,这在这样的士大夫思想的范围内是当然的。

里的律己主义,产生出了不近一般人情的所谓道学先生,成了士大夫存在的一个类型,这已属于众所周知的事实;但是,作为这个理学也就是道学之发展的心学,因为这种律己主义之彻底的缘故,相反倒要产生出与之相对立的东西。以上所揭示的庶民学者与接受这些庶民学者之大声疾呼的士大夫的两者间的对照,使我们充分地预见到了这样的动向!

我们上面介绍的仅仅只是作为庶民学者而被特地记录下来的人,但是,因为如此严格地区别"道",所以自命不凡、敢于傲然拒绝习惯和通常观念——所谓"儒先之道理格式"的态度,实际上在传心斋学灯的泰州学派的诸氏中是共通的东西。现在心学把这种热情的合理主义信念和由此而产生出来的"一代高似一代"(李卓吾语,《焚书》八十页)的强烈的个性作为中心,并渐渐将其作为"所到之处设教,鼓动流俗"的社会精神运动而发展起来。

阳明的"遯世不见知而不悔"的超脱的人,现在已经向"大丈夫"发展了。大丈夫们的特色,不论从哪方面说,首先就在于其理论和实践的最直接的结合。我们现在已经必须回过头来着眼于人的概念本身的理论展开了。就像在第一章中已经叙述过的那样,在阳明心学中,成为人的概念的核心是天理也就是人欲;在这种场合,因为热情地志向于人的根本能动性、人的天赋价值和尊严,所以天理才是人所固有的,才是人的自然;人欲,只是作为偶然而存在,它在人那里没有任何本质的意义,由于这个原因它又遭到绝对的排斥。而且,我们已经看到,纯粹地实现这样的天理而没有人欲之私的人,是绝不能与"社会"(公)相矛盾而对立的"个人"(私)。即使在王心斋那里,"天理者。父子有亲。君臣有义。夫妇有别。长幼有序。朋友有信。是也人欲者。不孝。不悌。不睦。不姻。不任。不恤。造言乱民是也"①。他也要求存天理,遏人欲。他的所谓大丈夫的意识,实际上也是在这种根本观念上成立的。他的言行举止,不管怎样地表现出非士大夫性的东西,但那不如说仍然还是非常严密地追求士大夫性的东西所

---

① 《全集》四,《王道论》。

产生的结果。在那里,我们不能看到真正意义上的"吾"。而且,同是心斋,在另一方面又高唱出"造命由我"这种破天荒的话语。我们于是可以解释:在心斋那里,近代精神还没有完全发展到可以意识到自我的地步吧。然而,原来确信人的根本能动性、被肯定人的强烈热情所促使而形成的心学,一旦与庶人的风气之浸润相为表里,把上述的那种大丈夫的意识昂扬起来,这样的人的观念也就必然会自然地发生变化。而且,在这种场合,即使出现了如心斋的大人造命说那样的东西,这也不如说只是一时之言,从总体上看来,可以说,对天理这一方,要否定它或者要限制它的企图几乎还没有表现出来(清代戴震给天理说以新的解释,对此,如有其他机会,想加以考察)。这很可能是与中国人意识的最深层有关的问题吧(暂且把这个问题置于一边)。如果心学的人的概念之新局面从天理这一方面无法打开的话,那么,就只能从人欲这一方面、从对人欲的容许与肯定着手。对人欲容许与肯定,把人欲从只不过是作为恶的原理的抽象理解推进一步,人欲就被朝着所谓"饥寒愁怨。饮食男女。常情隐曲之感"的具体的"欲望"方向进行解释。不言而喻,在这里,作为肯定现实的热情之必然志向的人欲,它如果是偶然的,根据对它的领悟,马上就能够被看成是人欲即天理,这样的理论必然也会起很大的作用;但是,无论如何,当私的东西被如此肯定起来的时候,就能够期待与名教社会自觉地矛盾对立这样的"个人"的出现了。而且正是在这两者的对决中,我们才能够捕捉到中国近世"社会"本身的性格。

对欲望的积极肯定,在泰州学派中,特别是在颜山农一派中表现得很突出。山农也是一布衣,因为他的事迹只在泰州学派的序中能看到简单的记载,所以关于他的主张无法知道得很详细。

> 曾师事刘师泉(阳明的弟子,参照《学案》十九)[138]。无所得乃从徐波石(名越,心斋的弟子,《学案》三十二)[139]。学得泰州之传。其学以人心妙万物而不测者也。性如明珠。原无尘染。有何睹闻(读书与听讲)[140]。著何戒惧。平时只是率性。所行纯任自然。便

谓之道。及时有放逸。然后戒慎恐惧以修之。凡儒先见闻道理格
式。皆足以障道。

以上为《学案》所述。徐波石已说过：万物即道，道即性，人的动静食息，仁义礼智，是灵明的德的感通所表现出来的，给这种表现方法赋予名称的东西，就是天命的性。"人之日用起居食息"，谁非天者，"人身之痛痒视听"，无不觉者，如果学问无非是明道之所以的话，那么，道就不得不只能是"率性"（"学所以明道也，道者率性而已"，《大学·首章》）。圣贤向后世所传授的，无非是率性而已。徐波石主张所谓"现成良知"①。山农的学说也正是这样。阳明极力主张"收敛"，而山农则是强调率性自然，连放逸也不否定。所以，在他看来，欲望不应该被压制。② 与王龙溪并称"二溪"的罗近溪，是山农的高弟。据说罗近溪15岁时，有人告诫他"力追古人"，从那以后他专念道学。因为要屏息私念而废寝忘食、苦心求道，终于染上了重病。父亲为他担心，让他读《传习录》，病顿时痊愈。后来，在赴江西省城科举考试时，碰巧缙绅大举会讲，他也参加了，那时他第一次和山农相识。③ 近溪详细地叙述说：最近生了重病，对生死始终也没有动心；现在也一样，科举失败了，对得失成败也不动心。但是，山农却说"子是制欲，非体仁也"，一点也不佩服。近溪大吃一惊，反问道：

---

① 《学案》三二，《徐波石传》。现成良知，就像在字典中见到的那样，例如说"现成的饭"的时候，就是指手头有的饭，说"那是现成的"，就是说那是一件很容易的、没有什么了不起的事一样，指的就是不需费特别工夫的、已经是完成了的良知。即"当下现成"的良知的意思。这个学说最有力的主张者是王龙溪。关于当下现成应参照反对他的学说的顾宪成的《当下绎》。
② 泰州学派人物的著作，对今天的我们来说，有很多看不到，这时就不得不依靠《圣学宗传》和《明儒学案》这类书。特别是在只能依据《学案》的时候，根据著者黄宗羲的思想观念形态，即使没有歪曲，但是否有断章取义的不当的强调，这个问题有必要慎重地探讨。我想，黄宗羲的书，作为他的立场是最大限度地保持公平，这是作为史家的一贯态度；但是在我的这本书中，在完全没有对这个问题进行过探讨的情况下，一定要首先对这类事思考之后再叙述。
③ 这段轶事根据郑性所刻《学案》三四，《二八丁右》的从"某至不才。然幸生儒家云云"开始的一条。从前后的语气推断，这时是和颜山农会见之初，但与《学案》三四，《近溪传》中所说的相异。要调查两者的正误是容易的，但现在不一定有必要。还有，到这条中的《二九丁右》的"诚为生平大幸"为止，莫晋刊本中好像没有见到。

"克去已私复还天理,非制欲安能以遽体乎仁哉。"山农说:

> 子不观孟子之论四端乎。"知皆扩而充之。若火之始燃。泉之始达。"(《孟子·公孙丑上》)如此体仁。何等直截。故子患当下日用而不知。勿妄疑天性生生之或息也[141]。

近溪此时如大梦忽醒,才懂得道确有真脉,学确有真传,于是拜山农为师。所谓"制欲非体仁也",似乎是和阳明的"存天理去人欲"完全相对立,但在实际上却是阳明学说的当然归结,这是我们已经预想到了的。热烈地指向人的根源的能动性,不肯承认超越于人的东西的阳明学说的热情,在其严峻的天理人欲说之中,已经隐藏了移向肯定"当下现成"的真实的人之契机,这是当然的。人欲不管怎样被当作恶的东西而遭到排斥、不管怎样被当作偶然的东西而遭到蔑视,毕竟它是人的固有之物,是所以使人生存之物,实在得就如同地上的灰尘,一日不扫就马上积起一层,这是不能否定的事实。阳明学说体系的破绽,已经存在于这一点之中。对于关于阳明的"莫谓天机非嗜欲。须知万物是吾身"这一句话的意思是什么的提问,罗近溪还说道:"万物皆是吾身。则嗜欲岂出天机外耶。"他又进一步对"如此作解。恐非所以立教"的反问作如下回答:

> 形色天性。孟子已先言之(《孟子·尽心上》)[142]。今日学者。直须源头清洁。若其初志气。在心性上透彻安顿。则天机以发嗜欲。嗜欲莫非天机也。若志气少差。未免躯壳上着脚。虽强从嗜欲以认天机。而天机莫非嗜欲矣。①

另外,前面所列举的田夫夏廷美——师从于近溪的弟子焦竑(字弱侯,《学案》三十五),他也说:"天理人欲。谁氏作此分别。侬反身细求。只在迷悟间。悟则人欲即天理。迷则天理亦人欲。"②总之不论哪种说法,

---

① 《学案》三四,《近溪语录》。
② 《学案》三二,《王东崖传》中所附的《田夫夏叟传》。

都可以看成是要除掉天理与人欲的差别。然而,这些学说都企图把人欲解释为与作为善之原理的天理是同层次的范畴,是与天理相对立的恶的原理。这些学说还企图通过对这个矛盾的对立物之领悟的契机而要使这两个概念变得平等;这不过是所谓柳绿花红那样的缺乏新意的描述罢了,最终也没能超出阳明的"存天理去人欲"的范畴。克服了这种抽象见解的,是和近溪同出于颜山农门下的何心隐。何心隐说:

> 濂溪言无欲。濂溪之无欲也。其孟轲之言无欲乎?孔子言无欲而好仁。似亦言无欲也。然言乎好仁。乃己之所好也。惟仁之好而无欲也。不然。好非欲乎。孟子言无欲其所不欲(《孟子·尽心上》)[143]。亦似言无欲也。然言乎其所不欲。乃己之不欲也。惟于不欲而无欲也。不然。无欲非欲乎。是孔孟之无欲也。岂濂溪之言无欲乎。且欲惟寡则心存。而心不能以无欲也。欲鱼欲熊掌(《孟子·告子上》)[144]。欲也。舍鱼而取熊掌。欲之寡也。欲生欲义。欲也。舍生而取义。欲之寡也。能寡之又寡以至于无。以存心乎?欲仁。非欲乎。得仁而不贪。非寡欲乎。从心所欲。非欲乎。欲不逾矩。非寡欲乎。①

根据何心隐的主张,欲决不是反道德的,相反是成为道德性的东西的不可缺少之前提。欲应该寡,但不应该无,而且想要做到无也是不可能的。如果借用清儒戴东原的话来说,就是应该求的是无私而不是无欲。没有欲,人就不能生存,也就无所谓道德。于是欲就从恶的"人欲"的污名中被解放出来,它的本来的存在就直率地得到了肯定。何心隐所言之欲,多为道德性的,还不是作为"穿衣吃饭"(李卓吾语)的"欲望"而自觉的东西。但是何心隐并不排斥欲望,这也是显然的。总之,从根本上被绝对

---

① 根据容氏《明代思想史》二二八页引何心隐的《爨桐集》《辩无欲》。《泰州学案》序也节略地引了。再有濂溪云云,参照《周子全书》三,《养心亭说》,或者《近思录》五,《克己类》第二条。他说:"孟子曰。养心莫善于寡欲。予谓养心不止于寡欲而存耳。盖寡焉以至于无。"近世哲学始祖的这段话,必须充分留意。

否定的欲,现在已经被断定为"心不能以无欲",这应该说是走向阳明的人的具体化之第一步;大体上中国近代的人的形象,就是围绕天理—人欲的这两极而成立的吧!而且如果人欲最终不能被作为偶然的、本来就没有的东西而简单地否定掉的话,那么,从人欲即天理说到何心隐说的展开,就不能不被看成是性理学—心学的人之学说的当然归结;如果不忌讳玩弄语言游戏的话,那么可以说在这里已看到了阳明意义上的人的自然,和作为它的具体化的自然人的成立。阳明的圣人,如果它意味着人的根本能动性的话,那么,归根结底就不能是这种"心不能以无欲"的自然人以外的人。一般来说,自然人这东西,特别是自觉的自然人,对所谓社会来说,一定是十分可怕的存在,这已经是容易明白的道理了。社会,作为"如有物"之物(戴东原语),在作为个人的人之面前、之上站立着。就像佛教所说,如果在"任持自性,轨生物解"①的地方,看到"物"的特质的话,那么,物就是最终极者。换句话说,它无非就是神而已。社会是神,在所有社会的根基上都有神学存在着。而且,神学如果确实可能是"神"学的话,那么,不借助神,就那么自然地定立善的人,这才一定是一种对神的可怕的冒渎吧!个人与社会的幸福的连续必须被打破。下面来看一看自然人的主张者们和社会(名教)的葛藤,并略述他们都遭到了怎样的命运。

泰州学派显然是夹杂着庶民风气的学派。在上面已经论述过,在其祖王心斋那里,人怎样地被思考为带有对社会的积极实践意欲。而且其所谓实践所意味着的,在理论上,一定是作为愚夫愚妇也理解的"百姓日用",而在原则上,则不一定是指士大夫性的东西。泰州学派的特征,就像已经在心斋那里所见到的那样,在于实践理论和信念的直率性。当这种直率性与"为生民立命"的淑世精神和认为儒先的道理格式都完全成

---

① 和辻哲郎[145]博士《原始佛教的实践哲学》一七一页以下,宇井伯寿[146]博士《佛教思想研究》一四六页等。

了道的绊脚石的英雄气概相结合时,在布衣颜山农一派那里,不拘泥于儒家矩矱和士大夫名教的自由奔放活动想必就能开展起来。这时就卷起了"游侠"之风。

颜山农,名钧,江西省吉安人。关于其师承和学说,已经叙述过了。根据《学案》综合之,其事迹大致如下。山农游侠,好急人之难。赵大洲(名贞吉,与山农一道从徐波石学。官至内阁大学士)被贬到广西某县时,山农也与之同行,大洲从心底里感激他。其师徐波石因平定苗族叛乱而战死于沅江府(湖南省)时,山农寻其遗骸,归葬乡里。他"颇欲有为于世,以寄民胞物与之志"("万民为我同胞,万物为我友人",张横渠的《西铭》之语)。所以尝寄周怡(号讷溪,师事于邹东廓、王龙溪)诗云:"蒙蒙烟雨锁江坎。江上渔人争钓台。夜静得鱼呼酒肆。湍流和月掇将来。若得春风遍九坎。世间哪有三归台(《论语·八佾篇》中非难管仲奢侈僭上的故事)。君仁臣义民安堵。雉兔刍荛去复来。"寓意深长。"然世人见其张皇、无贤不肖,皆恶之。"因某事被下南京狱,难免杀身之虞。后来能够幸免一死,全靠其弟子罗近溪的营救。近溪卖光了田地作为释放山农的活动资金,并在狱中侍养山农,为此放弃了称得上是科举考试最后关头的六年廷试(也有说是十年的)。近溪出生于诗书家庭,官做到参政,在阳明学派中,与王龙溪同时被称为"二溪"。近溪对周怡说:"山农与相处三十余年。其心髓精微决难诈饰。不肖敢谓。其学直接孔孟俟。诸后圣断之不惑。不肖菲劣。已蒙门下知遇。又敢窃谓门下虽知百近溪。不如今日一察山农子也。"近溪致仕归田后身已老,但山农来时,近溪不离其左右,连一碗茶一个水果都必亲自递给,诸孙们认为那很辛苦,可近溪只说吾师非汝辈所能事也。除此之外,作为山农的事迹,还有:某日罗近溪偶过僧寺,见有榜写着"急救心火者",恰巧自己正患心火病(可以说是神经衰弱)[147],于是以为是名医就去拜访。一去才知道,原来那是在集徒讲学。近溪于是站在众人中听,不久,就高兴地说此真能救吾心火。一打听,才知讲学之人为山农。从近溪的这一轶事,我们可以想像到山农讲学大概是很有意思的。文献记载山农在晚年 80 多岁时被发配,但是总的来说,他只不过是因为所谓"张皇"而遭人憎恨,其实并无大过。①

王世贞把颜山农的事迹记录如下:

> 盖自东越之变为泰州。犹未至大坏。而泰州之变为颜山农。则鱼馁肉烂。不可复支。颜山农者。其别号也。楚人。读经书不能句读。亦不多识字。而好意见。穿凿文义。为奇衺之谈。间得一二语合。亦自洒然可听。所至必先使其徒预往。张大炫耀其术。至则无识浅中之人亦有趋而附者。每言人之好贪财色。皆自性生。其一时之所为。实天机之发。不可壅阏之。第过而不留。勿成固我而已。与故相赵为患难交。以计取其财不遂。而弃去之。尝以进士罗汝芳为门人。戒且勿廷对。明年遇之淮安。以其且廷对也。答之十五而挟之游罗。唯唯惟命。最后至南京。挟诈人财事发捕之。官笞臀五十。不哀祈亦不转侧。坐罪至戍困囹圄且死。汝芳闻而辄救之。乞于友为纳赎出狱。出则大骂汝芳不已。谓狱我者。尚知我。而汝不知我也。罗亦唯唯。后其徒有中法者。而山农自戍归八十尚无恙[148]。

黄宗羲的所谓"弇州盖因当时爰书(诉讼的判决书)节略之岂可为信",正是指这一部分。② 此《弇州史料》所记之事的可信程度应该和泰州学派一侧的记录彼此相对照、相斟酌才能看出来。这里想事先提请注意的是,所谓名教士大夫对其对立者所作的非难诽谤,往往极其夸张极其过激;由于这个原因,史家对这样的叙述虽然加以慎重加减,但是,往往又容易与事实的真相相违。关于这一点的详细论述,现在就省略了,下面只举

---

① 以上根据《学案》三二,《泰州学案》序,及三四,《罗近溪传》。还有,关于近溪和山农的会见,参照注四二。根据《罗近溪传》,山农说"制欲非体仁也"的事,如同在这个寺庙里发生的事一样能被读到,但恐怕传文不太完全。

②《泰州学案》序,及《南雷文案》八,钱清溪铭文。

一个非常容易明白的例子来说明这一问题,那就是清朝末期保守派对康有为等变法派之非难。在那种情况下,我们可以一目了然地看到历史展开的必然性。

甲午(明治二十七年日清战争)[149]以来。外患日逼。皇上虑下情之壅阏。愍时艰之弗拯。博求通达时务之士。言禁稍弛。英奇奋兴。而倾险淫诐之徒。杂附其间。邪说横溢。人心浮动。其祸实肇于南海康有为。康为人不足道。其学则足以惑世。招纳门徒。潜相煽诱。自黄公度(黄遵宪)[150]为湖南监法道。言于大吏。聘康之弟子梁启超主讲时务学堂。张其师说。一时衣冠之伦罔顾名义。奉为教宗。其言以康之新学伪经考。孔子改制考为主。而平等。民权。孔子记年诸谬说辅之。伪六籍灭圣经也。托改制乱成宪也。倡平等堕纲常也。申民权无君上也。孔子纪年。欲人不知有本朝也。其谲悖无待辩。而罪状视刘蔡(乾隆朝的刘震宇、蔡显)[151]万焉。徒以主张变法。牵傅时务。浅识被其蛊惑。奸衺利其阴谋。……①

何心隐,本名梁汝元,字柱乾,号夫山,江西省吉安府永丰县人。很年轻时就被补为生员(府州县学的学生),从学于颜山农,故能学到心斋学问的精神。据说那时吉安有三四位大老,都作为学者而为人所知,但心隐自负于自己的知见,动辄就狎侮他们。在心隐所做的事情中,最初应该注意的是他唤起了一种农村运动,那就是实践了《大学》中所谓"先齐家"之教。他建起了"聚和堂"(聚又作萃)作为全宗族集会的中心,设定了率教(一人)、率养(一人)、辅教(三人)、辅养(三人)、维教养(三人)等委员以教导全族,宣布了关于冠婚、葬祭、赋役等各个方面族员互相通其有无的自治共同体之理想,采取了共同纳税等办法,取得了很大的成绩。特别是为宗族子

---

① 苏舆《翼教丛编》序,读此文,康梁一派几乎就好像是有知识的流氓,是所谓"小人之无忌惮者"。

弟设立了学校,使全部子弟都收容起居在学校中,努力进行共同生活的实践,不论贫富都平等对待,施行严格的宗族训练,这是极其应该引起注意的设想。正如容肇祖先生所说,把他当作乡村教育的先觉者是决不过分的。有一次邑令额外征税,心隐写信去非难这种行为,为此,邑令一怒之下到司法当局去诬告他,使他以诈取皇木银两之罪而被判决发配到贵州。但是正巧那时给浙江总制胡宗宪(他是当时异端分子的保护者)当幕宾的同仁程学颜知道了这件事,就对宗宪诉冤,由宗宪发文书使心隐得以出狱。胡宗宪获得心隐的时候,对人说:"斯人无所用。在左右能人神王耳。"嘉靖三十九年,程氏被任命为太仆寺丞,心隐与程氏一起进北京,与罗近溪、耿天台等相识。心隐与那个张居正相识,好像就是由天台介绍的。张居正可以说是与宋的王安石比肩的大宰相,此时正任国子司业之职,已经非常痛恨心学者之流的讲学。某日,心隐与居正在寺庙碰到,他毫无顾忌地对居正说:公在太学奉职,但公知大学之道吗?居正似乎没听见的样子,然而注视着心隐说:"尔意时时欲飞,却飞不起也。"居正走后,心隐舍然若丧地说:此人"异日必当国,当国必杀我"。这句话不久就有一半应验了事实。心隐在京师开各门会馆,招四方人物,方技杂流,一艺一能之士,无不从之。[152]由此可看出他的所谓张皇讲学的状况。

当时国政被有名的宠臣严嵩把持左右。忠臣接二连三被处死罪,但没有人能动摇其权势。据说这时,有一个叫蓝道行的人因乩术(占卜的一种)而得到天子的眷顾。心隐预先探知严嵩要揭帖(对天子上奏意见),就对蓝道行传授密计,教蓝道行行乩术时以乩神降语:"今日当有一奸臣言事。"天子等待着,果然严嵩的揭帖送上来了。从这件事以后,天子开始用怀疑的眼光看待严嵩。嘉靖四十一年,严嵩被免职,其子严世蕃也下大狱。以权势横行一世的严氏父子之失势,竟由来于一布衣梁汝元的计策(还有一说:唆使蓝道行的是徐阶)。

然而,害怕严嵩一党报复的汝元,舍北京而踉跄走南京。他使用何心隐这个实在是像他的别名,也是从这个时候开始的。由于严氏一党始终仇视他的缘故,他在南京也待不下去,又跑到福建,进入了依靠各地的朋友辗转漂泊的生涯。以后从福建又返回南京,最初投靠时任宁国府知府的罗近溪,然后投奔钱同文,最后投身到南直隶学政使耿天台处,从那里再到湖北省(当时的湖广省)的孝感,此后因为孝感的朋友程学博(学颜之弟)赴四川重庆任知府,于是又移居重庆,在那里住了三年,由于吊哭钱同文的缘故,再去福建兴化,又到杭州,不久再回到孝感,然后住在黄安,与耿天台一起讲学,之后再回孝感,在孝感讲学一段时间。在这期间,万历四年七月,官府对他发放了逮捕令。于是,为了逃避被逮捕而到了泰州。第二年因葬父母之故而回到永丰县,但在那年十月,对他的逮捕令再一次发放,为此他又逃往安徽省的祁门县,于万历七年三月二日终于在那里被捕,被押送到湖广省。然后九月二日被杖杀,行年63岁。逮捕他的理由,有说是盗,有说是逆,有说是妖等,完全是胡说八道。但基本上可以说是那些要献媚于张居正的官僚们,把心隐做了他们实现野心的牺牲品。在神宗即位的同时,张居正就替代了高拱占据了首辅的职位,迅速刷新了庶政,但他的刚愎自用,在平时就染上好事结党之恶习的当时的官僚中必然会引起反动的势气出现。当时议论其专权的人,吉安人占多数,所以张居正最终到了仇视吉安人的地步。恰巧心隐是吉安人,又像在严嵩事件中那样,心隐作为不忌惮宰相的一种政客而广为人所知。① 而且他特别又是居正所嫌恨的"讲学"的巨头。于是湖广巡抚陈瑞,其次是王之恒之徒,就把心隐作为绝好的诱饵,这大概接近了事实真相了吧!李卓吾是何心隐独一无二的崇拜者,他责问道:为什么张居正常把何心隐作为心头之患?又说如张居正这样的胆大妄为之人,为什么还要玩弄这种令人难以容忍的手段?这些应该是妥当的见解吧!根据心直口快的小老百姓们的正直的舆论之说法,大家看到在大道通衢贴着的追捕令,都说那是诬告,连承认张居正对国家有

---

① 章太炎《国学概论》(民国 11 年),八十六页:"原来何心隐习泰州之学,差不多和政客一般,张居正恨而杀之。"

大功的人都说那不妥当,杀心隐而去谄媚宰相的人,都被憎恨而且被视为小人。①何心隐在狱中呈当局者的文书,表现出他尽管是羁绊缧绁的人,但却"千言万语。滚滚立就。略无一毫乞怜之态"②,可以说真是"英雄无比"③,不为"丑妇之贱态"④。

颜山农、何心隐之徒,在阳明学中,甚至在泰州学派中都可以说是最左翼的,在思想史、社会史上,都是最令人感兴趣的。但正因为如此,对儒家士大夫来说,心隐是轻蔑和憎恶的对象。即使是以黄宗羲那样的见识与公平,在《学案》中也没有为他单独立传,只不过是在《泰州学案》的序中给予了简单的叙述而已。可幸的是,关于何心隐,容肇祖先生基于心隐的著作《爨桐集》、《梁夫山遗集》等资料所进行的精确公正的研究已经发表,从中可以了解到更为详细之处。⑤ 黄宗羲节录心隐的语录:

> 有是理则实有是事。无声无臭。事藏于理。有象有形。理显于事。故曰。无极者流之无君父者也。必皇建其有极(原理法则)[153]。乃有君而有父也。必会极必归极(《书经·洪范》)[154]。乃有敬。敬以君君也。乃有亲。亲以父父也云云。

这叙述了心隐学说的大意,评价说"心隐之学不堕影响"⑥。不堕影响就是指不单单只是玄谈而是求实证实得,即指一定要在事实中求理。心隐抨击几乎完全使儒家学说陷于无结果的概念游戏之中的"无极"之说,的

---

① 《焚书》一,《答郑明府书》。
②③ 铃木虎雄[155]博士《李卓吾年谱》下,四十五页引《李氏遗书》《与焦弱侯第十八书》。
④ 《焚书》三,《何心隐论》。李卓吾的这篇《何心隐论》,我认为与其说是为了知道心隐这个人物,倒不如说是为了了解一般阳明学左派——作为其顶点的李卓吾——所志向人的形象。这是一篇非常具有参考价值的文章。
⑤ 《何心隐及其思想》,《辅仁学志》第六卷第一、二合刊号所收。要点在容氏的《明代思想史》第七章可见。但此论文只是五年前读过,在写成本书时没有再探讨的机会。如果现在重新阅读,肯定有不少新的启示。
⑥ 《泰州学案》序,还有,在容氏的《明代思想史》二二七页中,详细引用了原文。论中无极云云是指周濂溪之说。刚才叙述过的无欲论和此处心隐对周濂溪的抨击,是与例如东林学派的顾宪成表彰濂溪相对比而具有特征性的(随处参看《小心斋札记》等)。

确不是没有缘故的。黄宗羲又介绍了我们已引用过的无欲论,并对此下按语说:"此即佛氏所谓妙有乎。盖一变而为仪秦之学矣。"(仪秦是指战国时代有名的策士张仪、苏秦)这对那些只相信理的至上性而不拘泥于"闻见格式""儒家矩矱""善揣摸人情。无一些不中人肯綮"①的致用实学的泰州学派的人来说,是理所应当的评价。

> 何心隐辈坐在利欲胶漆盆中。所以能鼓动得人。只缘他一种聪明。也自有不可到处。耿司农择家童四人。每人授二百金。令其生殖。内有一人。尝从心隐。问仙术。因而请计。心隐授以六字曰。一分买一分卖(一方面买,一方面卖)[156]。又益以四字曰。顿买零卖(整买零售)[157]。其人尊用之起家至数万。试思心隐而言。岂不至平易至巧妙。以此处天下事。可迎刃而解。假令正其心术。固是一有用才也。②

这是正人君子派的总师顾泾阳所记。如果真是"处事不用智计。只循天理。便是儒家气象"③的话,那么何心隐无论怎样连周濂溪都作为老庄之徒而加以排斥,无论怎样主张自己的儒家正统,也已经不能是正常意义上的儒家。无论是游侠,还是智谋的驱使,都是所谓的霸术,这与所谓"正其谊(与义同,即应该有的道义)[158]不谋其利。明其道不谋其功"④的儒家士大夫的理念是不能相容的。不一定只在布衣那里是那样。即使在具有"幸生儒家,方就口食,先妣即自授孝经、小学、论、孟诸书,而

---

① 《传习录》下,一〇六。
② 顾宪成,《小心斋札记》一四。
③ 《学案》二,胡敬斋《居业录》。再《学案》二七,《徐阶传》中,徐阶使权臣严嵩出事的事,一方面称他为"诚有功于天下",但同时又指责他"纯以机巧用事",这是引用了胡敬斋的话,还继续说道:"先生田连阡陌。乡论雌黄。即其立朝大节观之。绝无儒者气象。陷于霸术而不自知者也。诸儒徒以其主张讲学。许之知道。此是回护门面之见也。"这里我们也能看到对智略性之人的儒家的态度。
④ 汉董仲舒语。朱子在《近思录》、《小学》中引之。又,自从宣示了《白鹿洞教条》以来,这是近世学者喜欢挂在口边的话。恐怕这是士大夫理念的最简洁表现吧。

先君遇有端绪,每指点目前,孝友和平,反复开导,故寻常于祖父伯叔之前,嬉游于兄弟姊妹之间"①的典型经历,进士及第,历任刑部主事、宁国府知府、云南副使、参政等官职的罗近溪那里,《学案》中也记载着如下轶话:

> 耿天台行部至宁国(现安徽省宣城)[159]。问耆老以前官之贤否。至先生耆老曰:此当别论。其贤加于人数等。曰:吾闻其守时。亦要金钱。曰:然。曰:如此恶得贤。曰:他何曾见得金钱是可爱的。但遇朋友亲戚。所识穷乏。便随手散去。

> 一邻媪以夫在狱求解于先生。词甚哀苦。先生自嫌数千。有司令在座孝廉解之。售以十金。媪取簪珥为质。既出狱。媪来哀告。夫咎其行贿詈骂不已。先生既取质还之。自贷十金偿孝廉。不使孝廉知也。人谓先生不避干谒。大抵如此。

同是泰州学派的祝无功断定说:"作用人异会。须观其所主。所主在道义。即蹈迹策士之机权。亦为妙用。"②这段话一定给了罗近溪与何心隐的不受拘束于旧格套的、有智略的行动予根据。不用说,祝氏之说不过是所谓动机论罢了。如果把祝氏之说搞清楚,将得出怎样的结果呢?这没必要劳神思考。然而,光指出它的特别明显的谬误——人如果有欲就可以叫作浅薄——是没有任何积极意义的。我们应该承认,否定事物的客观实在性然而又被热情的合理主义所贯彻的阳明说,在越来越弛缓、混浊起来的士大夫风气、儒家气象中发展,并且只顾追求其逻辑的整合,随之而出现了像祝氏这样的学说,这是理所当然的。这样,我们不能不注意到,把心学与实践伦理驱赶到这个"浅薄的"合理主义上去的,实际上就是它的旺盛的实践行动,

---

① 《学案》三四,《罗近溪语录》中的近溪自述。
② 《学案》三五,《祝子小言》。其传中又引此言,说"非儒家气象",说"以道殉人,遍地皆粪土矣"。

是在"事"中必须显现自己的"理"的至上命令。论是非而不论利害的儒者的"气象",并非是忠实于逻辑整合的原因。如果真是而真利不应、真非而真害不应的话(儒者论是非。不论利害。此言非也。是非利害自有真。真是而真利应。真非而真害应)①,那么,内在于我心中而且贯穿古今宇宙、始终不停地要求自我实现的这个至尊至高的"理"之权威,究竟是什么呢?阳明说过:

> 苏秦张仪之智。也是圣人之资。后世事业文章。许多豪杰名家。只是学得仪秦故智。仪秦学术善揣摸人情。无一些不中人肯綮。故其说不能穷。仪秦亦是窥见得良知妙用处。但用之于不善尔[160]。

想要纠正阳明后辈的矫妄过激、把儒学拉回到士君子之学来的东林派领袖顾宪成攻击阳明的这段话,黄宗羲则极力论证这断断不是阳明之语②,

---

① 《学案》三五,《祝子小言》。其传中又引此言,说"非儒家气象",说"以道殉人,遍地皆粪土矣"。
② 《传习录》下,一〇六(黄省会所录)。从正统儒家一方,对阳明此言发出如下疑问,我想是当然的:"阳明言良知即天理。朱子亦云良知者本然之善。若二子窥见这个妙用。一切邪思枉念都无栖泊处。如之何用之于不善乎。窃恐撰诸知善知恶之说。亦自不免矛盾也。尝考鬼谷子有捭阖篇。捭者开也阳也。阖者关也阴也。苏张二子从鬼谷游。恰就这里窥见个妙处。将来作弄。如遂以此当良知。则何怪乎世之识神为良知。又何怪乎世之病良知也。"顾宪成受此疑问,像往常一样回答说"阳明看得良知无善无恶","如此说恐未能无病。阳明应自有见。恨无从就正耳"(《小心斋札记》一一)。这一条,《学案》五八中也节略地引用了,黄宗羲在其处做了按语说"按仪秦一段系记者之误,故刘先生(宗周)将此删去",果然后来在《学案》二五《黄省曾传》中,断定此语决不是阳明之语,责备黄省曾的轻率而如下说道:"《传习后录》(现《传习录》下)[161]有先生(黄省曾)[162]所记数十条,当是采自《问道录》(黄省曾的《会稽问道录》)[163]中,往往失阳明之意。然无如仪、秦一条云……夫良知为未发之中,本体澄然而无人伪之杂,其妙用亦是感应之自然,皆天机也。仪、秦打入情识窠臼,一往不返,纯以人伪为事,无论用之于不善,即用之于善,亦是袭取于外,生机槁灭,非良知也。安得谓其末异而本同哉? 以情识为良知,其失阳明之旨甚矣。"此语是否当真出自阳明姑且不论,但关于智略性之人的左派的见解与正统儒家的见解的对立,在这些引文中是极有特征性的吧! 良知,被作为悟性的、感性的东西(情识)来把握;在这里有阳明学之近代思维展开的一个重要的意义。程明道的《定性书》已说过:"人之情各有所蔽。故不能适道。大率患在于自私而用智。自私则不能以有为为应迹。用智则不能以明觉为自然……孟子亦曰:所恶于智者。为其凿也。"这不言而喻是从原理上来议论的,不一定可以说是对于智的过分的攻击。但智,(接下页)

但如果我们暂且离开考证的见地来思考的话,那么,简而言之,它无非说明,对于持儒家矩矱立场的人来说,智略性的东西太具有破坏性了。这样一来,这种智略性的东西、天下国家由我建这样的自负、在百姓日用之处求理并且在理面前任何人都不能持有权威这样的信念此三者的结合处,就产生出纵横的游侠。①

> 嘉隆之际。讲学者盛行于海内。而至其弊也。借讲学而为豪侠之具。复借豪侠而为贪横之私。其术本不足动人。而失志不逞之徒。相与鼓吹羽翼。聚散闪倏。几令人有黄巾五斗之忧。②

名教这边的史料,就是这样记载着的。本来,对崇尚宽厚风气、标榜有教养的士君子的儒家来说,力驳公侯、蔑视法之权威的"侠"在"为已甚"之点上,已经是应该被憎恨和鄙视的乡里小人。不言而喻,近世的儒学,产生了所谓的"道学先生"。道学先生,是不知人情和迂腐的代名词;他们那顽固的偏执,或许比侠者更为"已甚"吧!然而那是不想成为"俗"的过于偏执,是要维护士君子的矩矱的过于偏激。两者虽然是一脉相通,但侠和"道学"正是两级性的存在。游侠的本质是什么这个问题,现在暂时

(续上页)作为智略、智术而成为人为的、创造性的东西时,即相对于"事物之理。莫非自然。循而循之。则为大智"来说,"凿以自私"这样的智就会成问题(参照《孟子·离娄下》,朱注),就是小智、小慧,也常常引起儒家的轻视与憎恶。穿凿之智也好,自私作用之智也罢,这些东西难道不是人欲社会特有的合理主义之智、分析逻辑之智吗?而且,如果智和才是近缘之物的话,那么"德胜才为君子,才胜德为小人"这样的宋儒的话语,就应该说极其直截了当地表明了儒家意识形态中才智性东西的地位。

① 清朝泰州学派的学统究竟是怎样的我不完全清楚,但章太炎的《国学概论》(九十页)中记载,有个叫罗有高(台山)的人,"很佩服李卓吾,有江湖游侠之气"。还有前面所引的刘师培的《王艮传》中说"咸同之交。泰州有李晴峰者。推阳明先生之学而稍易其宗。弟子数百人。传其学者遍大江南北。惜语秘莫或闻",然后又注释说:"李君讲学泰州。而江督沈葆桢欲捕之。李君乃自毁其书。今著述传于世者甚鲜。"可见清朝的这两氏都有游侠的风气,这是非常有趣的事。再有,关于罗氏,在江藩的《宋学渊源记》的附记中有传,他所著的《尊闻居士集》二卷,收在李祖陶的《国朝文录》续编中(未见)。

② 王世贞《弇州史料后集》三五,《嘉隆江湖大侠》。

没时间思考,但是,不容置疑,它不管怎样,是生存于对既成社会的反抗精神之中的。侠是反社会的。而且,作为我们的问题,此侠不是自然发生的没有思想的游侠,而是自负于儒学正统的游侠。他们一边称赞儒学正统,堂堂地展开自己的理论,而一边又进行无视儒家气象、士大夫道德的肆无忌惮的行动,如果这个行动被前述的人之概念所印证,并且加大了自由奔放度的话,那么,对把维护名教作为其存在理由——至少是作为其理念——的士大夫阶级来说,就不得不意识到那是极其应该憎恶("无不欲起而杀",参照颜山农条)的存在,就不得不充满恶意地臆测他们的行藏(几令人有黄巾五斗之忧)。如果联想到士大夫之最根本的、士大夫性的现实形态是官僚、是为政者的话,那么这些事情就应该更加恰当地得到了解。当然这种对立是相互激发的,特别是例如颜山农:

> 先生(罗近溪)既中式。十年不赴殿试。一旦谒东廓(阳明门第,正统派的代表人物,历任侍读学士,南京国子监祭酒等职。《学案》十六)[164]。于书院坐定问曰:十年专工问学。可得闻乎。对曰:只悟得无字。东廓曰:如此尚门外人。时山农在座。闻之。出而恚曰:不远千里到此。何不打点几句好话。却倒了门面。闻者为之失笑。①

《学案》之所以记载了这样的轶话,肯定是要说明,在某种程度上,在泰州学派的人们中已经存在着自觉的对抗意识。他们以及作为其总结束的、我们后面将要叙述的李卓吾这样的人,一方面是被骂为"小人之无忌惮者",被诅咒为"名教的罪人";另一方面,同是他们,又被绝赞为"直接孔孟。俟诸后圣。断断不惑"(近溪之山农评),或"英雄无比""上九之大人"(卓吾之心隐评),或"圣人第二席"(《学案》卅五,焦弱侯之卓吾评)。像这种常常引起两个极端的议论的事实,可以说最明显地反映出这种对立。按照顾宪成的记录就是:"罗近溪以颜山农为圣人。杨复所(近溪的

---

① 《学案》三四,《罗近溪语录》。

弟子)[165]以罗近溪为圣人。李卓吾以何心隐为圣人。"①我们可以预想到,这种所谓"一代高似一代"②的现象,不久就会带来巨大的正面冲突。

　　如第一章所叙述的,立足于宋以来的性理学的传统,明代心学的根本课题,是在于要否定所有外的东西而追求纯粹的、内的、本来意义上的人本身。为了这个本质性的追求,并且为了维护、主张他们探索到的、确信的、至上的人的本质,他们始终具有抛弃、不顾所有成见与格套的热情和勇气。可以说他们是被"理"和"道"迷住的人们。平心静气地斟酌玩味阳明说的人,可以领悟到这当中已经包含着容易向"以传注为支离。以经书为糟粕","背弃孔孟。非毁程朱。以名教为桎梏。以纲纪为赘疣"③的方向展开的可能性了吧!要阻止这种危险的发生,只有期待于儒家矩矱的健在,而这种矩矱,往往早已变成丧失了生命力的、仅仅只是格套的东西,或者,这种矩矱被非士大夫性所浸润,已变得混迷而无力化了。合理主义所趋向的地方,引起了道德的中性化。"圣人何能拘得死格。大要出于良知同。便各为说何害",这是阳明的语录。④ 我们不应该把阳明学只含糊地作为东洋的东西去规定,也不应该从日本阳明学去类推地理解阳明学说,而应该始终根据中国式的发生基础和传统去斟酌之;必须探究孔孟、程朱、名教、纪纲等的言论,探究它们作为语言,具有

---

①《小心斋札记》,一四。
②"当时阳明先生门徒遍天下。独有心斋为最英灵。心斋本一灶丁也。目不识一丁。闻人读书。便自悟性。径往江西见王都堂(阳明当时作为都察院右副都御史在南赣等地方当巡抚)[166]。欲与之辩difcilmente 所悟。此尚以朋友往也。后自知其不如。乃从而卒业焉。故心斋亦得闻圣人之道。此其气骨为何如者!心斋之后为徐波石。为颜山农。山农以布衣讲学。雄视一世而遭诬陷。波石以布政使请兵督战而死广南(在云南省元江府被当地民军伏击而战殁)[167]。云龙风虎。各从其类。然哉!盖心斋真英雄。故其徒亦英雄也。波石之后为赵大洲。大洲之后为邓豁渠。山农之后为罗近溪。为何心隐。心隐之后为钱怀苏。为程后台。一代高似一代。所谓大海不宿死尸。龙门不点破额。岂不信乎!心隐以布衣出头倡道而遭横死。近溪虽得免于难。然亦幸耳。卒以一官不见容于张太岳。盖英雄之士。不可免于世而可以进于道(《焚书》二,为黄安二上人三首中大孝一首)。"
③杨时乔弹劾罗近溪的上奏,以及议论李卓吾一派的毒害的礼部尚书冯琦的上奏中的话(《明史》二二四,《日知录》一八,《科场禁约》)。
④《传习录》下,九三。

怎样的实质意义,承担着怎样的社会背景。阳明心学,关于它的本质,必须从它的内部去理解。比方说,像"致用""实学"这样的语句,向来常常被理解为经世济民之事,或者是士君子持身矩矱之事——其实,这毕竟是儒家范畴以内之事和士大夫范畴以内之事——而实际上其现实内容如何,往往没有得到研究。标榜实学到那种程度的阳明心学,不得不同样地受到需要实学的清初学者们的猛烈抨击,这不应该被归结为仅仅只是阳明末学之罪。既然心学在它的根本意境上确信人的本质之平等,自始至终充满了对人性的完满性之热情信赖,那么就会通过愚夫愚妇来体现所有人的致用,这个致用就是所谓"百姓日用货色的料理"、"日用饮食,声色财货"①,即"如好货。如好色。如勤学。如进取。如多积金宝。如多买田宅为子孙谋。博求风水为儿孙福荫。凡世间一切治生产业等事。皆其所共好而共习。共知而共言者"②。应该说,在这个问题上意味着心学是实证实得的,有着原理上的优越性。阳明心学,或者说明代精神首先所关心的,归根结底是对作为到这种视野为止应该被演绎的人,也就是人性一般的探求。"学"和"工夫"都是完全与这一点有关的。例如年轻时代的罗近溪读薛敬轩的语录,发誓说:"万起万灭之私。乱吾心久矣。今当一切决去。以全吾澄然湛然之体",并以此付诸实践。正像"闭关临田寺。置水镜几上。对之默坐。使心与水镜无二。久之而病心火"这段插话说的一样,一言而蔽之,近溪无非是要把握最根本、最究极的东西。③ 正因为能立足于此,所以心学对人的现实就能够带有最宽广的展望。据说在近溪当太湖县的知县时,把他看成不过是个道学先生而轻蔑他的一个部下,把一个死囚带到近溪面前并问近溪:"看此临刑之人,道学作如何讲?"近溪:"他们

---

① 这样的话,在诸家语录中到处能见到。参照《学案》一二《王龙溪语录》,《王心斋全集》《语录》等。"百姓日用"等语,依据《易经》以及其他书。
② 《焚书》一,《答邓明府书》。
③ 《学案》三四,《近溪传》。

平素不识学问。所以致有今日。但吾辈平素讲学。又正好不及他今日。"部下问为什么,近溪答曰:

> 吾辈平时讲学。多为性命之谈。然亦虚虚谈过。何曾真切为着性命。试看他们临刑。往日种种所为。到此都用不着。就是有大名位大爵禄在前。也都没干。他们如今都不在念。只一心要求保全性命。何等真切。吾辈平日工夫若肯如此。那有不到圣贤道理。①

部下不禁感叹。人们应该想起在龙场的王阳明的体验。现在如果再从近溪的述怀中借用一例的话,那么:

> 自颜山农"制欲非体仁也"得到启示后,比联第归家,若格物莫晓,乃错综前闻,互相参订,说殆千百不同,每有所见,则以请正先君,先君亦多首肯,然终是不为释然。三年之后,一夕忽悟今说,觉心甚痛快,中宵直赴卧内,闻于先君。先君亦跃然起舞曰:"得之矣,得之矣。"迄今追想一段光景,诚为生平大幸。②

由此可见,心学的真面目绝不仅仅是在作为概念学的玄学上,而应该说是豁出全身心对人生观、世界观进行探究,其热情可以说是一种宗教般白热化的东西。同一泰州学派的学者程后台(即程学颜)"自以此学不进,背地号泣"③之事,《学案》也记载下来了。以阳明、近溪,还有这个程后台为中心人物,儒学史上发生了如此生动的、纯真的、热情的事,可以说几乎超过勃兴期的宋学好几倍。我认为,在中国精神史上明代所具有的特殊的意义正在于这一点上。以儒学正统自居的心学者越过宋以来的儒佛峻别及排击佛教的势之趋向,决然进入佛学,想来是当然的趋势。性理学—心学受佛教恩惠绝大这件事,即使在当时也已经为众人所见;儒佛道三教合一的思潮,在近世士大夫之间,已成为难以截断的潜流。

---

①② 同上,《语录》。
③ 《泰州学案》序。

学者之所以敢坚持儒佛之别,就是因为佛氏弃人伦,只谋求个人的安心立命,其立场毕竟是独善主义,总而言之就是不能治理天下国家。① 然而心学的课题就在于,要在连政治人伦都要超越的最终极的本来面目上把握人,以此作为出发点。在近世思想勃兴的一开始就有"做官夺人志"②,"以记诵博识为玩物丧志"③这些说法。辞章训诂的文化主义怎样激烈地遭到排斥这个问题,已经叙述过了,但关于政治,例如王心斋的"社稷人民。固莫非学。但以政为学最难。吾人莫若且做学而后入政"④的这段话,也表达了近世学者普遍的心态。政治也好文化也好,对人来说都是应该警戒的东西,然而决不是最初应该关心的东西。就像一切都被归结在伦理的分野中而使五伦五常成立一样,在每个人中,灵觉的德性才是终极的;而且,追求是如此之激烈,以至于连停留于此都不允许。人归根结底只有在"生死大事"的终极关头才能被认真把握(不用说,这里有佛教的影响,但是单去指责佛教的影响,什么也说明不了)。成为心学运动最后顶峰人物的李卓吾在议论前辈学者时说:"龙溪先生非从幼多病爱身。见得此身甚重。亦不便到此。然非多历年所。亦不到此","若近溪先生。则原是生死大事在念。后来虽好接引儒生。扯着论语中庸。亦谓伴口过日耳。"这些话正传达出了这当中的信息。⑤ 求"内"、求"本"不止的合理主义精神,终于到了超越儒佛境界之地步,这是当然的归结。邓豁渠

---

① 如果要从最根本上来说儒释的区别的话,那么,程伊川的"圣人本天,释氏本心"的说法是终极的吧。我们相信,在这里应该可以认识把握"天"的概念之性格,但现在不作议论。
② 《近思录》一二,《警戒类》,二七(伊川语)。
③ 同上,二,《为学类》,二七。
④ 《王心斋全集》二,《语录上》。另:同五,《答林宗恩书》中也可见到意图相同的话。"学而后入政。未闻以政学也",是《左传》中可见到的子产的话。不言而喻,"学"的意思甚异。
⑤ 《与焦弱侯第十八书》,铃木博士《李卓吾年谱》下,四十四页中所引的《李氏遗书》。原文还继续写道:"故知儒者终无透彻之日。况鄙儒无识。俗儒无实……最高之儒。徇名已矣。心斋先生是也。一为名累。自入名纲。决难得脱。以是知学儒之可畏也。"关于近溪又说:"近老多病怕死。终身与道人和尚辈为侣。日精日进。日禅日定。能为出世大英雄。自作佛作祖而去。而心斋先生亦藉以有光焉故耳。"这是应该注意的文字。但李卓吾所说的,在龙溪、近溪那里是否是史实,不用说没有必要议论。

(初名鹤,号太湖,四川省内江人)为学生时,师事于同是生员的赵大洲,入圣学,不久弃家出游,遍访知学之士而求道,结果在漂泊中死去。他"以为性命甚重。非拖泥带水可以成就。遂落发为僧"①。如果认为在这种探求——现在与其说"学问"这个词,不如说"探究"这个词才更适合——中,禅才是最适当的方法的话,那么就堂堂正正地毫无忌惮地标榜禅吧!一方面入仕作为内阁大学士而料理国政,一方面又是当时讲学巨头的赵大洲公开扬言说:"仆之为禅。自弱冠以来。敢欺人哉。"②心学的信念越是如此,要固守儒家矩矱的名教士大夫的憎恶,就越是不得不集中于此。

何况在心学者,特别是在它的左派中,成为其显著特征的同志意识,肯定就越来越使来自士大夫君子之侧的憎恶激化。"社会"的最可怕的东西就是"社会"。同志意识是与同志"结合"互为表里的,而这种被紧密的精神所贯穿的结合,在社会中就会成为最威胁社会的东西。这里所说的同志意识就是所谓的"师友之道"。罗近溪以怎样的献身精神服侍颜山农,这已经叙述过了。近溪的弟子杨复所对近溪,"出入必以其像供养。有事必告而后行"③。陈白沙死后,其弟子湛甘泉到处立书院祭祀白沙;阳明死后,诸弟子在自己所在之处立书院祭祀阳明,这是根据宋以来各地书院祀周程张朱等的传统,也许不足为怪。然而例如杨复所,当平心静气地读他的传时,就会感到其中存在着比崇祀先师还要深的人格仰慕,这就是黄宗羲的所谓"其感应之妙,锱铢不爽如此"④。何心隐被处刑而死时,其友人程学颜已经在九泉之下。学颜之弟学博说:"梁先生(心隐的本名叫梁汝元)以友为命。友中透于学者。钱同文(字怀苏,福建兴化人,官到刑部主事,同为泰州学派的人)外。独吾兄耳。先生魂魄。应不去吾兄左右。乃开后台墓合葬焉。"《泰州学案》序。这就是所

---

① 《泰州学案》序。
② 《学案》三三,《泰州学案》二,《赵大洲传》。大洲,名贞吉,受学于心斋的门人徐波石。还有,赵氏之外,管东溟、焦弱侯、李卓吾、袁中郎等当时所谓的学者,公然讲佛学,主张三教一致,这已属常识。
③④ 《学案》三四,《杨复所传》。

谓"人伦有五。公舍其四。而独置身于师友贤圣之间"①。这些人的师弟之情、交友之情之执着,越是热烈昂扬,就越被认为是异端小人之物;他们的同志之结合,作为社会中的社会,必定很快就成为威胁"社会"存立的"私"的"朋党"。这种同志意识,只有强弱的程度上的差别,从一开始就是明代心学中固有的东西,陈白沙以后的诸学者之所以都受到嚣嚣的非难——超乎单纯学问上的论难之上的社会之非难——多半就是由来于此。我们必须看到同志意识的执着,决不是平地上所起的波澜,而是新兴势力要成就自己时的必然态势。对于白沙,要么说他是自立门户,要么说他是流于禅,要么说他是使人陷于虚伪的妄人,总之有各种非难。这在他的《复赵提学书》中可见。② 也许这没有什么特别值得提起的。然而,作为白沙弟子中的第一人的湛甘泉(当时南京吏部尚书)受到御史游居敬的"倡其邪学,广收无赖,私创书院"的弹劾,其书院也被毁了。③ 阳明因为在军事上民政上都建立了赫赫功绩,没有被官府纠缠过,④但是对他的新学的非难嘲笑诋毁却相当激烈。他在《答聂文蔚书》中说:"呜呼,今之人虽谓仆为病狂丧心之人亦无不可矣。"《传习录》中更有下面一条:

> 先生自征宁藩(正德十四年阳明48岁)[168]以来。天下谤议益众。请各言其故。有言先生功业势位日隆。天下忌之者日众。有言先生之学日明。故为宋儒争是非者亦日博。有言先生自南都(正德九年43

---

① 李卓吾,《何心隐论》(《焚书》三)。
② 《白沙子全集》三,《复赵提学佥宪书》第三。
③ 《续文献通考》五〇,《学校考》,至帝(世宗嘉靖)十六年二月云云之条。
④ 但是阳明刚死,恐怕就在那年,在朝廷中就出现了反对王阳明的运动。即新建伯的荣爵的世袭被停止,显官死去时按惯例举行的恤典都没有举行,更有甚者,其学也被作为伪学而被敕命禁止。这到更换皇帝后的隆庆元年才被解除。但做此处置的首倡者桂萼——他因私怨而采取此举——在上奏文中说"守仁事不师古。言不称师。欲立异以为高……号召门徒。互相倡和。才美者乐其任意。庸鄙者借其虚声。传习转讹。背谬弥甚。但讨捕奉贼。擒获叛藩。功有足录。宜免追夺伯爵以章大信。禁邪说以正人心"。《明史》的传还说:阳明矜其独创。标异儒先。桂萼之非难是出于娼忌之私。抑流弊实然。固不能以为功多为讳矣(再有,对于桂萼的非难,黄绾上疏反驳说:阳明说实本先民之言,不与圣人相悖)。参照《明史》一九五,《王守仁传》,一九六,《桂萼传》;《王文成公全书》三四,《年谱》嘉靖八年之条等。

岁。南京鸿胪寺卿)[169]以后。同志信从者日众。而四方排阻者日益力。先生曰。诸君之言信皆有之。但吾一段自知处。诸君俱未道及耳。诸友请问。先生曰。我在南都以前。尚有些子乡愿的意思在。我今信得这良知。真是真非。信手行去。更不著些覆藏。我今才做得个狂者的胸次。使天下之人都说我行不掩言也罢。①

这一条才是阳明自身对阳明心学最终一定会遭到社会激烈排击的这种必然性所进行的表白;它预告了泰州学派的展开。在不能中庸中行的场合,儒家士大夫一般应该选择的矩矱,正是在于"有所不为"的"狷者"一侧。② 确实孟子已排列好"中行——狂——狷"③的顺序,而且据朱子之见,孔子之意恐怕也正在于此。④ 特别是提起"道"的时候,那肯定是当然的顺序。然而在那种场合,不可忘记的是,之所以能给狂以这样优越的地位,是因为嘐嘐然曰"古之人,古之人"的缘故。先王之道,古圣人之道,亦是一般儒先之道;维护传统的权威,躬行经典之教的果敢,才是所谓的"狂"。按照阳明的理论,这种传统规范即使可以预料它最终与"内"完全一致,但是不用说,在严密的意义上它依然是"外"。而且阳明所言的"狂者之胸次",一般地说是拒绝一切"外"的方向的东西。这个问题,如今再没有注意的必要了。即使把对儒家的原始教义,或者说是本质教义,应该给予怎样的性格规定这个问题姑且放置一边,但不妨承认,它显著地保持着不开放的、停滞的社会意识的特性。⑤ 重视秩序而不已甚的

---

① 《传习录》下,一一二。
② 《论语·子路篇》,其朱注有"狷者知未及。守有余",又《孟子·尽心下》的朱注有"有所不为者。知耻自好。不为不善之人也"。
③ 《孟子·尽心下》。
④ 《论语·公冶长》"吾党小子狂简云云"的朱注。又《子路篇》"不得中行而与之。必也狂狷乎"的注中所引《孟子·尽心下》的话也是同样意思。
⑤ 关于这一点,参照小岛祐马博士《支那古代的社会经济思想》(现《古代支那研究》所收)的《儒家》那一章。儒家道德的根基是在家族——乡党道德中,它和个人主义("天下有道则见。无道则隐"般的、所谓高尚其身的明哲保身的处世态度)是怎样地相为表里这个问题,书中极其明快透彻地作了说明。

礼让行为,这种行为被斐然的教养所修饰——换言之,这种行为正是被教养所养成——这样的东西才应该叫作"文"。如果是那样的话,那么,儒家应该作为目标的,正是这种"文"。① 文亦是"文雅"的文。姑且不论这个,近世士大夫首先是有教养的阶级,而教养在本质上又是传统性的,往往是事大[170]的;其内容的核心,在儒学的场合就更是如此,这已经没有必要说明了。更重要的是,他们是专制君主之下的官僚。以古为师而不自专自用的"戒惧"的态度,才正是士大夫存在类型的原型。② 士大夫之存在,在其所有方面,都希望以传统的东西为媒介而拒绝直接性的、原模原样的、不加修饰的东西,即与"直心而动"正相反。然而"狂者"是进取之人,是志大而行不掩,是直心而动、不掩饰不隐藏;有时当然也有过错,但有过即改就行。世人都把"修持"挂在口边,但毕竟不能否定人在根本上有掩饰隐藏之心。这决不是通往圣学的路径。入圣的真路头正是存在于这个"狂者"之中——这是与王心斋并列的、被列在阳明学左派笔头的王龙溪所言。③ 这个狂者不但是入圣的真路头,也是泰州一派共同的信念。颜山农 80 余岁时遭到戍配的不幸,何心隐最终不得不受刑而死,罗近溪被禁止讲学而被迫致仕,在这种势之所趋之下终于出现了李卓吾,他竭力"无忌惮",其著述被焚,受官方追捕而到处漂泊流离的结果是终于被逮捕投狱,76 岁时不得不自杀于狱中。这些事件的原因在最根本上必须在这样的点上寻找。弹劾罗近溪的上奏文中说:

> 佛氏之学。初不涸于儒。乃汝芳假圣贤仁义心性之言。倡为

---

① 章炳麟的《国故论衡》中,《文学总略》里面,对"文"和"章"作了大致区别之后,作了如下的说明。我们在这里受到了启发。"古之言文章者,不专在竹帛讽诵之闲。孔子称尧舜。焕乎其有文章。盖君臣、朝廷、尊卑、贵贱之序,车舆、衣服、宫室、饮食、嫁娶、丧祭之分,谓之文。八风从律,百度得数,谓之章。文章者,礼乐之殊称矣。"

② 这里,"戒惧"这个词,不一定是在道学者们所说的意义上使用的。在道学者的场合,指的是完全不愿违背自己内心之声的理想主义的用心方法。在这里是指在某种意义上认识到规范以外的东西而不愿违背它之态度。

③ 《学案》一五,张阳和《不二斋论学语》的《秋游记》所引。

见性成佛之教。谓吾学直捷。不假修为。于是以传注为支离。以经书为糟粕。以躬行实践为迂腐。以纲纪法度为桎梏。逾闲荡检。反道乱德。莫此为甚。后学转相信从。祸将安极。望敕所司明禁。用彰风教。①

由此可见士大夫的忧愤之所在。

我们在这里必须要试图辩解和补足一点。当概观阳明左派的心学运动的时候，我们只拿《泰州学案》中所列的诸氏来议论，然而正如本章开头所引的黄宗羲的话那样，使阳明学说溃决的，不仅仅只有王心斋及其门流，另外还有王龙溪。王龙溪，名畿，字汝中，浙江山阴人，官从南京职方主事做到兵部武选郎中。他与心斋一起被称为"二王"，和近溪一起被称为"二溪"，是阳明直传弟子中的铮铮者，因所谓天泉证道，即作为被王阳明所承认的四无说的首倡之人而广为人所知。他主张现成良知，接受阳明的淑世精神而燃烧起传道的热情，是非常接近泰州学派的人，事实上对泰州学派学者的影响非常大。王龙溪也蒙受了和泰州学派同样的非难。②《明史·儒林传》把心斋以下的泰州学派附传于龙溪，嵇文甫氏的《左派王学》把龙溪列在所谓左派的开头，不是没有缘故的。本来，关于四无说，对于阳明的所谓四句教"无善无恶心之体。有善有恶意之动。知善知恶是良知。为善去恶是格物"，阳明门第中有过钱绪山（名德洪）和龙溪的对立解释。绪山认为四句教是师说的根本定理，不容有一毫改变。与此相对立，龙溪主张师说是应时立教，是所谓权法，恐怕不能作为终极的言语；认为体、用、显、微，或者说心、意、知、物，总的来说因为它们最终应该是同一的，所以既然说心之体是无善无恶的，那么意也必须是无善无恶的，知也必须是无善无恶的，物也必须是无善无恶的。如

---

① 《明史稿》，《列传》一〇三，《杨时乔传》（铃木博士《李卓吾年谱》下，一七页引）。《明史》二二四的其传中所载之处，没有"后学转相信从，祸将安极"的话。

② 关于龙溪，参照《学案》一二，《浙中王门学案》二，容氏《明代思想史》第五章，嵇氏《左派王学》第二章等。

果说意有善恶的话,那么归根结底心之体也是有善恶的。对此绪山加以反驳道:心之体是天命之性,最初是没有善恶的,但人有习心,意念中明显地存在着善恶;格物、致知、诚意、正心、修身,无非是复归这个性之体的实践(功无)而已;如果原来善恶是没有的话,那么,把实践作为问题不是没有必要了吗?嘉靖六年九月,阳明出发远征思田的傍晚,二人在天泉桥上坐着,向阳明请教谁的观点正确。阳明判定说:两君之说应是互补的,自己的教法中本来也有这两种意思,不能固执一方;四无说无非是为上根人而立的,四有说无非是为中根以下的人而立的。①《王龙溪全集》中的《天泉证道记》就此争论记载道,绪山说"子谓若是,是坏师门教法,非善学也",龙溪说"学须自证自悟。不从人脚跟转。若执着师门权法。以为定本。未免滞于言诠。亦非善学也"。这些议论是否是真正的史实,这暂且不谈,然而在这里我们已能够看到在阳明后学中有对立的两种态度。而且,把它和下面一文合起来读,就能够详细地了解到龙溪鼓动泰州学派诸氏的原因,以及李卓吾如此倾倒于龙溪的原因。对有人发出的关于"狂、狷、乡愿"的询问,龙溪回答如下:

  古今人品之不同。如九牛毛。孔子不得中行。而思及于狂。又思及于狷。若乡愿则恶绝之。甚则以为德之贼(《论语·阳货》)[171]。何啻九牛毛而已乎。狂者之意。只是要做圣人。其行有不掩。虽是受病处。然其心事光明超脱。不做些子盖藏回护。亦便是得力处。若能克念时时严密得来。即为中行矣。狷者虽能谨守。未辨得必做圣人之志。以其如耻不苟。可使激发开展。以入于道。故圣人思之。若夫乡愿。不狂不狷。初间也是要学圣人。只管学成壳套。居之行之。象了圣人忠信廉洁。同流合污。不与世间立异。象了圣人混俗包荒。圣人则善者好之。不善者恶之。

---

① 关于天泉问答,参照《传习录》下一一五,《王文成公全书》之《年谱》三的嘉靖六年九月之条及龙溪《天泉证道记》(《龙溪全集》一)。

143 尚有可非可刺。乡愿之善。既足以媚君子。好合同处。又足以媚小人。比之圣人。更觉完全无破绽。譬如紫色之夺朱。郑声之乱雅。更觉光彩艳丽。苟非心灵开霁。天聪明之尽者。无以发其神奸之所由伏也。夫圣人所以为圣。精神命脉。全体内用。不求知于人。故常常自见己过。不自满假。日进于无疆。乡愿惟以媚世为心。全体精神。尽从外面照管。故自以为是。而不可与入尧舜之道。学术邪正路头。分决在此。自圣学不明。世鲜中行。不狂不狷之习。沦浃人之心髓。吾人学圣人者。不从精神命脉。寻讨根究。只管学取皮毛支节。趋避形迹。免于非利。以求媚于世。方且傲然自以为是。陷于乡愿之似而不知。其亦可哀也已。所幸吾人。学取圣人壳套。尚有未全。未至做成真乡愿。犹有可救可变之机。苟能自反。一念知耻。即可以入于狷。一念知克。即可以入于狂。一念随时。即可以入于中行。入者主之。出者奴之。势使然也。顾乃不知决择。而安于其所恶者。不安于其所思者。亦独何心哉。①

144 他是如何激烈地痛骂俗物伪善者这个问题,从以上一文可以非常清楚地看到。他排斥乡愿,不用说是站在阳明以来所强调的人的内在性(精神命脉,全体内用)的立场上的。乡愿是"外"的奴隶,必定是大丈夫所不屑一顾的。龙溪对"今以行不掩言者为狂。而忠信廉洁为乡愿。则将使学者狷狂自恣。而忠信廉洁之行荡然矣"这样的疑问,首先回答说:

夫狂者志存尚友(以古人为友,《孟子》之语)[172]。广节而疏目。旨高而韵远。不屑弥缝格套。以求容于世。其不掩处。虽是狂者

---

① 《与梅纯甫问答》(明治三十六年,日户胜郎[174]编《王龙溪全书》四页)。遗憾的是,我至今还没有完整的《龙溪全集》。上面这本书是从全集中除掉序跋、祭文、志铭等"不甚适当之物"而另编的,对我来说是目前有用处的书。

之过。亦其心事光明特达。略无回护盖藏之态。可几于道。天下之过。与天下共改之。吾何容心焉。若能克念。则可以进于中行。此孔子所以致思也。

如此彰显了狂者最接近道的理由。然后又说："贤者自信本心。是是非非。一毫不从人转换。乡党自好（《孟子·万章上》）[173]。即乡愿也。不能自信。未免以毁誉为是非。始有违心之行。徇俗之情"，指出了乡愿的"尽向世界陪奉"的矫情饰伪。最后以"善观人者。不在事功名义格套上。惟于心术微处。密窥而得之"的话结束。① 必须说"忠信廉洁之行荡然矣"这个疑问，其提出问题的方法本身，已经不是本质性的了。"宁为阔略不掩之狂士，毋宁为完全无毁之好人；宁为一世之嚚嚚，毋宁为一世之翕翕"②，在这种所谓"十分激昂"（嵇文甫语）的精神中燃烧起来的他的传道之热情，真是非比寻常。据《明史》记载，到万历十一年（1583）86岁高龄去世为止，他东奔西走，在所到之处主宰讲学，"益务讲学"，这是传者都要特叙一笔之处，而且，"其后，世之浮诞不逞者，率自名龙溪弟子"。应该说龙溪成为一世之嚚嚚，这是当然的（在叙述阳明学左派的本书中，不言而喻龙溪必须被重点地提出来讨论，但由于论述方便的关系而省略掉了，在论述东林的其他机会再详细地研究吧）。这是因为正如黄宗羲所指出的，龙溪之徒，作为学派不一定团结得很有力；而作为其理论根据的龙溪所主张的阳明的四无说，才正是作为"心学横流"的终极原因，而使东林学派的攻击都集中于此。

---

① 同上，一三二至一三三页，与《阳和张子问答》。
② 张元益撰《龙溪墓志铭》，嵇氏《左派王学》二六页引。

第三章　李卓吾：童心——新的"人伦物理"之发现

从阳明到泰州学派的心学,已经和名教世界脱离,成了似乎与名教社会不相容的对立者。如果图解性地去说,我们也许能在这里看到与"社会"相对立的"个人"之出现。但到目前为止,我们这样下结论正确吗?一般来说,不想承认内的权威以外的东西之个人,会遭到"外"的社会的抵抗,尽管那毕竟是暂时的而且绝不能承认它是根源性的。但是当面对宛如真的权威本身一样逼近的另一个权威的时候,为了有相对于"社会"的真实的"个人","个人"必定作为与对立者明显不同的主体,来确定自己的立场。其课题与其说存在于仅仅只是主观地主张自己的权威之中,不如说正是存在于在对立权威的根基上对对立权威进行客观的、全面的思考与批判之中。教养和通常观念如果是社会的根据的话,那么必须要搞清楚社会的这个根据。堂堂地标榜禅;而且被作为"试观仆之行事立身。于名教有悖谬者乎。则禅之不足以害人明矣"①;或者在他们那里,不能看到任何具体性的文化批判。上述这些,是不能满足我的这种要求的吧!然而内是人的肯定和人欲肯定之人的概念的展开;外

---

① 参照第二章注八十八,这个态度在根本上是与管东溟、焦弱侯共通的。

是名教和为政当局的憎恶与压迫的加剧,这驱使纯粹从对内的关心出发的心学,不得不与已经不能尽力以己推而絜度的"如有物"之物——传统和社会对决起来,不得不向其具体的认识方向发展。于是,李卓吾就必然要出现了,千万世的是非被他颠倒了。在这里,人才从圣人、大丈夫的孤高超绝中降了下来,成了作为批判者的"吾"。在这里当然必定预想得到与社会相对抗的个人的成立。

李卓吾,名贽,世宗嘉靖六年(1527)生于福建省泉州府晋江县的温陵,其号(或者说字)为卓吾或宏甫。幼时丧母,7岁左右受父之指导读书习礼文。

> 稍长,复愦愦,读传注不省,不能契朱夫子深心。因自怪,欲弃置不事(为了科举考试的学问)[175],而闲甚,无以消岁月,乃叹曰:"此直戏耳。但剿窃得滥目足矣,主司岂一一能通孔圣精蕴者耶!"因取时文(即所谓八股文)[176]尖新可爱玩者,日诵数篇,临场得五百。题旨下,但作缮写誊录生,即高中矣。①

像这样,嘉靖三十一年,他在福建乡试及第,通过了科举的第一道门。通过这件事就可以认为,卓吾的将来面目已经清楚地展现在我们眼前。近世士大夫对科举的真实态度——在赤裸裸之处——与卓吾并没有多大的差别。然而,在把自己的这种感情如此直率地通过文字表现出来且并不忌惮这一点上,就是卓吾之所以成为卓吾之本质所在,这大概难以被称为士大夫气象。在卓吾的这种态度中,我们已经能够解读到人们对那种过度一本正经、过度认真的人所抱的嘲笑态度中存在着的一种合理主义,这就是事实只应该作为事实来论述的精神态度——如果把在思想史的意义上的

---

① 《焚书》三,《卓吾论略》。那是卓吾自述其到京师时代以前的生活。以下略述卓吾的传记,是依照容肇祖氏的《李卓吾评传》(民国 26 年,商务印书馆国学小丛书),及铃木虎雄博士的《李卓吾年谱》上下(《支那学》第七卷二号、三号,昭和九年)。虽然广濑丰氏[177]不是中国学的专家,但是他的《吉田松阴研究》下卷第二编第三章中,收录了与以上二书风格不同的,而且是非常周到缜密的研究,特别是注记了卓吾的书籍在我国的所在之外,这非常有益。

合理主义作为中心的话,那么从某种意义上来说这种讲真话的态度就是合理主义的具体体现。我们综观卓吾的生涯,就会看到他最先把这种 Ethos(习性)的世界作为最终的根据,然后再立于其上。以后当他痛骂儒家不知道现实的时候,我们首先应该注意,这个现实是指浸润在这种 Ethos 中的世界。可是他乡试及第成了举人后,却最终没有参加可说是作为科举的最后一道程序的会试,就在乡试及第的基础上马上被任命做官,先是成了河南省辉县的教谕(县学的教官),不久又调任南京国子监。之后遇到父亲去世而一度归乡,但一办完丧事又再一次与家人一同到北京,奉职国子监,不久,就任礼部司务的微职。这是嘉靖四十五年(卓吾40岁)的事。那时,有人说:司务是比在国子监任职更穷的工作,你对此很能忍耐,但是你难道不知道不管怎样努力也始终是贫贱这句话吗?还有人讥笑他不知所止。对此,卓吾在自述中回答道:"吾所谓'穷',非世'穷'也。穷莫穷于不闻道,乐莫乐于'安汝止'(《书经·益稷》)。吾十年余(从嘉靖三十五年任河南省辉县教谕至今十年)奔走南北,只为家事,全忘却温陵(唐的温陵禅师是卓吾的同乡)、百泉安乐(宋代邵康节的安乐窝在辉县共城的百泉)之想矣。吾闻京师人士所都,盖将访而学焉。"①又,他被别人忠告"子性太窄……苟闻道,当自宏阔",对此,他也认为确实应该这样,于是以宏父自命,这些也是这个时期的事。②这种被称为"窄"的狷介峻峭、毫不假借的性格,在他的一生中都被与之有交往的人士所异口同声议论,这是论述李卓吾的人首先应该记住的一点。

在北京定居的卓吾终于转向佛学的研究,才又知道了阳明、龙溪的学说。据说当时在北京,泰州学派中的骁将赵大洲讲学,徐鲁源(名用

---

①②《焚书》三,《卓吾论略》。那是卓吾自述其到京师时代以前的生活。以下略述卓吾的传记,是依照容肇祖氏的《李卓吾评传》(民国26年,商务印书馆国学小丛书),及铃木虎雄博士的《李卓吾年谱》上下(《支那学》第七卷二号、三号,昭和九年)。虽然广濑丰氏不是中国学的专家,但是他的《吉田松阴研究》下卷第二编第三章中,收录了与以上二书风格不同的,而且是非常周到缜密的研究,特别是注记了卓吾的书籍在我国的所在之外,这非常有益。

检,钱绪山的弟子,学说与钱稍微相异而近泰州学派)也从之一同讲学。作为礼部司务的李贽不想出席讲会,鲁源就给他看手书的《金刚经》,并劝他说:这是不死的学问,你不想研究一下吗?从此,卓吾开始折节向学。① 关于他被阳明、龙溪的学说所引导之事,后来他自述如下:

> 余自幼倔强难化。不信学。不信道。不信仙释。故见道人则恶。见僧则恶。见道学先生则尤恶。惟不得不假升斗之禄以为养。不容不与世俗相接而已。然拜辑公堂之外。固闭户自若也。不幸年甫四十。为友人李逢阳。徐用检所诱。告我龙溪先生语。示我阳明王先生书。乃知得道真人不死。实与真佛真仙同。虽倔强。不得不信之矣。②

这样,在北京"五载春官,潜心道妙"③,万历年初,因任南京刑部主事而调出,以后五六年居南京。在这里,他好像已经在召集同志、勤于讲学了。④ 特别重要的是,他在这里与他一生中的知己耿楚倥(名定理)、焦弱侯(名竑,号澹园)二人结下了交情。楚倥是有名的耿天台的弟弟,与其兄同时被列为泰州学派的学者,师从于泰州学派中的可以说是比耿天台更左的方堪一、邓豁渠、何心隐。⑤ "重名教"的天台把学、庸、论、孟中的最重要之语认为是"圣人人伦之至"(《孟子・离娄上》),然而楚倥却强调"未发之中",他们的意见不一致。⑥ 焦弱侯是师从于罗近溪、耿天台的学者,他不仅与楚倥相处融洽,是泰州学派中屈指可数之人物,而且也因为是明代的屈指

---

① 《学案》十四,其传。还有,在那里记载着这样的轶事:志于学的卓吾早上很早就起来等候在徐鲁源的门口,但是鲁源出来却不与卓吾说一句话,骑上马就走。如此再三,卓吾对他的倾倒越来越深。卓吾对人说:"徐公钳锤如是。"
② 《阳明先生年谱》后语(引容氏《评传》六页)。
③ 《卓吾论略》。
④ 焦竑《焦氏笔乘》四,《读书不识字》。在其中可见那时的轶话。又,铃木博士《年谱》上,二二页。
⑤ 方、邓的传,并见于《泰州学案》序。
⑥ 关于这场争论,参照《学案》三五,《泰州学案》四,《耿楚倥传》;《焚书》三,《耿楚倥先生传》,及铃木博士《年谱》三〇页以下。《学案》的《楚倥论学书》中,可见到作为周柳塘之言的"天台重名教,卓吾识真机"。

可数之名士而为人所知。对泰州学派常常加以诽谤的《明史》,也把他称为"博极群书,自经史至稗官、杂说,无不淹贯。善为古文,典正雅驯,卓然名家"(《明史·文苑传》)。他不但是抨击读书词章的心学者,特别是泰州学派之人,而且他那无与伦比的博学由于其《国朝献徵录》百二十卷、《国史经籍志》五卷及《笔乘》正续十四卷等著述而放出异彩。甚至清朝敕撰的《明史·艺文志》也总的来说无非是抄袭他的《经籍志》然后再加以增减而已。在阳明学说的展开中,特别是在泰州学派这个排斥读书闻见最激进的学派中出现了如弱侯和卓吾这样的博览家,对此我们认为具有非常深远的意义。但是,在既不排斥佛学、也不舍弃稗官野乘的焦弱侯的态度中,与李卓吾一样,恐怕潜藏着作为心学的当然归结的现实肯定吧!① 根据卓吾所说:

> 余至京师。即闻白下有焦弱侯其人矣。又三年。始识侯。既而徙官留都。始与侯朝夕促膝。穷诣彼此实际。夫不诣而已。诣则必尔。乃为冥契也。故宏甫之学虽无所授。其得之弱侯者亦甚有力。……惟宏甫为深知侯。故弱侯亦自以宏甫为知己。②

可见二人是如何肝胆相照,这也是卓吾每著一书必先示弱侯的一例。在与弱侯他们日夜往来的南京时代,他的学问的根基恐怕已经筑起来了。大约万历五年,他51岁时,做了遥远的云南省姚安府的知府。到万历九年初,一直居住在那里。其间,入鸡足山阅读大藏经。

万历九年,55岁,卓吾辞官赴湖北省黄安县,投靠耿定理。前面所述的天台与楚倥两者的争论,也在卓吾那里继续下去,加上性格上的差异,楚倥死后,卓吾与天台的感情渐渐疏远,最后卓吾作《告别书》离耿家而去。③ 离开

---

① 此处也应该值得注意的是:中国基督教、西洋学的先驱者徐光启出自焦氏之门。
② 《寿焦太史尊翁后渠公八裹华诞》序(容氏《评传》七页引《续焚书》卷二)。
③ 《与耿司寇告别书》,《焚书》一。还有黄宗羲说:卓吾之所以恨天台,就是因为何心隐被投狱之际,如果天台为之奔走,就不至于被判死刑,但因为天台害怕张居正,所以没有那样做(《学案》三五,《天台传》)。容氏把卓吾的《何心隐论》中骂谈道者之虚伪的话解释为是对天台的微词,大概是说对了吧!(容氏《评传》十四至十五页)

第三章 李卓吾:童心——新的"人伦物理"之发现

耿家的卓吾,移居于同是黄州府下的麻城县龙潭边的芝佛院。在麻城:

> 与僧无念。周友山。丘坦之。杨定见聚。闭门下键。日以读书为事。性爱扫地。数人缚帚不给。衿裾浣洗。极其鲜洁。拭面拂身。有同水淫。不喜俗客。获不获辞而至。但一交手。即令之远坐。嫌其臭味。其忻赏者。镇日言笑。意所不契。寂无一语。滑稽排调。冲口而发。既能解颐。亦可刺骨。所读书皆抄写为善本。东国之秘语(道家之书?)[178]。西方之灵文(佛书)[179]。离骚马班之篇。陶谢柳杜之诗。下至稗官小说之奇。宋元名人曲。雪藤丹笔。逐字雠校。肌壁理分。时出新意。①

卓吾专念读书著述、开始作为批评家的活动,就是从黄安、麻城时代开始的。关于这个时代的生活,据他的自述说是"仆在黄安时。终日杜门。不能与众同尘。到麻城。然后游戏三昧。日入于花街柳市之间。始能与众同尘矣。而又未能和光也"②。乍一看,与前面所引的似乎相违,但实际上却是相补的事实,由此应该可以想象到其生活情景的真相吧。他剃光头发,也是这个时候的事(万历十六年,62岁)。他列举了剃发的理由:为了断绝家里人强迫他归乡并以俗事强加给他之念,为了断绝他人之管束,或是为了使以异端视他的无见识之人和假道学家"成彼竖子之名"等。他还叙述道,其落发是八方思虑之后的断然之举,回想起来还伴随着令人心酸的苦楚。③ 但是他剃发的真实情况,还不如说是如袁中道等所记,夏日恶头痒,遂去其发,这可能更近实情。④ 不管怎样,读书人的教养的理念,是存在于儒学,特别是朱子学之中的;并且对儒佛的严格区

---

① 容氏《评传》一八页中引袁中道的《珂雪斋近集》文钞。
② 《答周二鲁书》(容氏《评传》二四页引《李氏文集》卷四)。据此,后面我们引张问达在奏疏中所说的"与无良辈游庵院,挟妓女白昼同浴",也许不是毫无根据的。然而即使在那种场合,"白昼同浴的事",如容氏所言,恐怕不是事实吧!那不是以卓吾水淫的传闻为原因而发生的恶意的传说吗?如果这是真的话,那么用挟妓女玩乐这件事来非难他,确实太残酷了。
③ 铃木博士《年谱》上,三四至三五页。
④ 容氏《评传》二五页中引的袁中道《李温陵传》。

别和对作为异端的佛教之排斥,是心学者和知识人的正统常识。在居于这种背景的当时,以所谓"学者"自任的卓吾断然做出落发之举,应该说是表现出了他自己所说的"倔强难化"的性格;社会上的名教者们对卓吾的憎恶,很清楚首先就是从这一点被挑发起来的。而且,另一方面,卓吾与有权有势的耿天台的对立越来越深,不难想象,这对卓吾有着非常不利的影响;他的令人骇目的《焚书》,恐怕就是这个时期公刊于众的。此书痛骂了假道学,尖锐地批判了充满着陈规陋习和伪善的社会教养。①于是万历十九年,他一出游武昌黄鹤楼,就作为"左道惑众"者,必然地被"忧世者"所放逐。然而卓吾是倔强的,他自己叙述这件事说:

> 不肖株守黄麻一十二年矣。近日方得一览黄鹤之胜。尚未眺晴川。游九峰也。即蒙忧世者有左道惑众之逐。弟反覆思之。平生实未曾会得一人。不知所惑何人也。然左道之称。弟实不能逃焉。何也?孤居日久。善言罔闻。兼以衰朽。怖死念深。或恐犯此耳。不意忧世者乃肯垂大慈悲教我如此也!即日加冠蓄发。复完本来面目。二三侍者。人与圆帽一顶。全不见有僧相矣。如此服善从教。不知可逭左道之诛否。想仲尼不为已甚。诸公遵守孔门家法。决知从宽发落。许其改过自新无疑。然事势难料。情理不常。若守其禁约。不肯轻恕。务欲穷之于其所往。则大地皆其禁域。又安所逃死乎。弟于此进退维谷。将欲"明日遂行"(《论语》)[180]。……弟之改过实出本心。盖一向以贪佛之故。不自知其

---

① 《焚书》二,《与河南吴中丞书》中附记说:"因晋老(刘晋老)经过之便,谨付焚书四册,盖新刻也。"铃木博士把此书简的年次推算为万历二十年壬辰,恐怕是正确的。所谓"新刻",我认为是指它是新著述出版而不是重新再版。另外有明文记载说:耿天台的心腹蔡弘甫于辛卯(十九年)秋初写了《焚书辩》。另外,这里讲的"因晋老经过之便",因为铃木博士推定为是二十年五月左右的事,所以,既然是新刻,就很难认为是前年秋初以前的事。恐怕作为钞本很早就被人所读。又,现在的《焚书》之所以登载很多二十年以后的文章,就因为那是以后增补的。也就是说,二十年刻的焚书以及那以前的钞本,可以说是原焚书;那当中在收录了嘲笑、批判假道学的伪善和因习教养的文章的同时,还收有如《答耿司寇书》和《与耿司寇告别书》那样的无忌惮地攻击天台的书简。

陷于左道。非明知故犯者比也。既系误犯。则情理可恕。既肯速改。则更宜加奖。供其馈食。又不但直赦其过误已也。倘肯如此。弟当托兄先容。纳拜大宗师门下。从头指示孔门"亲民"学术。庶几行年六十有五。犹如六十四岁之非乎。①

这虽然是写给亲友的信,但在这种冷嘲热讽的言辞中,却已经可以充分理解到卓吾那刚烈的性格和不屈的斗志了吧!这种顽强不屈的斗志,正是阳明的"不闷不悔"所没有认识到,也正是心斋的"沽之哉"[181]所没有认识到的地方,然而同时这种精神又与阳明、心斋在承继关系上并非无缘。

既然卓吾的态度已经如此,所以即使他能免掉此次对他的追究,最终也不能避免名教和官吏对他的迫害。万历二十四年(70岁),一个姓史的分巡道在麻城扬言道:假若李卓吾仍滞留不走,因此人极大地败坏风化,当以法治之。这就说明了这个问题。② 当时他应友人之邀去山西赴约,但一得到此消息就说:

闻分巡道。欲以法治我。此则治命。决不可违也。若他往。是违治命矣。岂出家守法戒者之所宜乎?止矣。止矣。宁受枉而死。以奉治命。决不敢侥幸苟免以逆治命。……盖世人爱多事。便以无事为孤寂。乐无事。便以多事为桎梏。唯我能随寓而安。无事固其本心。多事亦好度日。使我苟不值多事。安得声名满世间乎?自天台与我再合并以来。一年矣。今又幸有此好司道知我。是又不知何处好风。吹得我声名入于分巡之耳也。为之忻幸者数日。更敢往山西去耶。③

---

① 《焚书》二,《与周友山书》。铃木博士在十九年的条中,引了这篇文章,但于"尚未眺睛川,游九峰也"处断掉,省略了"即蒙忧世者有左道惑众之逐"等以下,又取了末尾的"行年六十有五"等,只是以此来作为卓吾这一年在武昌的证明。相反的,在十八年的条中,引《泉州府志》文苑传,在"谤声四起。郡守与兵宪。谓其左道惑众。捕持之急。乃去衡州过武昌"处加了傍点,指出了在麻城兴起的迫害。说得有些不明白。
② 容氏《评传》三四页中引《续焚书》。这本《续焚书》,铃木博士最终没能看到。
③ 《与城老书》(容氏《评传》三五页中引《续焚书》)。

同时对有黄安访问之约一事,他还说:

> 我欲来已决。然反而思之。未免有瓜田之嫌。恐或以我为专往黄安求解免也(黄安有耿天台,巡道史某从天台的同胞那里受恩义,而且是天台的门第)[182]。是以复辄不行。……丈夫在世。当日尽理。我自六七岁。丧母便能自立。以至于今七十。尽是单身度日。独立过时。虽或蒙天庇。或蒙人庇。然皆不求自来。若要我求庇于人。虽死不为也。历观从古大丈夫好汉。尽是如此。不然。我岂无力可以起家。无财可以蓄仆。而乃孤子无依一至此乎。可以知我之不畏死矣。可以知我之不怕人矣。可以知我之不靠势矣。盖人生总只有一个死。无两个死也。但世人自迷耳。有名而死。孰与无名。①

这与其说是不回避事,倒不如说是敢于好事的挑战态度——还应该被评价为几乎是"玩世不恭"的固执态度。这使我们已经明白地认识到几年后卓吾最终不可避免的悲惨命运。我们甚至感受到了有着某种悲壮性格悲剧的主人公的道白。大概是可能有了耿家的斡旋,好像这次最终没有成为大事件。他不久赴一开始就打算去的山西上党。但是据在上党曾经访问过卓吾的某人所记,当有人问他说先生最终结局(末后一著)如何的时候,他回答说:"吾当蒙利益于不知我者。得荣死诏狱。可以成就此生。"又拍手称快地说:"那时名满天下,快活快活。"②现在《焚书》卷四中,有以"预约"为题的长篇,其中极详细地记下卓吾对自己死后的安排。从此文开头的"余年已七十矣云云"来看,此文肯定就是在这一年中所作成的,恐怕是去山西出发之际写下的吧。文章在始作时是毫不在意的,但却交织着凄怆之语,可见以上的戏言不一定是出于一时之语。而且,如后述,此戏言以后就这么样地成了事实。

这之后的两三年,卓吾几乎就没安定过。万历二十五年时往北京,

---

① 《与耿克念书》(容氏《评传》三七页中引《续焚书》)。
② 汪静峰《墓碑记》(引容氏《评传》三七至三八页)。

第三章 李卓吾:童心——新的"人伦物理"之发现

住在西山的极乐寺,万历二十六年被焦弱侯迎接,他移到南京,隔了一年,万历二十八年,往山东省南部的济宁,暂居于此。然后终于回到麻城。此间最大的事件就是,万历二十七年(73岁),卓吾的代表作《藏书》六十八卷出版于金陵(南京),焦弱侯为此书作了序。严酷的当局和名教士大夫的迫害越是与时俱增,他的倔强难改的性格就越来越刚烈,对俗物和道学先生的挑战的笔锋也就越来越精彩。而且,对阳明心学的传统合理主义和自我权威的信念,与从禅学那里接受来的呵斥佛祖的气魄相结合,使他的批判态度能激烈地保持到底。《藏书》是其总决算、总归结。在《藏书》中,传统的历史被进行了纵横的批判,使所有不加批判就被信仰的评价都发生了逆转,即所谓的"排击孔子。别立褒贬。凡千古相传之善恶。无不颠倒"①。后来李卓吾的极其悲惨的死之真正理由,就是被众目所视、众人所求的这部书之出版,这个事实使我们看到这部书所表现出来的对于文化和传统所进行的严格的合理主义的批判是怎样深刻地震撼了正统儒家和正统士大夫的心灵。② 对立越来越深,憎恶越来越强烈。万历二十八年(74岁),因为麻城的缙绅把卓吾说成是"异端惑世",而且还诬陷他"宣淫",以致当局毁其住宅,拆掉其准备埋藏死后之骨的塔,并下了放逐令。其宣淫之说,是指丑化诋毁卓吾与在成为寡妇之后归依卓吾的麻城名士梅国桢之女梅澹然大士之间师徒关系一事。事情的真相是缙绅由于对梅家的仇视而借口梅与卓吾有不正当关系。进入近世,道学的普及驱使男女的差别进入极端的严格之中,但是,卓吾的彻底的合理主义是漠然无视这种通常观念的。他在讲学中没有把男女之别当作问题。"谓人有男女则可。谓见有男女。岂可乎。谓见有长短则可。谓男子之见尽长。女子之见尽短。又岂可乎",这是卓吾《答以女人学道为见短书》中的话。③ 对今天的我们来

---

① 《四部全书总目提要》五〇、史部、别史类存目、藏书之条中所云。
② 参照本书一八五页以下。
③ 《答以女人学道为见短书》(《焚书》二)。这一篇是为女性辩护之文,与归震川的《贞女论》(《归震川集》三)同为明代的双璧。

说,这是极其明白的话,可是作为了解儒家观念形态的历史现实的人来说,这些话所带有的异端、危险思想的性格,是能够很容易地认识到的吧。卓吾最终必定被逐出麻城,这是有充足理由的。遭到迫害的卓吾,与善待保护他的马经纶一起,仓皇地逃到黄檗山(江西省)。翌年万历二十九年春,和马经纶到了北通州,成了马家的客人。居住了一年,万历三十年闰二月,由于礼科给事中张问达的弹劾而被捕入狱。三月十六日在狱中自杀,了却了其生涯。行年76岁。① 张问达的上疏如下:

> 李贽壮岁为官。晚年削发。近又刻藏书焚书卓吾大德等书。流行海内。惑乱人心。以吕不韦李园为智谋。以李斯为才力。以冯道为吏隐(盖美名也[183])。以卓文君为善择佳耦。以秦始皇为千古一帝。以孔子之是非为不足据。狂诞悖戾。不可不毁。尤可恨者。寄居麻城。肆行不简。与无良辈游庵院。挟妓女白昼同浴。勾引士人妻女。入庵讲法。至有携衾枕而宿者。一境如狂。又作观音问一书。所谓观音者。皆士人妻女也。后生小子。喜其猖狂放肆。相率煽惑。至于明劫人财。强搂人妇。同于禽兽。而不之

---

① 在这之前,卓吾的身体已非常衰弱,自己也好像已经自觉到命在旦夕。他在被捕那年的二月五日起草了遗言,详细地指示了埋葬方法。据袁中道所记,卓吾从被捕到自杀的情况大致如下:"初公病。病中复定所作《易因》。其名曰《九正易因》。常曰:'我得九正易因成。死快矣。'《易因》成。病转甚。至是逮捕到邸舍匆匆。公以问马公。马曰:'卫士至。'公力疾起。行数步。大声曰:'是为我也。为我取门片来。'遂卧其上。疾呼曰:'速行。我罪人也。不宜留。'马公愿从。公曰:'逐臣不入城。制也(马经纶在任御史之官时,因直言招致天子发怒,被削籍为民,故称逐臣)。且君有老父在。'马曰:'朝廷以先生为妖人。我藏妖人者也。死则俱死耳。终不令先生往而己独留。'马公卒同行。至通州城外。都门之腴尼马公行者纷至。其仆数十人。奉其父命。泣留之。马公不听。竟与公偕。明日。大金吾寘讯。侍者掖而入。卧于阶上。金吾曰:'若何以妄著书。'公曰:'罪人著书甚多。具在。于圣教有益无损。'大金吾笑其倔强。狱竟无所寘词。大略止回籍耳。久之旨不下。公于狱舍中作诗读书自如。一日。呼侍者搔发。侍者去。遂持刀自割其喉。气不绝者两日。侍者问:'和尚痛否。'以指书其手曰:'不痛。'又问曰:'和尚何自割?'书曰:'七十老翁何所求。'遂绝。时马公以事缓。归觐其父。至是闻而伤之。曰:'吾护持不谨。以致于斯也。伤哉。'乃归其骸于通。为之大治冢墓。营佛利云。"(《珂云斋近集》文钞《李温陵传》)据汪本珂《哭李卓吾先生告文》,其自尽是三月十五日,绝命是十六日子时(以上参照容氏《评传》四九、五二、五六页)。

恤。迩来缙绅士大夫。亦有诵咒念佛。奉僧膜拜。手持数珠。以为律戒。室悬妙像。以为皈依。不知遵孔子家法。而溺意于禅教沙门者。往往出矣。近闻贽且移至通州。通州距都下四十里。倘一入都门。招致蛊惑。又为麻城之续。望敕礼部。檄行通州地方官。将李贽解发原籍治罪。仍檄行两畿。及各布政司。将贽刊行诸书。并搜简其家未刻者。尽行烧毁。无令贻祸后生。①

皇上听从这一上奏，下达敕旨："李贽敢倡乱道。惑世诬民。便令厂卫五城（东厂、锦衣卫、五城兵马司）[184]。严拿治罪。其书籍已刻未刻。令所在官司。尽搜烧毁。不许存留。如有徒党曲庇私藏。该科道（给事中御史）[185]及各有司。访奏治罪。"根据这一敕旨，卓吾遭到逮捕。他的著作和版木全部在那时被烧毁。不过此禁好像没过几年就稍微缓解下来，卓吾的著述也渐渐盛行于世。② 到了天启五年，根据御史王雅量的上疏，卓吾的书再次遭到焚毁，不许坊间发卖。③ 然而"士大夫多喜其书"，"其书之行于人间自若也"。④ 真是到了"卓吾书盛行。咳唾间非卓吾不欢。几案间非卓吾不适。朝廷虽禁毁之。而士大夫则相与重锓。且流传于日本"⑤的光景。即使到了清朝，因为"至今乡曲陋儒。震其虚名。犹有尊信不疑者"，所以特将其著述之名存于《四库提要》中，到了有"深暴其罪"

---

① 顾炎武《日知录》一八，从《李贽》的条引《神宗实录》。
② 在容氏《评传》序文中引的袁中道《跋李氏遗书》说："当卓吾子被逮后。稍稍禁锢其书。不数年后。盛传于世。若揭日月而行。则本朝之宽大与士大夫之淳厚。其过宋朝也远矣。"
③④《日知录》一八。
⑤《吴虞文录》下《明李卓吾别传》三三页中引陈明卿（名仁锡）之语。这最后一句，决不是没有根据的。我国的吉田松阴最倾倒的中国学者实际上就是李卓吾（广濑丰氏《吉田松阴的研究》）。如《焚书》《续焚书》，在我国的旧书店有时也见到过。横溢着文人气氛的明人的文章，因为在我国德川中期也受到高度评价（袁中郎、屠赤水等），所以卓吾的书或许也相当地广为读者阅读。这样一来，当然，虽说是相似的时代产生相似的思想，例如富永仲基的《翁之文》中的反复古主义的思想（除此之外，关于同样的思想家，参照家永三郎氏《宗教的自然观的展开》中所收的《近世反复古主义的思潮》），但是，在其背后，卓吾或者有卓吾风气的文人书籍肯定给了人们某种刺激吧。像这样怀疑一下，不一定是无益的。

之必要的程度。① 在冠以卓吾之名的书籍中，实际上伪托之书是很多的，这在当时已被多次指出②，在今天也早已成为众所周知的事；但是从这种伪托书之盛行之点来看，我们就可以知道李卓吾的名声，也可以知道虽然它遭到来自名教者之流、为政者之流的憎恶，但他的学说实际上是广为一般读书人所喜爱的。我们在这里是想要把卓吾这个人物作为时代象征性来肯定的，但现在这一点还不是考察的范围。

"自古以来,'小人之无忌惮'而敢于叛圣人者,莫甚于李贽"③的这种说法恐怕是名教士大夫一方的定论吧。即使到了清朝，不言而喻，他的著作也被列为禁书；而且能够想象，不同于明代，那禁令更加严厉地被实行；并且在根本上，学人、士大夫的风气也早已发生了变化，明学的气氛业已消失。作为心学者、史论家、文学批评家和在中国历史上恐怕也是最独特的见识家的李卓吾④，在他死后的三百年间，几乎完全没有受到学者们的关心，应该说这是当然的。幸而自民国以来，随着反儒教主义的抬头，带来了对白话文学、明末文学的再认识的气运，卓吾也受到了再发现、再评价；其著作也被试探着再版。其传记，自《吴虞文录》（民国10年）所收《明李卓吾别传》以来，在我国出现了如铃木虎雄博士的《李卓吾年谱》（昭和九年），在民国出现了如容肇祖氏的《李卓吾评传》（民国26年）那样详细而正确的作品。特别是明代思想史专家容氏的《评传》，丰富地引用了在今天属珍稀本的卓吾的书并概说了其生涯和思想，作为研

---

① 《四库全书总目提要》五〇，《藏书》之条。又，一七八，《李温陵集》之条。
② 铃木博士《年谱》上，五至六页。容氏《评传》六四至六五页。再有，盛此公（名于斯，万历元年生）的《休庵影语》（民国20年，开明书店排印）三六页《西游记误》的条中，在谈到必须注意伪书之后说的"近日'续藏书'冠李卓吾之名实可笑。若卓吾惟将就于此等事则卓吾不为卓吾矣"的话，非常有趣。虽然是《藏书》的续编，但《续藏书》确实缺乏过激之语（参照本章注八〇）。而且正因为如此，认为这不是卓吾的书之论断，对想要了解当时人士之卓吾观是很有趣的。
③ 顾炎武《日知录》一八，《李贽》。还有顾氏在同卷的《钟惺》之条中，虽然断定"公然弃名教而不顾。甚至承亲讳而治游。疑为病狂丧心"，还断定对"敬之如神明。尊之如师保"的经书敢于加以评点的人物钟惺是"败坏天下之一人"，但是又留下了"虽不及李贽"一句。
④ 对"夫所贵李氏诸书。非才也。非学也。贵其识耳"（容氏《评传》六七页中引张师绎的话）这句话，我和容氏都赞成。

第三章 李卓吾:童心——新的"人伦物理"之发现

究卓吾的入门书这是最可喜的了。现在我们的研究,因为不只是关心卓吾一个人的缘故,只好不得不始终粗枝大叶地论述,殷切地希望有志之士能至少对以上所列举诸书进行研究。

还有,在结束卓吾的略传时,想介绍一件有趣的事。那就是卓吾在南京与有名的利玛窦会面的事。据容肇祖氏之述,卓吾在万历二十六年中,在南京与利氏三度会面。① 在其一书简中,卓吾关于利氏,叙述如下 ②:

> 利西泰(利氏号西泰)[186]。大西域人也。到中国十万余里。初航海至南天竺。始知有佛。已走四万余里矣。及抵广州南海。然后知我大明国土。先有尧舜。后有周孔。住南海肇庆。几二十载。凡我国书籍无不读。请先辈与订音释。请明于四书性理者。解其大义。又请明于六经疏义者。通其解说。今尽能言我此间之言。作此间之文字。行此间之义礼。是一极标致人也。中极玲珑。外极朴实。数十人群聚喧杂。雠对各得。傍不得以其间斗之使乱。我所见人。未有其比。非过亢则过谄。非露聪明则太闷闷瞶瞶者。皆让之矣。但不知到此何为。我已经三度相会。毕竟不知到此何干也。意其欲以所学。易吾周孔之学。则又太愚。恐非是尔。③

---

①② 容氏《评传》四〇页及同页所引的《续焚书》一,《与人书》。
③ 我曾经在漫读阮元的《畴人传》时,对于那些接触到西洋科学的儒家不肯虚心地折服西洋科学的精妙,或说我们中国"古已有之"(我们中国古来就已经有了),或说"礼失求野"(发祥于我们中国的东西外流到夷狄之国而残留在那里)这种彻底夸耀中国学术之优越性的态度(中华思想),不由得大吃一惊。这种精神态度,就是在被说成是自由解放精神的伟大的先行者李卓吾那里,也仍然是牢固的。欧洲的启蒙家们、合理主义者们,以及憧憬 Empire Céleste 的同样的空想家的心情,归根结底是中国这个最大的启蒙家、合理主义者所不知道的。而且这件事,与中国的合理主义归根结底没有达到否定君主的革命思想,而且在对儒学的否定上也不彻底——卓吾所否定的与其说是儒学不如说是儒家——是同根的,更换句话说,是与中国否定理论的缺乏是同根的。为了对中国唤起"革命","无君夷狄"的各国到以其资本主义文明对中国形成压倒的现实为止,大致经历了三百年的岁月。中国精神在真正的意义上是不知"神"的,与此同时,在中国的周边是不存在足以与其相抗衡的异种政体、异种文化的国家的。我们把这件事看成是旧中国历史的必然命运。对上述想法略有一些超前感,就把这感慨记录下来。

就像以上已经叙述过的一样，卓吾是一个极其偏激，几乎特别顽固，而又非常具有个性的人。① 他是一个彻底的合理主义者、尊重特殊性主义者。即使不把他看成是清代的——现代意义上的"学者"，作为思想家、批评家，他也是无以类比的独特的存在。作为学统，不用说出自阳明。他极其尊重何心隐、邓豁渠等泰州学派诸氏，尤其是尊重罗近溪，也深深地倾倒于王龙溪。② 他的思想基调是怎样的呢？我们可以从下文了解到：

> 夫人生八岁。则有小学以听父兄师长之教语。所谓"揖让进退之节。礼乐射御书数之文"。与夫今者百千万年先圣后贤之格言。皆是也。皆不过为儿童设焉者也。至十五而为大人。则有大人之学。岂复肯同于儿辈。日夕甘受大人之涕唾乎？是故《大学》一书。首言大人之学焉。夫"大人之学"。其道安在乎。盖人人各具有大圆镜智。所谓"吾之明德"是也。是明德也。上与天同。下与地同。中与千圣万贤同。彼无加而我无损者也。既无加损。则虽欲辞圣贤而不居。让大人之学而不学。不可得矣。然苟不学。则无以知明德之在我。亦遂自甘于凡愚而不知耳。故曰："在明明德。"夫欲明知明德是我自家固有之物。此《大学》最初最切事也。③

具有大圆镜智而千圣万贤无所加损的"大人"，那果真就是阳明的"存天理去人欲"的圣人吗？"夫私者人之心也。人必有'私'。而后其心乃见。若无'私'则无心矣。……然则为'无私'之说者。皆画饼之谈。观场之

---

① 卓吾的最大知己焦弱侯，把卓吾与杨复所的为人进行比较，说杨是"和风甘雨。无人不亲"，卓吾是"绝壁巘岩，无罅可入"（铃木博士《年谱》下，十一页）。又《焚书》三中有题为"自赞"的一文（本书二〇八至二〇九页），冷笑着对自己的为人进行了描写，其中使人想起鲁迅的几句话。我不想否定性格确实具有历史偶然性之要素的一面，然而像卓吾的性格，与心学运动热情的高潮，与合理主义的展开不可能是毫无关系的。我认为，近世的社会，在其文化的烂熟期，一方面会招致有关学问素养的俗物的泛滥，一方面又会产生对此要激烈地加以否定的激昂的精神。
② 参照容氏《评传》六九至七六页。
③ 《与马历山书》（容氏《评传》九一页中引《续焚书》一）。

见。但令隔壁好听。不管脚根虚实。无益于事。只乱聪耳。不足采也"①之言,已经不足为奇了。但我们再看下述:

> 夫圣人亦人耳。既不能高飞远举。弃人间世。则自不能不衣不食。绝粒衣草而自逃荒野也。故虽圣人不能无势利之心。虽盗跖不能无仁义之心。故伯夷能让千乘之圣人也。闻西伯(周之文王)[187]善养老。则自北海而往归之。太公本鹰扬之圣人也。时未得志。则自东海而来就养于文王。皆以为势利故也。淮阴虽长大而寄食于漂母。利也。陈平本穷巷。而门外多长者车辙。势也。以此观之。财之与势。固英雄之所必资。而圣人之所必用也。何可言无也。吾故曰。虽大圣人不能无势利之心。则知势利之心。亦吾人禀赋之自然矣。盗跖至暴横也。然或过孝子之庐则不入。……此皆仁义之心。根于天性。不可壅遏。而谓盗跖无仁义之心。可乎。吾故曰。虽盗跖亦有仁义之心。但就其多寡论之。于是乎有圣人。又有盗跖。遂至悬绝耳。②

不用说,这早已经不是"存天理去人欲",也不局限于"人欲即天理"的抽象性,那是"势"、是"利"、是"财";这样的东西不管是圣人还是盗跖,只要是人,就都是"禀赋之自然"。"穿衣吃饭,即是人伦物理。"③从阳明严格的道德主义出发的心学的天理人欲的人之概念,在其展开的最终到达点正是这样的认识。这种场合的"五分势利。五分仁义",就是所谓的"中人"(《论语·雍也》),天下最多的就是这种中人。中人依照"习",怎样上下移动都可以;如果习惯了和盗跖一同居住,那最终也会成为盗跖;如果习惯了和圣人一同居住,那最终也会成为圣人。正因为这样,圣人就注意"习"。"上智与下愚不移"之说,并不是把百分之百的仁义作为上智,

---

① 《藏书》三二,《德业儒臣后论》。
② 引《道古录》上,容氏《评传》九一至九三页。
③ 《焚书》一,《答邓石阳书》。

把百分之百的势利作为下愚。在势利之点上加一分时,就是中人以下,不能移为上智;在仁义之点上加一分时,就是中人以上,不能移为下愚。上智与下愚只是一分之差。然此一分者,皆天之所独厚;也似河海之深,不可倾渴。只是习之而愈上,不可复下,习之而愈下,不可复上,遂亦各成就至于十分耳。其初也本只有一分之差,所以说"习相近也";但现在正是"习相远也"①,于是人始终留意的,就是这"一分"。即使是在这种情况下也不可忘记的是,贯穿上智下愚的人的一般,虽然都包含着势利仁义的契机,但是在他的根基上,却始终具有与生俱来的大圆镜智的明德,在这一点上,是于天地圣贤无所加损。对先行于"习"的重要性必须加以充分的思考。主张自我之尊严,拒绝自我之丧失,如果在此之中有近代精神,尤其是有明代精神的至上命令的话,那么,丧失自我正是必须最先应该警戒的最大问题。阳明已经靠良知的权威,提出了不以孔子之是为是,卓吾在其童心说中也如下说道:

> 童心者。真心也。若以童心为不可。是以真心为不可也。夫童心者。绝假纯真。最初一念之本心也。若失却童心。便失却真心。失却真心。便失却真人。人而非真。全不复有初矣(所谓复初说)[188]。童子者。人之初也。童心者。心之初也。夫心之初曷可失也。然童心胡然而遽失也。盖方其始也。有闻见从耳目而入。而以为主于其内而童心失。其长也。有道理从闻见而入。而以为主于其内而童心失。其久也。道理闻见日以益多。则所知所觉日以益广。于是焉又知美名之可好也。而务欲以扬之而童心失。知不美之名之可丑也。而务欲以掩之而童心失。夫道理闻见。皆自多读书识义理而来也。古之圣人。曷尝不读书哉!然纵不读书。童心固自在也。纵多读书。亦以护此童心而使之勿失焉耳。非若学者反以多读书识义理而反障之也。夫学者既以多读书识义理障

---

① 容氏《评传》九二页中引《道古录》。

其童心矣。圣人又何用多著书立言以障学人为耶。童心既障。于是发而为言语。则言语不由衷。见而为政事。则政事无根抵。著而为文辞。则文辞不能达。非内含以章美也。非笃实生辉光也。欲求一句有德之言。卒不可得。所以者何？以童心既障。而以从外入者闻见道理为之心也。夫既以闻见道理为心矣。则所言者皆闻见道理之言。非童心自出之言也。言虽工。于我何与。岂非以假人言假言。而事假事文假文乎。盖其人既假。则无所不假矣。①

卓吾的"童心"，是阳明那里的"吾之良知"，与罗近溪力说的"赤子之心"颇为接近。② 然而正如上述所知道的那样，这个童心决不是排除了"私"的"人欲"的契机而仅仅只停留在作为思辨要求之原理的抽象性上的东西。之所以说它是"绝假纯真"，不是说它无人欲之私而只能纯于天理，而是指它的虽藏着势、利、财的契机，但还没有让"习"所变容这样一种状态。而且对于卓吾我们必须特别注意的是，他与否定并轻视读书闻见的心学者，特别是泰州学派诸氏的态度相反，对读书闻见是非常积极的。他喜爱读书，酷嗜著述。如我们已经看到的那样，在卓吾那里，读书闻见的否定性被充分地警戒着。那是动不动就把人诱惑于"外"、使人不知不觉地丧失其本质的极其危险的东西。如果以史为鉴则更容易看到其弊之极致。明初，"全盛之天下。金汤之世界。付与讲究周礼。精熟大学衍义之大学士。建文即位之后不四年而遂败"，对这个史实的"可畏哉书也"之叹是格外痛切的。③ 而且，如果"内"对"外"的原理上的优越性是不容怀疑的话，那么，被确立了的"内"就毫无恐惧"外"的理由。不当地恐惧"外"，反过来无非是表明了对"内"的权威的不信任。在相信并且毫不

---

① 《焚书》三，《童心说》。
② 所谓赤子之心，如果看看例如《学案》三四，《罗近溪语录》的第一条、第二条、第七条等，就能察出大体。
③ 《续藏书》七，《逊国名臣》，山西清远戍卒的条。此文以"李秃翁曰。此卫卒见识。胜方正学（孝孺）十倍。人亦何必多读书哉"这句开头。

怀疑童心的根源性、至上性的人那里,只要牢牢把持住此童心,不管闻见道理是怎样地具有诱惑性,也丝毫看不出有应该排斥它的必要。不用说,这样的逻辑,已经内在于阳明——泰州学派中,作为理论它决不是唐突的。然而,在卓吾以前,凡是应该归结于逻辑上、原理上的东西,是不能直接马上变成实践上的主张的。理论如果必然地应该导致实践的话,即如果"内"一定应该成为"外"的实践的话,那么,也可以说,这种理论是缺乏彻底性的,或者——最终还是会归结于同样的结果——这还可以解释为是因为社会传统性的压力还很强的缘故。一言以蔽之:良知还未成年。然而,卓吾与阳明——泰州学派的态度显著地有区别。不仅在言说上,而且也表现在实践上。他在理论的归结之处,是始终忠实的,是彻底合理的。我们之所以要承认在卓吾那里有中国近代思维的一个顶点,正是因为最先着眼于这一点的缘故。童心可以说是良知的成年,是良知的独立。卓吾是热爱读书闻见的。"唯有朝夕读书。手不敢释卷。笔不敢停挥。自五十六岁以至今年七十四岁。日日如是而已。关门闭户。著书甚多。不暇接人。亦不暇去教人。"①这是他自己的述怀;他那具有多方面内容的等身的著作,正好证明了他的这段话。② 他在遗书中也说"我爱书。四时祭祀必陈我所亲校正批点与纂集钞录之书于供桌之右",还命令道:"我爱书。须牢收我书。一卷莫轻借人。时时搬出日头晒晒。干便收讫。虽庄纯甫……决不可与之。"③因此连袁中道也将"公自少至老。惟知读书。而吾辈汩没尘缘。不亲韦编"的一条,算为自己所列举的、在卓吾那里学不到的五条中的第四条。④ 所以不该把卓吾之学与废弃读书、抛弃教养、终日只议论本体的所谓"玄学"同等看待。把读书著

---

① 《与焦弱侯书》(容氏《评传》十二页中引《续焚书》一)。
② 卓吾的著述书名、卷数、刻年等,在容氏《评传》五九页以下列举出来;广濑丰氏《吉田松阴的研究》四六六页以下,记有卓吾著述书名、卷数、刻年等的内容以及这些书在我国的所在处。
③ 《焚书》四,《预约》,早晚守塔之条。
④ 上引《李温陵传》。

述作为"外"而排击、把"诗文末习。著述等路头"一定要"一齐塞断,一齐扫去"的以前的心学者们,即使遗留下来什么的话①,也只是语录或者是论学的论文以及关于士大夫修养的普通诗文之类,可以值得特别提及的著作根本就没有。在泰州一派中,这种倾向特别显著。"内""外"的严格区别,阳明——泰州学派是最为强调的。卓吾倾倒于何心隐、罗近溪等,自负自己站在泰州学派的传统一边。然而他却又如此地专念读书著述,这乍一看非常奇怪,但实际上恰好相反,这是理所当然的结果。"内"的优越性,既然是停留在抽象的图式上,那么就总是不得不局限于一种主观的要求,但是,现在在卓吾那里,它早已不是仅限于要求了。因为作为只是恶的原理的"人欲",在"财""势""利"等现实的契机(欲望)中被具体化,而且包含这些欲望在内的童心说也确立起来了。卓吾虽埋头于读书闻见,但他彻底拒绝由于读书闻见而妨碍童心的事。或者也许可以说作为良知的成熟和近世精神的成年之童心,由于确信自己优越的缘故,所以作为它的成熟的必然结果,就要求向"外"的活动。童心是不拘泥于Idola(偏见)的判断性的自我。根据这童心的权威,他纵横地论评了古今的人物、政治、文艺、学术。在《藏书》六十八卷中,人们看到了跃然纸上的卓吾的真面目。卓吾从名教士大夫、为政当局的镇压中逃脱出来,东奔西走,最终到了在狱中死得那么悲惨的地步的根本原因,就在于与以前的心学者不同,他深深地懂得历史,一边在当代士大夫的教养中完善

---

① 参照本书一九页。关于泰州学派排斥著述、否定读书的态度,现在已经没必要叙述了,但是为了守护住"内"而把读书著述当作诱惑而要加以否定的精神态度,实际上是宋以来的现象,这已是众所周知的事实。"记诵博识为玩物丧志",是程明道的话;《近思录》卷二中还有下面一条: 问: 作文害道否。曰。害也。凡为文。不专意则不工。若专意则志局于此。又安能"与天地同其大"也。书曰。玩物丧志。为文亦玩物也。……古之学者。惟务养性情。其他则不学。今为文者。专务章句。悦人耳目。既务悦人。非俳优而何。……人见六经。便以谓。圣人亦作文。不知圣人亦撮发胸中所蕴。自成文耳。所谓有德者。必有言也(《论语·宪问》)[189]。曰。游(子游)夏(子夏)称文学何也。曰。游夏亦何尝秉笔。学为词章也。且如观乎天文以察时变。观乎人文以化成天下。此岂词章之文也。——我们在这里能体察到对作文、著述的否定的气氛;而且在这里可以看到不久就要对此加以肯定的逻辑的必然。

自己,一边又毫不忌惮地对之进行具体而全面的批判。《藏书》才是他受难的真正原因,这是当时诸家一致认为的。如前面所提到的张问达的奏疏中所言的污行,几乎是近于没有事实根据的逸诬,就算有几分事实,从当时一般士大夫的行状来看,也不能认为那是他应该遭致如此压制的原因。① 他在向焦弱侯呈览《藏书》的原稿、请之为《藏书》作序时的书翰中说"年来有书三种(焚书、说书、藏书)[190]。惟此一种系千百年是非",更说道:

> 惟藏书宜闭秘之。而喜其论著稍可。亦欲与知音者一谈。是以呈去也。其中人数既多。不尽妥当。则晋书。唐书。宋史之罪。非予责也。窃以魏晋诸人标致殊甚。一经秽笔。反不标致。真英雄子。画作罢软汉矣。真风流名世者。画作俗士。真啖名不济事客。画作褒衣大冠。以堂堂巍巍自负。岂不真可笑!因知范晔尚为人杰。后汉尚有可观。今不敢谓此书诸传皆已妥当。但以其是非堪为前人出气而已。断断然不宜使俗士见之。
>
> 望兄细阅一过。如以为无害。则题数句于前。发出编次本意可矣。不愿他人作半句文字于其间也。何也。今世想未有知卓吾子者也。……中间差讹甚多。须细细一番乃可。若论著则不可改易。此吾精神心术所系。法家传爱之书。未易言也。
>
> 今世俗子与一切假道学。共以异端目我。我谓不如遂为异端。免彼等以虚名加我。何如。夫我既已出家矣。特余此种种耳。又何惜此种种而不以成此名邪。②

由此,在能看出他的抱负、自信和倔强的同时,也可以知道他自己已预见到《藏书》的刊行必然要招致骇人听闻的大祸。卓吾的保护人马经伦在卓吾下狱时写给当局的书信,在先批驳了强加在卓吾的个人行为之上的污名之后,关于《藏书》,又专门作了辩护:

---

① 参照本章注十五。
②《焚书》一,《答焦漪园书》。

> 夫评史与论学不同。藏书品论人物。一史断耳。即有偏僻。何妨折衷。乃指以为异为邪。如此则尚论古人者。只当寻行数墨。惟残唾是咽。不敢更置一喙耶。宋朝之为元晦。为其居敬穷理之说另一门户。与前人知行先后之传不同。故从而为之也。卓吾先生乃阳明之嫡派儿孙也。行己虽枘凿于世人。而学术自渊源于先正。平生未尝自立一门户。……未收一人为门弟子。今李氏刊书遍满长安。可覆按也。乃不摘其论学之语。商量同异。而顾拈其评史之词。判定邪正。何也。①

袁中道也在《藏书》遭受到的过激的历史批判中去找寻卓吾受难的原因，他说：

> 公于诵读之暇。尤爱读史。于古人作用之妙。大有所窥。以为世道安危治乱之机。捷于呼吸。微于缕黍。……其意大抵在于黜虚文。求实用。舍皮毛。见神骨。去浮理。揣人情。即矫枉之过。不无偏有重轻。……而人遂以为得罪于名教。比之毁圣叛道。则已过矣。②

"我此书乃万世治平之书。经筵当以进读。科场当以选世。非漫然也"之说，表明了卓吾自信的程度。③ 可见正是由于如此地凝聚了他的精髓的这本书的缘故，他的受难置根于深刻的必然之中。

童心是人的"自家固有之物"。因此与阳明的良知的人同样，童心的人才必定是最高的权威。之所以称为"我"，无非就是指具有这样的童心的人。他在一书简中说道：

---

① 《马经纶与当道书》（引容氏《评传》五三至五四页，铃木博士《年谱》下二七至二八页）。除了这里能引的东西之外，马氏的书简被评价为，他为卓吾所作的辩护，"兼尽情理"（铃木博士《年谱》下，二九页）。
② 《李温陵传》。
③ 《与耿子健书》（引铃木博士《年谱》下，四七页）。

>……此公至言也。此公所得于孔子而深信之以为家法者也。仆又何言之哉！然此乃孔氏之言也。非我也。夫天生一人。自有一人之用。不待取给于孔子而后足也。若必待取足于孔子。则千古以前无孔子。终不得为人乎。①

这与阳明的不敢以孔子之言为是的说法具有同一的精神。只是在阳明的场合，虽然说是理论上的当然的归结，但是在事实上却只不过是受争论之势驱使而说的话；在要还圣学之真面目的阳明看来，事实上在孔子那里，不是的东西是不存在的。阳明的目的，归根结底是要把孔子和基于孔子的儒家诸规范从误解中解救出来，开辟对之合理地进行理解之道。阳明所推行的合理主义的方法，最终，应该说是违背了他自己的初衷的，但是他确信并作为前提的是儒学的真理性。与之相适应，阳明的"不敢以孔子为是"之说，作为一个命题而被坚持，并成为积极的批判原理，最终仍然是不可能的事。然而在卓吾那里情况却非常不同。当然，他到处把自己称为儒者，还明确地主张"三教归儒"②，但是，他的所谓儒，简略地说，也无非是成立于求道这一点上的。凡是成为圣学的，如果与其说是治国平天下，不如说是"凡圣学皆为穷究自己生死根因。探讨自家性命下落"的话，那么，三教究竟是否同一呢？"唯真实为己性命者，默默自知之。"③于是卓吾明了地断定说：

>三教圣人。顶天立地。不容异同明矣。故曰："天下无二道。圣贤无两心"。……夫既谓之道。谓之心矣。则安有异哉。则虽愚妇以及昆虫草木。不能出于此道此心之外也。而况三教圣人哉。盖非不欲二。虽欲二之而不得也。④

---

① 《焚书》一，《答耿中丞书》。
② 铃木博士《年谱》下，四三页中引《李氏遗书》。
③ 《答马历山书》(容氏《评传》九八页中引《续焚书》一)。
④ 《三教品》(容氏《评传》九七页中引《李氏遗书》)。

也就是说,阳明居于宋以来的性理学的传统而始终坚持的对佛老的排击,在这里已完全被抛弃;道家的"囝地一声"、释家的"未生以前"、儒家的"未发之中",其平等的价值都一齐被作为"教人参学之话头"而获得承认。① 集中于道这一中心点的中国近代的精神,终于扬弃了儒释的界限。对了解阳明把儒释进行严格区别之动机在于何处的人来说,这件事具有怎样的意义已经很清楚了吧。不管卓吾是否意识得到,这件事剥夺了所有儒家士大夫的客观规范,至少是剥夺了其积极的根据。当把这样的考察作为背景,回过头去看"天生一人。自有一人之用。不待取给于孔子而后足也"这句话时,就会感到它所具有的意义完全是革命性的。果不其然,卓吾也把这句话作为历史批判的原理。

> 李氏曰。人之是非。初无定质。人之是非人也。亦无定论。无定质。则此是彼非。并育而不相害。无定论。则此非彼是。亦并行而不相悖矣。然则今日之是非。谓予李卓吾一人之是非。可也。谓为千万世大贤大人之公是非。亦可也。谓予颠倒千万世之是非。而复非是予之所非是焉。亦可也。则予之是非。信乎其可矣。前三代(夏殷周)[191]。吾无论矣。后三代。汉唐宋是也。中间千百余年。而独无是非者。岂其人无是非哉。咸以孔子之是非为是非。故未尝有是非耳。然则予之是非人也。又安能已。夫是非之争也。如岁时然。昼夜更迭不相一也。昨日是而今日非矣。今日非而后日又是矣。虽使孔夫子复生于今。又不知作如何非是也。而可遽以定本行罚赏哉。……(此书)一任诸君览观。但无以孔夫子之定本行罚赏也。则善矣。②

这即是对"天生一人。自有一人之用"的原则的发挥,接近于悟性[192]逻辑的终极之处,几乎近于判断停止的立场。儒家的——特别是近世儒家

---

① 上引《答马历山书》。
② 《藏书》卷首,《纪传总目论》。

的——历史观,从类型上来说,是如同在《明夷待访录》中典型的、能看到的那样,把历史看成是以一个至治的时代作为开始,以后就是不停地连续堕落的历史。阳明也不例外。历史无非是人欲越滋而天理就越蔽的过程。然而,卓吾承认各个历史时代的特殊性、发展的必然性。

> 李生曰。一治一乱若循环。自战国以来。不知凡几治几乱矣。方其乱也。得保首领。已为幸矣。幸而治。则一饱而足。更不知其为粗粝也。一睡为安。更不知其是广厦也。此其极质极野无文之时也。非好野也。其势不得不野。虽至于质野之极。而不自知也。迨子若孙。则异是矣。耳不闻金鼓之声(军阵的号令)[193]。足不履行阵之险。惟知安饱是适而已。则其势不极文固不止也。所谓其作始也简。其将毕也必巨。虽神圣在上。不能反之于质与野也。然文极而天下之乱复起矣。英雄并生。逐鹿不已。虽圣人亦顺之尔。儒者乃以忠质文并言。不知何说。又谓以忠易质。以质救文。是尤不根不甚矣。夫人生斯世。惟是质文两者。两者之生。原于治乱。其质也。乱之终而治之始也。乃其中心之不得不质者也。非矫也。其积渐而至于文也。治之极而乱之兆也。乃其中心之不能不文者也。皆忠也。夫当秦之时。其文极矣。故天下遂大乱而兴汉。汉初。天子不能具钧驷。虽欲不质可得耶。至于"陈陈相因。贯朽粟腐(《汉书》中形容武帝即位当时的国库的充实状态而这样说)"[194]。则自然启武帝大有为之业矣。故汉祖之神圣。尧以后一人也。文帝之用柔。文王羑里以后一人也。西楚继蚩尤以兴霸。孝武绍黄帝以增廓。皆千古大圣。不可轻议。群雄未死。则祸乱不息。乱离未甚。则神圣不生。一文一质。一治一乱。于斯见矣。①

---

① 《藏书》卷首,《世纪总论》。

第三章 李卓吾:童心——新的"人伦物理"之发现

真是宏大的史论。不,这几乎就等于是宣言。的确,在卓吾那里,也许没有黄宗羲的郁屈,也看不到王夫之的悲痛,然而在这里却有着敏锐的启蒙家的逻辑,有创造这种逻辑的健康的现实感和最炽热的热情。没有受到过对卓吾或者说是对明学的诽谤之毒害、也基本上不挟"基于六经"的胁迫观念以自重的人,是应该明确地承认卓吾在中国史论史上应该占有的地位的!① 历史是即使圣人也不得不顺应之的,历史的各个时代是具有即使圣神也难于逆转的必然性而交替向前发展的。对于儒家的伦理史观、堕落史观,卓吾是怎样以所谓"客观的"眼光来观察历史的,上面一文虽然极清楚地说明了这个问题,但是这个问题还与卓吾在论述文学时提出的,在任何时代都等价地具有独自存在理由的童心说(参照本书一八〇页)相通。

> 天下之至文。未有不出于童心焉者也。苟童心常存。则道理不行。闻见不立。无时不文。无人不文。无一样创制体格文字而非文者。诗何必古选。文何必先秦(应该特别考虑到当时的拟古风

---

① 论说近世史学思想的人,必然要列举浙东史学,称道章学诚的"六经皆史"说。所谓"浙东的学术",近是渊源于王阳明,"浙东之学。言性命者必究于史。此其所以卓也"。作为史学派的浙东派的直接始祖黄宗羲"上宗王(阳明)[195]刘(名宗周,号念台,被称为蕺山先生)[196],下开二万(斯大、斯同)[197]"。这已经被章氏自己指出来了。刘是阳明学最后的集大成者;关于黄不必再提。据当时之人的记录,成为黄的弟子的"二万",一方面分别是实证经学、实证史学(但这个场合指的实证,不一定等同于普通场合指的实证)的学者,另一方面作为心学者也具有很深的造诣。本来,所谓"六经皆史"已经是阳明所说过的。对徐爱的"先儒论六经。以春秋为史。史专记事。恐与五经事体终或稍异"的问题,阳明回答说:"以事言谓之史。以道言谓之经。事即道。道即事。春秋亦经。五经亦史。易是包牺氏之史。书是尧舜以下史。礼乐是三代史。其事同。其道同。安有所谓异。"(《传习录》上,一三)我认为,在阳明——黄宗羲——章学诚的史学思想系谱中——如果再扩展一下视野的话,那么就像我曾经指出的那样,"在远胎生于宋学,经阳明遂结果实于章学诚一派的历史观的形成过程中"(《东洋史研究》八之五、六合并号拙稿末尾)——卓吾所占的位置一直完全被忽视是不当的。最近小岛祐马博士,论证了章氏的六经皆史说可以和卓吾所言相并肩,并认为"被看成是浙东史学的完成者的章学诚,即使有意无意地采用了作为其学派之先河的李卓吾的史观,那也没有什么不可思议之处"。这真应该说是空谷的跫音。我殷切期待,博士与其敷衍其绪论,不如给予更详细的议论(《支那学》第一二卷五号所揭《李卓吾与六经皆史》,昭和二十二年八月)。还有,卓吾的史学思想不单是六经皆史说这个问题,在此不必多言。

潮而阅读)[198]。降而为六朝。变而为近体(成为律诗,唐代是其大成)[199]。又变而为传奇。变而为院本。为杂剧。为西厢曲。为水浒传。为今之举子业。皆古今至文。不可得而时势先后论也。故吾因是而有感于童心者之自文也。更说甚么六经。更说甚么语孟乎。

如果每个时代都有每个时代的文学,而且这种文学是出自与道理闻见无关的童心的话,那么它们就必定都是"古今之至文"。院本、杂剧、西厢、水浒等,一般地说,在士大夫的意识中,连它们是文学都不被承认,甚至被视为"专导人以恶。奸邪淫盗之事。儒释道书不忍斥言者。彼必尽相穷形。津津乐道。以杀人为好汉。以渔色为风流"而终于导致"刑狱之日繁。盗贼之日炽"的世道颓废的东西,从而被诅咒为是应该焚弃①的白话文学,而卓吾认为这些都是与"古选先秦"对等的"古今之至文"。而如经书,相反不过是"更说甚么六经,更说甚么语孟乎",因为它们不是从奔流不息的童心中流露出来的。

　　夫六经语孟。非其史官过为褒崇之词。则其臣子极为赞美之语。又不然。则其迂阔门徒。懵懂弟子。记忆师说。有头无尾。得后遗前。随其所见。笔之于书。后学不察。便谓出自圣人之口也。决定目之为经矣。孰知其大半非圣人之言乎。纵出自圣人。要亦有为而发。不过因病发药。随时处分。以救此一等懵懂弟子。迂阔门徒云耳。药医假病。方难定执。是岂可遽以为万世之至论乎。然则六经语孟。乃道学之口实。假人渊薮也。断断乎其不可以语于童心之言明矣。

在这里,"童心"之说、"天生一人,自有一人之用"之说被贯彻得如此彻

---

① 钱大昕《潜研堂文集》一七,《正俗》。又,关于中国的白话文学所受到的这种评价,是吉川幸次郎博士所再三指出的。

第三章 李卓吾:童心——新的"人伦物理"之发现

底,真令人瞠目。就像已经叙述过的那样,这些学说作为思想本身,决不是不能预想得到的东西。然而,即使已经达到了这样的层次,这些学说仍然还是没有赶在其逻辑的最终归结之前得到彻底发挥。不,向来,在指出自己学说的逻辑归结的时候,心学者所采取的态度不如说就是自我辩护,即所谓"回护盖藏"。我们说一种思想达到其逻辑归结的终极,是指:把作为理念的思想,即把思想之本体深化的同时,还应该意味着其作用达到高潮。而且为了要真实地把叫作思想的东西当作社会的实在来把握,就必须在其体用的统一中来看这个思想。于是作为批判原理的童心说的彻底性,就意味着心学说在这里才成为成人,才真正成了自己所志向之物。这也表明,心学说不只是"内"的要求之主观固执,或者独断,而是"内"对"外"获得了客观的认识,而且正因为如此而达到了对于"外"以自信去较量克服的地步。心学虽然集中了对人的内在性的全部关心,一直主张决不相信教养和知识,但最后却达到了如此客观的文化批判,这是我们最应该注意的。离开儒家性的先入为主,完全根据童心来重新评价历史的卓吾,不得不发现的是儒者儒臣的虚伪与无能。他的充满了生气的儒臣论、政治论,可以在《藏书》卷首的《记传总目后论》和卷二十四的《德业儒臣后论》等被整理过的文章中见到。

  李卓吾曰。圣主不世出。贤主不恒有。若皆如汉祖孝文孝武之神圣。孝昭孝宣之贤明。则又何患乎其无臣也。唯圣主难逢而贤主亦难遇。然后大臣之道斯为美矣。故传大臣。大臣之道非一。有因时而若无能者。有忍辱而若自污者。有结主而若媚。有容人而若愚。有忠诚而若可欺以罔者。随其资之所及。极其力之所造。皆可辅危乱而致太平。如诸葛孔明之辅刘禅。可以观矣。非谓必兼全五者。而后足当大臣之名也。大臣又不可得。于是又思其次。其次则名臣是已。故传名臣。夫大臣之难遇。亦犹圣主之难遭也。倘得名臣以辅之。亦可以辅幼弱而致富强。然名臣未必知学而实自有学。自儒者出。而求志达道之学兴矣。故传儒臣。儒臣虽名

> 为学而实不知学。往往学步失故。践迹而不能造其域。卒为名臣所嗤笑。然其实不可以治天下国家。亦无怪其嗤笑也。自儒者以文学名为儒。故用武者遂以不文名为武。而文武从此分矣。故传武臣。夫圣王之王也。居为后先疏附。出为奔走御侮。曷有二也。唯夫子自以尝学俎豆。不闻军旅。辞卫灵。遂为邯郸之妇所证据。千万世之儒皆为妇人矣。可不悲乎。使曾子有子若在。必知夫子此语。即速贫速朽之语。非定论也。武臣之兴。起于危乱。危乱之来。由于嬖宠。故传亲臣。传近臣。传外臣。外臣者隐处之臣也。天下乱则贤人隐。故以外臣终焉。呜呼。受人家国之托者。慎无刻舟求剑。托名为儒。求治而反以乱。而使世之真才实学。大贤上圣。皆终身空室蓬户已也。则儒者之不可以治天下国家。信矣。①

他把大臣、名臣、儒臣等细分成很多种类。例如，大臣就分为：① 因时大臣；② 忍辱大臣；③ 结主大臣；④ 容时大臣；⑤ 忠诚大臣（参照以上引文）。儒臣被分为德行门和文学门；德行门又分为德业儒臣和行业儒臣。这就是"一人自有一人之用"的价值相对主义的立场，但是，不用说，那无非是心学传统的合理主义分析之发挥。第一章中叙述过的阳明之圣人精金论和拔本塞源论是与此相关联的；在它的根基上，有由于确信了所谓"心体之同然"[200]的缘故而反过来允许和要求知识与才能自由活动的心学的合理主义。所谓"内"具有根源的优越性，是指它是根源性上的主体，是作为主体的"内"要作为"用"而表现于"外"从而要发挥作用的不由自主的冲动；它早已冲破任何矩矱、格套而要贯彻自己。按照我们的用语惯例，当把这样的存在性格称为"已甚"的时候，那么对彻底坚持学之真实义、站在"不是装作道学的模样"的真人立场上的人来说，那已经丝毫不是已甚了。如果"内"从童子卖柴人到公卿天子都是同然的，那么，由

---

① 《藏书》卷首，《纪传总目后论》。

此构成的"外"也就不可能只是士大夫性的东西了。这样的心学就不得不发现新的"外"、新的现实。"百姓之日用"的,万人共通的,才是真的现实。

> 穿衣吃饭。即是人伦物理。除却穿衣吃饭。无伦物矣。世间种种。皆衣与饭类耳。故举衣与饭。而世间种种。自然在其中。非衣饭之外。更有所谓种种。绝与百姓不相同者也。①

在这样的现实中,士大夫儒家规范并不怎么妥当,这种规范的坚持,反而会使人成为"假人",成为"假道学",使人邯郸学步而现出洋洋得意的"丑妇[201]之贱态"。"颠倒千万世之是非"决不是出自卓吾猖狂无赖的恣意。

> 若有大用之才。而能委曲以求其必用。时不必明良。道不论泰否(泰、否是《易》的卦名)[202]。与世浮沉。因时升降。而用常在我。卒亦舍我不用而不可得。则管夷吾(即管仲)[203]辈是也。此其最高矣乎。若乃切切焉以求用。又不能委曲以济其用。操一己之绳墨。持前王之规矩。以方枘欲入圆凿。此岂用世才哉。徒负却切切欲用本心矣。今之儒是也。②

即虽然是切切焉以求用,但又没有委曲以济其用的能力,这才是儒者被

---

① 《焚书》一,《答邓石阳书》。我们更要引下面一文。在那里可以非常清楚地认识到,"天生一人。自有一人之用"的思想,与这个欲望的现实是怎样相为表里的。"孔子亦何尝教人之学孔子也哉! 夫孔子未尝教人之学孔子。而学孔子者务舍己而必以孔子为学。虽公亦必以为真可笑我。夫惟孔子未尝以孔子教人学。故其得志也。必不以身为教于天下。是故圣人在上。万物得所。有由然也(圣人在上多半是指天子而言)[204]。夫天下之人得所也久矣。所以不得所者。贪暴者扰之。而'仁者'害之也。'仁者'以天下之失所也而忧之。而汲汲焉欲贻之以得所之域。于是有德礼以格其心。有政刑以系其四体。而人始大失所矣。夫天下之民物众矣。若必欲其皆如吾之条理。则天地亦且不能。是故寒能折胶。而不能折朝市之人。热能伏金。而不能伏竞奔之子。何也。富贵利达所以厚吾天生之五官。其势然也。是故圣人(不强加自己的主观条理而是对民物)[205]顺之。顺则安矣。是故贪财者与之以禄。趋势者与之以爵。强有力者(大财主?)[206]与之以权。能者称事而官。懦者夹持而使。有德者隆之虚位。但取具瞻。高才者处以重任。不问出入。各从所好。各骋所长。无一人之不中用。何其事之易也。"(《焚书》一,《答耿中丞书》注五八所引的延续)

② 《焚书》一,《复周南士书》。

天下后世指责笑话的原因之所在。尽管以学问经世是儒家标榜的东西，但是，由于他们拘泥于传统和空疏的规矩绳墨而不知现实，所以毫无用处。"欲以周公之礼乐。治当时之天下。以井田封建肉刑为后世之必当复。一步一趋。舍孔子无足法者"①，这就是儒臣。于是，卓吾在《焚书》、《藏书》中，反反复复地对儒者加以猛烈痛骂，而反过来，例如对宰相张居正，尽管社会上的所谓清议都大肆非难其刚愎独裁，尽管人们都说杀死卓吾崇拜不已的何心隐的人就是张居正，但是卓吾还是称赞其业绩和他不左顾右盼的大丈夫气概：

> 何公（何心隐）[207]。布衣之杰也。故有杀身之祸。江陵（张居正）[208]。宰相之杰也。故有身后之辱。不论其败而论其成。不追其迹而原其心。不责其过而赏其功。则二老（心隐与江陵）[209]者皆吾师也。非与世之局琐取容。埋头顾影。窃取圣人之名以自盖其贪位固宠之私者比也。②

卓吾把江陵夺情之事与在瞎起哄的清议中无宁日的当时所谓君子正人之徒相比，可见他那云泥之别的眼识。如果要举最极端之例，那么就是关于冯道的议论。冯道在五朝八姓十一君中历事20余年，是"此间常离将相公师之位，浮沉于浊世。若国存则依违保禄位；若国亡则巧全自己。视丧君亡国也未尝有屑意，即便接踵兴亡也富贵自若。在后汉的乾祐年

---

① 《藏书》三二，《德业儒臣》，王通的条。
② 《焚书》一，《答邓明府书》。张居正，湖广省江陵县人，字叔大，号太岳。刚毅果断，善以振作治道，是与宋的王安石并称的大宰相。就像重实效的政治家所屡屡遇到的一样，张居正也被君子派不停地攻击为横暴专断。特别是万历五年，即使其父的讣报传来，他也不退官回家操办丧事，而是依然在其位主持政务（即所谓夺情），这在名教士大夫中引起了嚣嚣非难，抨击居正的上奏不断传到皇帝处。例如那之后在京师建首善书院，与东林派相呼应的邹元标，就是急先锋之一。恰巧那时，因为天上出现了大彗星，此天象的变化与居正的事被联系在一起，引起人情惶惶，出现了街上到处张贴诽谤书的骚乱。总结下来，这不过是明朝有名人物的党争罢了。居正刚愎自用，抑压任反抗者，但是在他死后，事情出现了大逆转，他的谥爵被追夺，他家的财产被没收入籍。但正如《明史·张居正传》的赞词所称赞的那样，居正确实有很大的功绩。例如，如果看一下谷应泰的《明史纪事本末》六一，就可以知道一般士大夫的张居正观是怎样的了。

间自称长乐老并作自叙,以叙累朝荣遇之状来夸耀自己的繁荣"①的人物。宋以后凡谈论到他都无不切齿地认为他是典型的无节操者。解说者补充说道:"即使是对他这种无节操的人,当时的人不仅不追咎,相反却把他当作宽厚的长者来称赞,以至于到他将死时,人们都祝他与孔子同寿。一方面是因为他在战乱之世,颇念救济水深火热中的百姓而不顾自己,加之处事公正,外貌又忠厚,因而其德望得到了远近的倾服。另一方面,他面对的五代乱离之世,名教废,世道人心极堕落,人只知利而不懂节义,如廉耻扫地、反面事敌等已是士大夫的常事而不足为之惊讶。"②契丹的太宗(耶律德光)侵入时,曾召冯道问之:"天下百姓如何救得?"冯道回答说:"此时百姓。佛再出救不得。惟皇帝救得。"人们都说中国的人士不被契丹歼灭,都因为托了冯道的这句符合时宜的话之福荫③[210]——这是有名的轶话。欧阳修的《新五代史》在冯道的传中,特地加了序,慨叹道:"其可谓无廉耻者矣。则天下国家可从而知也。"对于这个冯道,卓吾积极地称赞道:

> 冯道自谓长乐老子。盖真长乐老子者也。孟子曰。社稷为重。君为轻(《孟子·尽心下》云:民为贵。社稷次之。君为轻)[211]。信斯言也。道知之久矣。夫社者。所以安民也。稷者。所以养民也。民得安养而后君臣之责始塞。君不能安养斯民。而后臣独为之安养斯民。而后冯道之责始尽。今观五季相禅。潜移嘿夺。纵有兵革。不闻争城。五十年间。虽经历四姓。事一十二君并耶律契丹等。而百姓卒免锋镝之苦者。道务安养之之力也。④

---

① ② 平凡社《东洋历史大辞典》七,三至五页,《冯道》的条(三上俊雄氏稿)。另参照新旧《五代史》的其传,《廿二史札记》二二,以张全义、冯道为题之条。在《旧五代史》的赞中有:"道之履行。郁有古人之风。道之宇量。深得大臣之体。然而事四朝。相六帝。可谓为忠乎云云。"又在后唐明宗的长兴三年(932)他所刻的九经,屡被称赞为中国书籍印刷之初。他的文化业绩,被加以特书。
③《旧五代史》一二六,《新五代史》五四。
④《藏书》六八,《史隐》,《冯道》。

卓吾痛斥不衡量时势和现实而无益地大肆宣扬观念儒术主义之人的论旨，一直延伸到这里。对承认欲望的、势利的东西是自己的必然契机的童心者来说，如"正其义而不谋其利，明其道而不计其功"这样的儒家矩篗，应该说是万分空疏的。有不根据功利打算而活动的人吗？卓吾说：

> 今观仲舒不计功谋利之云。似矣。而以明灾异下狱论死。何也（董仲舒理论的要点是说，作为人君者，必须要明察作为天意表现的天变地异，从而按照天意来治理国家）[212]。夫欲明灾异。是欲计利而避害也。今既不肯计功谋利矣。而欲明灾异者何也。既欲明灾异以求免于害。而又谓仁人不计利。谓越无一仁又何也。所言自相矛盾矣。且夫天下曷尝有不计功谋利之人哉。若不真实知其有利益于我。可以成吾之大功。则乌用正义明道为耶。①

在对儒家加以如此抨击的卓吾那里，作为儒家道德之根本的孝和忠——他不是否定忠孝的人——到了完全被合理主义加以解释这一步，这是当然的。"慎终追远"、尽诚、葬祭，这种纯情的孝才是人伦的极致、政道的根本义；葬祭之礼之厚，本来在其自身，这是不应该追咎的吧！然而孝的中心之义，果真存在于这种葬祭的形式中吗？不是"所贵于有子者。谓其临老得力耳"吗？盖人既老，便自有许多疾病。卧床难移动时，五内分割、痛苦难忍时，临终呜咽、盼咐诀别时，"若此时不得力，则与无子等矣"。也就是所谓"又何在于奔丧守礼，以为他人之观乎"②。人们还会想起孔子"礼云礼云非谓玉帛"之语吧！虽然是形式相同的抨击之语，但一个是强调心情的无我纯粹性（我们是这样解释孔子之言的），一个是把重点放在实效上；这之间应该说还真有一百八十度的距离。抓住以奔走守礼来作为装点他人的体面这一点，特别把孝的临老得力的这方面提出来，这种彻底合理地要强调实效的态度，同时也就是他论忠的态度。他

---

① 《焚书》五，《贾谊》。
② 《焚书》一，《复邓石阳书》。这封书简，是为了辩护邓豁渠出家"弃人伦"之事而写的。

之所以强调"才",也就是因为这个原因。"宋儒有言。德胜才谓之君子。才胜德谓之小人(司马光《资治通鉴》)[213]。信斯言也。岂得谓之才哉。夫国家多难。羽檄旁午。匪才弗达。上下多危。萧墙交构。匪才弗定。丑虏窥伺。内猜外疑。匪才弗靖。奸雄僭窃。彼甲此乙。匪才弗协。"① 不能把才当作小人之事。不!一定只能是:"国家用人。唯用其才。"② 于是,那壮烈得泣鬼神的方孝孺也终究只是一个忠臣,还很难被称为良臣。③ 不掺杂理智打算的无我献身,反倒不能真正地达到忠之道的极致。永乐革除之际,陕西朝邑人程济、高翔二人同时侍奉建文帝,但高翔重名节,说"我愿为忠臣也",终殉难。程济平时好术数,拒绝高翔约他同死的劝谓,说"我愿为智士也",为建文帝落发,使其脱走,自己也随帝漂泊数十年;每逢建文帝遇难,他都以智才使之脱难,终于使建文帝悄悄地得以回南京。卓吾评论这程高二氏说:

> 高欲死忠。因也。若程者。判以其身从君逃难至满数十载。其忘家忘亲忘身之忠又如此。固人臣之大忠也。……夫一以杀身为忠。反使族属之亲。租考之骨。亦不得免。一以智术为忠。乃能致其主脱走。逍遥于物外。老送归阙。还葬西山(明帝室之陵墓)[214]。是何心之最忠。虑之最远。所全最大也。呜呼。吾愿世之为臣子者心最忠。而世卒莫能知。以是为忠之大云。④

我们现在还要加上一例。胡濙是一个侍奉建文帝、任兵科给事中之职,建文刚一失踪,就又侍奉永乐帝升了高官,受永乐之命为搜索建文被派

---

① 《续藏书》一〇,《内阁辅臣》,《杨文敏公》的条中所引《殿学记》的文。顺便说一下,《续藏书》是如《四库提要》五〇所说的"因自记其本朝之事。故议论背诞之处。比藏书略少"——有人因此怀疑此书为伪托——因为像卓吾的其他著述那样的挑战性口吻较少,单单只是这一点,就对卓吾的研究又提供了另外一种趣味。
② 《续藏书》一三,《勋封名臣》,《靖远侯王忠毅公》之条中的李贽曰。
③ "然唯太祖乃能用孝孺。使孝孺得用于太祖之时。则孝孺便成得一个好良臣。唯用于建文。故遂成一忠臣以死耳。呜呼悲哉(《续藏书》五,《逊国名臣》,《文学博士方公》的条)。"
④ 《续藏书》七,《逊国名臣》,《御史程公》的条中的李秃翁曰。

遭到湖湘(洞庭湖湘江)地方的人物。他故意淹留于湖湘地方,空费岁月,另一方面又对永乐帝极力具申说建文不足为恐。卓吾评论胡氏说:

> 胡忠安(景帝赠的谥号)[215]之忠大矣。当永乐在位之二十一年也。犹未放心于建文之逊去。而所托腹心之臣惟忠安一人。熟知忠安一日在湖湘。则建文一日得安稳于滇粤诸山寺邪。留一建文。固无损于事永乐之忠。而反足以结文皇之宠。完君父叔侄之伦(永乐帝与建文帝有叔侄的关系)[216]。今观公之告文皇。直言其无足虑而已。呜呼。诚哉其无足虑也。公岂欺文皇者哉。上疑始释。建文无恙。吾故以谓胡忠安之忠大矣。①

我们已经叙述过阳明心学是站立在宋学的成果之上的,应该把它看成是宋学的正统展开。宋学有一个内容是高唱"节义"。要排除一念发动之处的"欲""私"的宋学纯粹主义,即使在节义上也是不容许有丝毫的理智念头的。然而,作为宋学之彻底的明学,在卓吾这里,现在已经到了把欲望的东西、私的东西(理智也是私的东西)视为人的不可缺少的条件的地步,把理智和才置于道德的根基上。无我纯粹已经不是道德的原理,讲有效比什么都重要。虽然要把"我"维护保存到底,但是如果可能的话,这也是为了他者"有效"的中和的道德。这种道德观念才正是我们所指出的新的现实之要求,这个问题,在这里不必多言。儒家的传统观念,早就与现实相分离了。不!站在这个新的立场观察历史的时候,可以说儒家与现实相结合的事,在历史上尚未曾有过。我们必须要关注现实。"务实"是有为者应该做的第一件事。如果把相对于"实"的东西作为"名"的话,那么"为虚名所误"才必须是我们最应该警戒之点。应该说,就像所谓"名义""名节""名教",如果把第一义性放在这些"名"上是儒家正统的意识态度的话,那么,站在"实"的主张上的卓吾的意识态度,当它

---

① 《续藏书》八,《靖国名臣》,《太子太师胡忠安公》之条。除此之外,还有五,《户部尚书王公》;七,《国子博士王公》的条等都可参考。

被从理念形式中抽取出来的时候,它正好就是与儒家正统意识态度恰恰相反的东西。同是关于冯道的王船山的论述,应该说是恰好说明了这个问题:

> 李从珂(后唐的末帝)[217]之入篡也。冯道遽命速具劝进文书(是一种极力赞美篡夺者的有德而希望其即位之文书,篡夺者接受其希望而不得不即位)[218]。卢导欲俟太后命。而道曰:"事当务实"。① 此一语也。道终身覆载不容之恶尽之矣。实者。何也。禽心兽行之所据也。甘食悦色。生人之情。生人之利用。皆实也。无食而绖兄臂。无妻而搂处子。务实而不为虚名所碍耳。故义者。人心之制。而曰名义。节者。天理之闲。而曰名节。教者。圣人率性以尽人之性。而曰名教。名之为用大矣哉!宰我以心安而食稻衣锦。则允为不仁(《论语·阳货篇》)[219]。子路以正名为迂(《论语·子路篇》)[220]。而陷于不义。夫二子者。亦务实而以名为缓者也。……推至其极。曾元务实以复进养亲。而不可与事亲。② 贤者一务实。而固陋偷薄。贼天理。灭风教。况当此国危君困之际。邀荣畏死。不恤君父之死亡。而曰此实也。无事更为之名也。其恶岂有所艾哉。……(冯道)此言出。而天下顾锱铢之利。求俄顷之安。蒙面丧心。上不知有君。内不知有亲。公然以其贫猥无赖。趋利耽欲之情。正告天下而不泚其颡。顾欣然自得曰:吾不为虚名所误也。亲死而委之大壑。曰吾本无葬亲之实心。勿冒孝名也。……则人类胥为禽兽。尚何嫌乎?但务实而不知有名者。犬豕之食秽以得饱也。麋鹿之聚麀以得子也。道之恶浮于纣。祸烈

---

① 参照《旧五代史》九二,《卢道传》。
② 曾子寝疾病。乐正子春坐于床下。曾元曾申坐于足。童子隅坐而执烛。童子曰。华而睆。大夫之箦与。子春曰。止。曾子闻之瞿然曰。呼。曾子曰。然。斯季孙之赐也。我未之能易也。元起易箦。曾元曰。夫子之病革矣。不可以变。幸而至于旦。请敬易之。曾子曰。尔之爱我也。不如彼。君子之爱人也以德。细人之爱人也以姑息。吾何求哉。吾得正而毙焉。斯已矣。举扶而易之。反席未安而没。(《礼记·檀弓上》)

于跬矣。道死而挞之者起。顾未有穷其立念之差于务实之一言者。于是李贽之徒。推奖以大臣之名。而世教愈乱。亦憯矣哉。①

从要绝对排除私念、功利的近世儒家的立场来看，主张务实的卓吾学说，归根结底，最终会发展到无视君父——至少是君臣道德——的地步；这样，儒家学说最终成立的根据就会被夺去。② 功利说是把人引向禽兽的学说。所以儒家对卓吾的憎恶是非常当然的事。

除此之外，在《藏书》中把焚书坑儒、师心蔑古的秦始皇视为千古一帝，把私奔之先驱卓文君视为善择佳偶③（上引张问达的奏疏）等奔放不羁的独特论断，名教者之流对此几乎想蒙上眼睛不去看。他诽议宋儒说：

> 道之在人。犹水之在地也。人之求道。犹之掘地而求水也。然则水无不在地。人无不载道也审矣。而谓水有不流。道有不传可乎。顾掘地者。或弃井而逃。或自甘于涸浊咸苦。终身不见甘泉而遂止者有之。然而得泉者亦已众矣。彼谓轲之死不得其传（朱子《大学章句》序，原出自韩退之的《原道》[221]）者。真大谬也。惟此言出。而后宋人直以濂洛关闽接孟氏之传。谓为知言云（所谓道统说）[222]。吁。自秦而汉而唐。而后至于宋。中间历晋以及五代。无虑千百数年。若谓地尽不泉。则人皆渴死久矣。若谓人尽不得道。则人道灭矣。何以能长世也。终遂泯没不见。混沌无闻。直待有宋而始开辟而后可也。何宋室愈以不竞。奄奄如垂绝之人。而反不如彼之失传者哉。好自尊大标帜。而不知其诳诬。亦太甚

---

① 王船山《读通鉴论》二九，《五代》中（世界书局排印本六三四页）。
② 关于卓吾的学说是否在逻辑上否定了君臣关系这个问题现在不议论。
③ 《藏书》三七，《词学儒臣》，《司马相如传》中说："相如。卓氏之梁鸿也（梁鸿是孟光之夫，二人是后汉的模范夫妇[223]）。使当其时。卓氏如孟光。必请于王孙。吾知王孙必不听也。嗟夫。斗筲小人。何足计事。徒失佳偶。空负良缘。不如早自决择忍小耻而就大计。"容肇祖氏说，这无非是"打破中国向来婚嫁以'父母之命，媒妁之言'为标准的见解"，"赞成男女自主的婚嫁"（容氏《评传》九八至九九页）。

矣。今夫造为谤言。诬陷一家者。其罪诛。今以一语而诬千百载之君臣。非特其民无道。其臣无道。其君亦且无道。一言而千古之君臣皆不免于不道之诛。诬罔若此。有圣王出。反坐之刑。①

对于当世的学者官僚,他痛骂道:

> 嗟乎。平居无事。只解打恭作揖。终日匡坐。同于泥塑。以为杂念不起。便是真实大圣大贤人矣。其稍学奸诈者。又挽入良知讲席。以阴博高官。一旦有警。则面面相觑。绝无人色。甚至相互推委。以为能明哲。盖因国家专用此等辈。故临时无人可用。②

并将他们与像当时的海贼巨头林道乾的"才识过人,胆气压乎群类"那样的人相对比。不!还有。就连对神圣不可侵犯的六经,他怎样敢于进行毫无顾忌的批判,在我们引用的文中已经说过了。应该说这远远超过了阳明的六经库藏说、心斋的"道既明则经不必用"[224]之说,其破坏性与挑战性,是士大夫无论如何也不能假装不知道而置之不理的。而且,他天性狷介并极其刚直严峻。

> 其性褊急。其色矜高。其词卑俗。其心狂痴。其行率易。其交寡而面见亲热。其与人也好求其过。而不悦其所长。其恶人也既绝其人。又终身欲害其人。志在温饱。而自谓伯夷叔齐。质本齐人。而自谓饱道饫德。分明一介不与。而以有莘藉口。③ 分明毫毛不拔。而谓杨朱贼仁。④ 动与物迕。口与心违。其人如此。乡人皆恶之矣。昔子贡问夫子曰。乡人皆恶之何如。子曰。未可也。⑤

---

① 《藏书》三二,《德业儒臣》前论。
② 《焚书》四,《因记往事》。
③ 《孟子·万章上》说:"伊尹耕于有莘之野。而乐尧舜之道焉。非其义也。非其道也。禄之以天下弗顾也。系马千驷弗视也。非其义也。非其道也。一介不以与人。一介不以取诸人。"
④ 《孟子·尽心上》曰:"杨子取为我。拔一毛以利天下。不为也。"
⑤ 《论语·子路上》曰:"子贡问曰。乡人皆好之何如。子曰。未可也。乡人皆恶之何如。子曰。未可也。不如乡人之善者好之。其不善者恶之。"

若居士。其可乎哉。①

这是他称赞自己的话。卓吾的冷严狷介成了即使是他的同情者、同志也不能追随他的原因,袁中道对"公之于温陵也学之否"的问题回答道:"虽好之,不学之也。"对卓吾,袁中道列举出不能学者有五、不愿学者有三,说道:

> 公为士居官。清节凛凛。而吾辈随来辄受。操同中人。一不能学也。公不入季女之室。不登冶童之床。而吾辈不断情欲。未绝嬖宠。二不能学也。公深入至道。见其大者。而吾辈株守文字。不得玄旨。三不能学也。公自少至老。惟知读书。而吾辈汨没尘缘。不亲韦编。四不能学也。公直气劲节。不为人屈。而吾辈胆力怯弱。随人俯仰。五不能学也。若好刚使气。快意恩仇。意所不可。动笔之书。不愿学者一矣。既已离任而隐。既宜遁迹入山。而乃徘徊人世。祸逐名起。不愿学者二矣。急乘缓戒。细行不修。任情适口。鸾刀狼藉。不愿学者三矣。夫其所不能学者。将终身不能学。而其所不愿学者。断断乎其不学之矣。②

这说的就是卓吾的同志对卓吾的看法。当听说有人要杀他,卓吾怀着"弟则以为生在中国而不得中国半个知我之人。反不如出塞行行。死为胡地之白骨也"③的心情,不得不转游江湖。这正是必然的事情。

关于卓吾,应该议论的东西很多。特别是在本书省略他文学业绩之下,对卓吾的介绍就不能说是全面的。④"关于文学,对于诗文,则公安之袁氏,竟陵之钟氏、谭氏等,之所以提倡反对李王古文辞一派的学说,也是闻卓吾之风而起的。对于戏曲小说,则《水浒传》《西厢记》等之评论,

---

① 《焚书》三,《自赞》(参照本章注四〇)。
② 上引《李温陵传》。
③ 《焚书》二,《与焦弱侯书》。
④ 容氏《评传》的第三章中,有题为"李贽的文学的见解"的简单的介绍。

应该说也是由卓吾发起,继而延续到诱起如金圣叹等。"①关于公安三袁的文学,有周作人氏的名著《中国新文学之源流》(民国 21 年序,23 年订正再版,松枝茂夫氏译,文求堂刊),其大致内容已为人所知了吧。袁中郎论弟小修(名中道)的诗说"独抒性灵。不拘格套。非从自己胸臆流出。不肯下笔","其间有佳处。亦有疵处。佳处自不必言。即疵处亦多本色独造语。然余则极喜其疵处。而所谓佳者。尚不能不以粉饰蹈袭为恨。以为未能尽脱近代文人气习故也"。② 又说:

> 吾谓今之诗文不传矣。其万一传者。或今间阎妇人孺子。所唱擘破玉打草竿(都是俗谣)[225]之类。犹是无闻无识真人所作。故多真声。不效颦于汉魏。不学步于盛唐。任性而发。尚能通于人之喜怒哀乐嗜好情欲。是可喜也。③。

还说:"大概情至之语。自能感人。是谓真诗可传也。而或者犹以太露病之。曾不如情随景变。字逐情生。但恐不达。何露之有。"④ 在为人的文集作序时又说:"夫古有古之时。今有今之时。袭古人语言之迹。

---

① 铃木博士《年谱》上,五页。金圣叹(苏州人,名人瑞,顺治十八年被处以斩刑)对所谓六才子书加以批评,把《水浒传》《西厢记》作为"心绝气尽"的最好书籍而与《史记》以及杜甫的诗置于同一行列。关于他在文学史上的地位已有定论。我只读过他关于《水浒传》的评本,如其书的三篇序文(作于崇祯十四年),作为思想史的资料是应该给予相当的评价的。例如在序之三中,他称赞《水浒传》说:尽管世之常情是同一只手画数像,难免有兄弟之形,但《水浒传》中的一百零八个人物,却被分别写得各有各的性情,各有各的气质和形状声口。他叙述其之所以赞扬《水浒传》的理由如下:"没有别的,作者十年格物,一朝物格,于是一笔画百千万人,决非难事,格物也有法,格物之法,以忠恕为门。忠为何,日天下之因缘生法,故即便不特学忠也达忠,天下自然,无法不忠,心亦忠,眼亦忠,故所见为忠,钟[226]亦忠也。因耳忠,故听无不忠,自己既忠则人亦忠,海贼亦忠,犬鼠亦忠,盗贼犬鼠无不忠者,所谓恕也,于是之后便能'物格''能尽人性''赞化育参天地'云云。"顺便说一下,圣叹假托施耐庵作《水浒传》原序,对那篇东西,我国有人矢义高氏的出色的翻译,这值得注意(杂志《学艺》三五号,昭和二十三年一月)。入矢氏说"凡称为'序'的东西,如此活泼泼的、痛快淋漓的文章,我认为贯通中国古今,没有他例";入矢氏还指出:如果以明代末期的文人气质为背景来思考的话,那么还会产生出新的问题。
②③④《袁中郎全集》(民国 23 年,时代图书公司)三,《叙小修诗》。现在借用松枝茂夫[227]氏译《中国新文学之源流》中的译文(三七页)。应该读一读时代图书公司版本的周作人的序。

而冒以为古。是处严冬而袭夏之葛者也。"①卓吾与三袁有相当密切的往来。② 即使把同一时代的思想相互之间是相似的这一点也考虑在内,也不容置疑公安派的文学是"闻卓吾之风而起的"③。两者的主张完全符合。至于把白话小说之类作为文学作品从正面进行评价的卓吾的见识,更是属于文学史上的最大功绩。当然,在白话文学中,词曲类很早就受到了士大夫的赏玩,对此的评论并不缺乏;而白话小说,事实上也广为士大夫所阅读,这几乎是没有疑问的。在嘉靖之际,据说已有了对杨慎(升庵)、徐渭(文长)的白话小说的评点本。④ 然而,卓吾的特异之点,是在于其贬六经语孟的同时又赞扬西厢水浒为天下之至文的根本态度和心的倾向的激昂。那早已不是"日阴之花"(吉川博士语),也超出了作为士大夫消遣的容许范围。那是作为人之童心的直截了当的表现,肯定是承担着最高的价值的东西。对这样的白话文学的评价——特别是对作为出自童心之言的白话文学的表彰,实际上大部分肯定是对现代意义上的"文学"本身的发现。在论述《西厢记》《琵琶记》《拜月亭》等白话剧文学的文章中,他说:

> 且夫世之真能文者。比其初皆非有意于为文也。其胸中有如许无状可怪之事。其喉间有如许欲吐而不敢吐之物。其口头又时时有许多欲语而莫可所以告语之处。蓄极积久。势不能遏。一旦见景生情。触目兴叹。夺他人之酒杯。浇自己之垒块。诉心中之不平。感数奇于千载。既已喷玉唾珠。昭回云汉。为章于天矣。遂亦自负。发狂大叫。流涕恸哭。不能自止。宁使见者闻者切齿

---

① 《全集》三,《雪涛阁集》序。现借用松枝氏的译文(《中国新文学源流》三九页)。再有,在同卷的《叙竹林集》中,对于王伯修与董其昌的问答,说:"善画者。师物不师人(旧时的名手)[228]。善学者。师心不师道。善为诗者。师森罗万象。不师先辈。法李唐者。岂谓其机格与字句哉? 法其不为汉。不为魏。不为六朝。之心而已。是真法者也。"
② 铃木博士《年谱》和容氏《评传》中,考证了两者交往的情况。
③ 参照青木正儿[229]博士《支那文学思想史》一五八页中引钱谦益的文。
④ 青木博士,一六六页。

咬牙。欲杀欲割。而终不忍藏于名山。投之水火。①

所谓文,首先应该是最直接地叙述欲罢不能之志的②,是发足于活生生的原原本本的人之情的,是比伦理道德更早的东西。顾炎武曾主张"文须有益于天下"③。他说:

> 文之不可绝于天地间者。曰明道也。记政事也。察民隐也。乐道人之善也。若此者。有益于天下。有益于将来。多一篇。多一篇之益矣。若夫怪力乱神之事。无稽之言。剿袭之说。谀佞之文。若此者。有损于己。无益于人。多一篇。多一篇之损矣。

又宣告说:"故凡文之不关于六经之指。当世之务者。一切不为。"④现在作为出自童心的文学应该具有不被天下国家、仁义道德所束缚的固有领域。我们应该明确地承认卓吾的童心说在文学史上的地位。他的所谓童心说,无非是良知说的必然展开而已。关于卓吾,我们虽然叹息有很多没有议论到之点,但是我们想再重复强调的是,他在根基上是纯然的学者;是"阳明的嫡派儿孙";是被骂为"凭是天崩地陷。他也不管。只管讲学耳"⑤的心学者。作为其批判之根据的童心的"吾",实际上只不过是从阳明的良知的人,即从纯于天理无人欲之私的"圣人"到泰州学派的"大丈夫",然后加以具体性和能动性而发展起来的心学的自然人之回归的当然归结。这是我们已经论证过的。阳明学说从政治文化以前的本质的人、纯粹的人出发,到这里已经达到了对政治文化的极其客观的认识。伦理从政治中、历史从伦理中基本上被一一区别开来;特别是文学也被承认有其独自的原理和领域。含糊笼统却一直保持着正统主义气

---

① 《焚书》三,《杂说》。
② 周作人《中国新文学之源流》,把中国文学的潮流看成是"言志"派和"载道"派的起伏葛藤,参照松枝氏译文二七页以下。
③ 《日知录》一九,《文须有益于天下》。
④ 关于儒家的文学说,上引的青木博士的书中有详细的解说。
⑤ 《学案》六〇,《顾泾凡传》。

氛的、士大夫自豪意识的、牢固的、内的统一之整体世界,终于被分解得零零散散的了。在伦理以前所被确信的东西,现在都一一被叱责为僭越,我们也许在这里几乎看到了西欧的所谓"近代精神""近代原理"。或者可以说,"内"最终发现了"外",不用说"吾"早已不是"遁世不见知而无悔无闷"[230]的宽厚的士君子了,而且也不是仅仅只局限于固执于原理、反复宣扬自己主张的大丈夫了。那是不饶恕虚伪和低俗并揭露之的"吾",是"疾之已甚"的既成权威的挑战者,是"小人之无忌惮者"。"个人"早已不能与"社会"绝对地相容了。

第四章　一般的考察：近世士大夫的生活和意识

作为"自古以来。小人之无忌惮。而敢于叛圣人者。莫甚于李贽"[231]的李卓吾，终于在万历三十年（1602）二月，在狱中自刎，结束了自己的生命。这应该被评价为几乎就是所谓的"为名教所吃"①。从他的死到中华民国成立的三百年间，这个特异的见识家，在学者和士大夫之间一直被进行反省，几乎可以说真是绝无仅有的事。顾亭林的痛骂几乎成了定论，卓吾名声的恢复必定要等到中华民国的成立。而且这种被大骂特骂、置之不理的命运，不仅被卓吾，也被公安派、竟陵派等被说成是望卓吾之风而起的反复古主义以及个性主义文学者蒙受着。如果读一读例如《四库提要》的解说就立即能够明白这种情况。如公安三袁（袁宏道，字中郎；其兄宗道，字伯修；其弟中道，字小修），竟陵的钟惺（字伯敬）、谭元春（字友夏），《四库提要》把他们作为"矜其小慧。破律而坏度"或"小人之无忌惮者"而进行丑化

---

① "我翻开历史一查，这历史没有年代，歪歪斜斜的每页上都写着'仁义道德'几个字。我横竖睡不着，仔细看了半夜，才从字缝里看出字来，满本都写着两个字是'吃人'！"（鲁迅《狂人日记》二，《改造社版全集》第一卷二十四页）。又《吴虞文录》中有因鲁迅的这篇小说而题为"吃人的礼教"的一篇文章。

诋毁①；以致清的朝廷把他们的著述定为禁书。我们应该认识到：就士大夫社会、就儒家意识而言，具有个性的人，是多么可恶、多么可怕的存在。

阳明心学在泰州学派是以"所在设教，鼓动流俗"——可以说是作为一种社会精神运动的形式而呈现出来的，这是已经叙述过了的。不言而喻，它早已不是像过去儒学那样的、在极端狭窄的学者圈子中打转的学匠们的注疏学（六朝隋唐），也不是在禅林、道院中的隐遁性的冥想修道（唐五代宋初）；或者说它还不是宋代书院士大夫的思辨哲学的讨论之风，更不是清朝的——现代的科学实证学。

> 不肖百念已灰。而耿耿苦心。不容自已者。师（阳阴）[232]门晚年宗说。非敢谓已有所得。幸有所闻。衰年日力有限。若秘而不传。后将复晦。师门之罪人也。②

这说的是虽年已八十余岁仍"周流不休"的王龙溪。而罗近溪的传道甚至遍及百粤、东瓯、罗施、鬼国、南越、闽越、滇越、腾越等穷发鸟语、人踪罕至之地。他不但对布衣韦带的平民、水宿岩棲的隐者、白面书生、青衿子弟、黄冠白羽的道士、缁衣大士的佛教徒、缙绅先生的员外、象笏朱履的官僚，而且对牧童樵竖、钓老渔翁、市井少年、公门将健、行商坐贾、织妇耕夫、窃屦名儒、衣冠大盗③孜孜不倦地传道。面向士庶掺杂的大众，大声疾呼要做"真人"，这样的精神觉醒运动就是心学的真面目。阳明回复圣学的运动，无非就是这样的人的觉醒运动。阳明所说的"圣学之旧"，是否真是圣学之旧，还不仅仅只限于目前这个问题。阳明的根本要求就是：圣学必须是使人真正地成为人的自觉之学。而且这时的人，在

---

① 《四库全书总目提要》一七九、别集类存目六，在袁中郎集的条中，叙述了公安对前后七子的复古主义树起反旗之事；"然七子犹根于学问。三袁则惟恃聪明。学七子者不过赝古（对古代的模仿）。学三袁者乃至矜其小慧。破律而坏度。名为救七子之弊。而弊又甚焉"。
② 《王龙溪全书》（见本书第二章的注一〇三）卷首《龙溪传》。
③ 《焚书》三，《罗近溪先生告文》。

政治文化人伦的根基上,是被作为使之成立的最终极的东西、作为人的一般和人性的一般来假设的。这样一来,人,不是在君子、小人、大夫、庶人,或君、臣、民①的所谓"其位"来把握,而是广泛地作为人的一般——更进一步说,是本质形态的人,即作为与"道"攸关的人、内面性的人;再进一步,是作为形而上学的人——来把握,这在宋学中已经能够看到,但这在思想史上,恐怕是发端于佛教哲学的吧。儒学和佛学的关系,大概首先必须在这种地方寻求。而且作为更根本的考察,是要看到近世社会的实情就是对这种新的人的观念的要求。商业的活泼化、商业都市的勃兴、都市生活的发达和繁荣②——一言以蔽之,被称之为平民的抬头之现象,是中国近世史最中心的样式。要把全部现象严格区别为本质的和非本质的,而且仅仅只对"内"的东西——那最终是合理的东西——才承认其本质,这种意识之根本态度,不就是这种货币社会、都市社会所固有的吗?被称之为"我"的觉醒的东西,不就是勃兴期的市民社会所固有的吗?在其根基上,不正是存在着在新的能源中沸腾着的"近代"本身的热情吗?钱穆氏独具历史的慧眼,看出了贯穿于宋学明学的近世儒学的根

---

① "君者,出令者也;臣者,行君之令而致之民者也;民者,出粟米麻丝作器皿通财货以事其上者也。君不出令,则失其所以为君;臣不行君之令而致之民,则失其所以为臣;民不粟米麻丝作器皿通财货以事其上,则诛。"(韩愈《原道》)这一思想不用说是根据孟子的思想而来的。

② 在中国的都市,"市"的地域性限制崩溃,城内到处都开设有商店,废除了营业时间的限制,夜间买卖盛行,这是北宋以来的事。除此之外,被坊墙坊门包围着的割据性的坊之制度,转移为开放性的、大区划分的厢的制度;在各处的瓦子(热闹场所)中,勾栏(寄席,剧场)轩轩相并,店铺的商品非常丰富,酒楼的饭菜丰富多样,极其繁华,有时连像自来水一样的设施都能看见,还出现了消防组织,等等。真"可以说中国的都市到宋代开始形成了近世性的都市"(加藤博士)。关于宋代的都市及都市的庶民生活,那波利贞博士的《都市的发达和庶民生活的向上》(《东洋文化史大系《宋元时代》,昭和十三年)中有详细的叙述。还有曾我部静雄氏的《开封与杭州》(《支那历史地理》丛书七,昭和十五年)中也有论述;还应该参照加藤繁博士的《支那经济史概说》第七章《商业》之条。但是商业的繁荣,都市中庶民风气的横溢,决不意味着都市是"市民(Bourgeois)的都市"——或者说形成了"市民"的都市——这是最终不能忘记的。作为有市民权的市民自治团体的都市最终在中国的近世没有出现过。因此在本书中有时使用的"市民社会"或者"市民社会的"这种词语,从字面来说,不一定是在严密意义上使用的概念;那无非是通过从欧洲市民社会中寻找近世社会典型这种发达法则论的见解来说明问题。

本课题是在于探究"万物一体、民胞物与"的"大我"。① 我们难以很好地概论宋学,但如果按照钱穆氏的观点,宋学的内容可以归纳为万物一体说(本体论)和变化气质说(修养论)两部分。② 所谓穷理,即格物致知说——关于这个问题,本书已论述过——如果是属于前者的话,那么,居敬说就居于后者的中心(不用说,这种比较不过是形式性的,实际上两者是相互交错的,现在只是为了叙述方便而已)。就像朱子已经称赞过的那样,极力主张敬的是程子。

> 人心不能不交感万物。亦难为使之不思虑。若欲免此。唯是心有主。如何为主。敬而已矣。……人心不可二用。用于一事。则他事更不能入者。事为之主也。事为之主。尚无思虑纷扰之患。若主于敬。又焉有此患乎。所谓敬者。主一之谓敬。所谓一者。无适之谓一。且欲涵泳主一之义。一则无二三矣。言敬。无如圣人之言。易所谓"敬以直内。义以方外"。须是直内。乃是主一之义。至于不敢欺。不敢慢。尚不愧于屋漏。皆是敬之事也。但存此涵养。久之自然天理明。③

这是对敬为何物所做的说明。钱穆在引了很多条明道的语录之后对敬下了定义:"敬是一种心理的态度或是活动。他的反面是中心没事,是心无所系,是心底里无潜隐,无躲闪;他的正面是循理,心有所系是私的,循理是公的"④;但根据"严威俨恪。非敬之道。但致敬。须由此入"⑤之说和"言不庄不敬则鄙诈之心生矣;貌不庄不敬则怠慢之心生矣"⑥之说,应该说这种心的态度与其说是庶民性的不如说是士大夫的,与其说是小人

---

① 《国学概论》第八章,语出自张横渠的《西铭》。
② 参照百科小丛书《王守仁》第一章。"涵养须用敬,进学在致知"这句程子的话,穷尽了宋学之纲要(《近思录》二)。
③ 《程氏遗书》一五,伊川先生语。
④ 钱氏《王守仁》一四页。
⑤ 《近思录》四,《存养类》四九。
⑥ 参照陈钟凡《两宋思想述评》二一六页。

的不如说是君子的。就像明代薛敬轩所说的"主敬则思不出位而分定矣"这句极有特征性的话那样,敬之说虽然极度强调人的内面性,但是还没有显著地脱离士大夫的心态。① 后来王学左派的人很少说敬,恐怕就是这个道理吧! 真是"王泰州座下颜何一派直打破这敬字矣"②。宋学的集大成者朱子如何重视读书这个作为学问的方法中最确实的东西(不用说这里的读书,是指读经书或者读经书性的书籍),很有说服力地表现出宋学如何是士大夫的学问这个问题。阳明同样是作为近世的学者,他一方面站在与宋学相同的根本心情一边,但是另一方面,他把宋儒的"居敬穷理"所不能摆脱的士大夫局限性推到了最后的边缘。这完全是由于时机成熟的缘故。即"近世"终于成熟起来,从士大夫性的现实中溢出来的新的现实、庶民性的现实,已经在历史的前景中呈现出来。阳明学就是这种新的现实的自我意识。清代的焦循说的"紫阳(指朱子)[233]之学所以教天下之君子。阳明之学所以教天下之小人。紫阳之学用之于太平宽裕足以为良知。阳明之学用之于仓卒苟且足以成大功"③、近代章炳麟说的"程伯子。南面之任也。朱元晦。侍从乡儍之器也。王文成。匹士游侠之材也"④,大概都是指责作为小人之学、庶民之学的阳明学说的性格的话吧。阳明学说所提倡的与宋代陆象山所说过的在根本上几乎是一致的,但是最终象山之学没有后劲,而在阳明那里却产生了如此热情的追随者,这正是时机成熟的缘故。阳明之后出现泰州一派,贯彻他

---

① 容氏《明代思想史》一六页引《读书录》三。不过,如在《近思录》七的第一九条中所见到的那样,如果把"出其位"思辨性地转释的话,就是另外的问题。我们的立场是在于从存在性格的立场,也包括语言本身的神韵(Nuance)来考察语言。
② 顾宪成《小心斋札记》九。
③ 《雕菰楼集》八,《良知论》。
④ 《检论》四,《议王》。还有,在这篇论文中,章氏对日本因阳明学而富强起来(明治维新)之说论述道,在中国此论不能简单适用,不一定能成为当今之策,这很有趣。他说:"今世谈者,颇以东国(日本)[234]师任王学,国以富强。此复不论其世(时世)[235]。东国者,初脱封建,人习武事,又地陋而性捆锢。治王学固胜,纵治朱、吕(朱子,吕相谦)[236]之言,犹自儆也。夫其民志疆忍,足以持久,故藉王学足以粉墨也。中国民散性婾久矣。虽为王学,仅得如明末枝柱一时,其道固不可久。且夫本王学以任事者,不牵文法,动而有功,素非可长世也。"

们所谓"从天子公卿到卖柴童子"的人之道,所到之处都酿成了活泼泼的精神气氛。到李卓吾,直率地肯定人伦物理不外乎于"穿衣吃饭";士大夫性的、儒家性的一切是怎样地与这个新的现实相游离的问题,被暴露得、嘲笑得体无完肤。社会史的时机与精神史的时机决不是没有联系的。中国近代社会,在明代表现出它最初的高潮,而近代思维、悟性逻辑现在要把自己的激进发挥到极致了。旧中国的精神概括地说是礼教性的。① 对这个定论在怎样的程度上才是妥当的? 我对这个问题目前还不具有充分思考的能力,但无论如何,一种浑然未分化的精神,在进入宋代以后开始了自我分化,理论理性开始强烈地追求其自律性。心学运动正是这样的中国近代精神的自我主张运动,李卓吾是这个心学运动的最后的领袖。阳明死后,信奉阳明学说的种种学统出现鼎立之势。它的分类是否妥当现在暂且不说,《明儒学案》所记载的有姚江、浙中、江右、南中、楚中、北方、粤闽等学派,以及出自王门却另立一派的止修学派,再加上还存在泰州的一派。当时之人沈德符(万历六年生,死于崇祯十五年)说"姚江身后。其高足王龙溪辈。传罗近溪。李见罗。是为江西一派。传唐一庵。许敬庵。是为浙江一派。最后扬复所自粤东起。则又用陈白沙绪余。而演罗近溪一脉。与敬庵同为南京卿贰(礼部、敬庵是兵部)。分曹讲学。各立门户。以致并入弹章。而楚中耿天台淑台(楚倥)伯仲。又以别派行南中","最后李卓吾出。又独创特解。一扫而空之"。② 大家都认为:卓吾是阳明心学的后劲,是王学左派的最后的领袖。而且心

---

① 西田几多郎博士《从形而上学的立场看东西古代的文化形态》(《哲学的根本问题续编》,昭和九年)。特别是高坂正显博士《支那人的历史观》(《东亚人文学报》第一卷之四,昭和十七年)作为从哲学的角度来把握中国精神的根本性格的尝试,是最应该值得注意的。在那里,古代中国人精神的根本性格被作为礼教,或者仪式主义(Ritualism)来理解。这样的性格规定恐怕是没有错的吧。我们在本书所采取的立场,是在精神史的领域中,也以建立从混沌到分化,然后从分化到更高的综合的法则为前提的。而且在站在这个立场上的时候,所谓礼教性的,我认为是指以后将要作为智、情,或者作为实践而分裂的各种能力现在还没有分化的状态(参照本书第一章注九四)。

② 《万历野获编》二七,紫柏评晦庵。

学最激进的主张到卓吾就断绝了,最终没有出现卓吾的后继者。李卓吾在历史上决不是偶然的孤立的存在,在他的背后,在前后几乎 90 年中——从王心斋开始确立自己的立场的正德六年(1511)算起——出现了阳明学左派一代高过一代的心学运动,当想到这一点的时候,我们不禁要问:他的死,特别是死后他的后继者最终没有出现这一事实,究竟意味着什么?

我们前面叙述了在卓吾那里才出现了作为与社会相对立的矛盾物的个人意识。不言而喻,这里已经预想到了作为与社会性的社会相对立的,应该也可以说是个人性的社会这个问题。不属于任何一个社会的纯粹的个人是不存在的吧。对于既成的社会、对于作为通常观念的社会、对于作为名教的社会来说,对之有威胁的新兴的社会,屡屡被作为"个人"而受到贬低。相对于君子的是小人;相对于士大夫读书人的是庶民、愚夫愚妇;相对于天理性社会的是人欲的社会,这样的对立曾经被置于极其幸福的秩序之中。根据儒家的古典理论,两者的关系并不是对抗的关系,而是充实与缺乏的关系——这里的所谓缺乏是在原理上几乎不可能充实的缺乏——而成为极其自然的上下阶层。也就是说:君子之德风,小人之德草(《论语・颜渊》);民可使由之,不可使知之(《论语・泰伯》);礼不下庶人,刑不上大夫(《礼记・曲礼》)。郑玄所说的"民,冥也"(《论语・泰伯》注),是一语道破了天机;荀子把人分为"有礼为士君子,无礼为民"(《礼论》),总而言之也是归于同样的意图。不以诗书为事的庶民,既不具备认识理之当然的知性能力,也不具备履行礼之要求的道德能力。不!更正确地说那是极度的缺乏。于是,天下就由治野人的君子和养君子的野人所组成;大人有大人之事、小人有小人之事就理所当然地成为"天下之通义"(《孟子・滕文公》)。这样的人的社会的秩序,就是被称为"礼"的东西;那正是与天地自然之秩序相一致的("礼者天地之序也",《礼记・乐记》),或者不如说那就是天地自然的秩序本身。然后,根据"天高地下。万物散殊而礼制行""春作夏长仁也。秋剑冬藏义也"

"礼乐明备天地官矣"(郑注说：官犹事也。各得其事)、"天尊地卑君臣定矣"(《礼记·乐记》)之说法，那与其说是自然与人文的类推，不如说是两者直接结合而未分的世界、存在与价值相分裂以前的世界。不用说，随着人类生活的发展，人从自然那里独立的程度越是增加，即相对于天的人的主体性越是自觉，那么两者的关系就越是要被作为单纯的类推来理解，最后连这种类推也要被否定掉。对精神来说，天和人的分裂才必定是最根本的分离。我认为无须多言，如果精神的类型可以区别为文言性的精神和白话性的精神的话，那么这种分离性的精神态度就必须是白话性的，而且，白话性的就是非士大夫性的。不用说，在任何一个民族的语言中都存在着文言和白话的区别吧！然而，中国的文言，不限于仅仅只是价值中立的文章语，而在另一方面，是为了"载道"①，即在文是"贯道之器"②这一点上，有着在其他语言中所不能看到的显著的性格。"道"就是六经中所指出的圣人之道。相对于这样的文言，白话就不具有任何作为它的根基的权威。即那是从真实的现实中产生出来的语言。而且，这个真实的现实——如果更加贴切地说，是传统的现实之外的新的现实——在与传统现实相并列并开始主张自我这一点上，具有近代史上最大的意义。而且，这个新的现实的逻辑，就是孟子的所谓"凿智"的逻辑、分析的逻辑；它的言语是"意太切，理太周"③的白话。这与作为文言的理想的简洁性正相反。④一方面，如果白话作为象征这个新的现实——所谓近世的存在性格的话，那么在其他方面，在物的方面象征它的就是货币了吧！物产的交流、物质生活的向上、都市的繁荣，这些都是与货币的盛行相一

---

① 周濂溪《通书》文辞第二十八。
② 见李汉的韩退之的文集序文。青木正儿博士《支那文字思想史》九八页参照。
③ 白乐天在《和答诗十首》(《白香山诗集》二)的序中，自述说："顷者在科试间。常与足下(元稹)同笔砚。每下笔时。辄相顾共患'其意太切，而理太周'。"当白乐天作诗时，立志于让无智的老媪也能明白。他的诗屡屡被称为白话诗，这是众所周知的事。
④ 关于文言的性格，参照吉川博士的论文《支那文章论》(杂志《文学界》)和《韩昌黎集杂记》(《支那语文化》第二号)。

致的现象。被称作"既成秩序的解体者"、"彻底的平等主义者"的货币，在近世急剧地增加其比重，呈现出深深地浸润到农村去的趋势（在这里不必解说货币怎样具有合理的性格、怎样是"动的社会"之物）；加上在政治方面，中世的望族之势力凋落了，君主独裁的形势变成了确立不动的东西。在这种情况下，作为行政担当者的士大夫——官僚，不再仅根据教养，而是采取不拘于门第身份的方法，从社会各阶层广泛寻求人才。规定人的生涯的，早已不是出身，而是个人的能力。再例如，在制陶业和织物业，宋代以后，其生产过程顿时复杂起来，生产能力也增加了，这样的经济史的事实（所谓工场制手工业），在这里也必须补充进去。在停滞的国家，"近代"最终也来到了。如果果真是这样的话，那么肩负近代责任的，应该是近代性的阶级，它应该具有自己固有的逻辑、自己固有的心态。我们相信，把明学理解为中国近代的开花时期是正确的。支撑明学的正是这样的阶级：阳明——卓吾的思想展开的意义，不是应该把它作为这种新的阶级的自我主张的高潮来理解吗？于是卓吾不就是代表庶民的小人的要求的思想家吗？如果先下结论的话，那么，我们的回答一半是"然"，但更多的是"否"。以下叙述其所以然。

在六朝隋唐的贵族时代宣告结束、近世的君主独裁制确立起来的同时，代替贵族而成为政治、社会支配势力的，是所谓的士大夫。士大夫，其完美形态可以预想得到的，即通过科举可以成为进士——官僚那样的教养阶级；是史家称为"比贵族更具贵族性"①的那种人，即"没考上进士的人称为名士是没有价值的"（自古及今，几曾看见不会中进士的人可以叫作个名士的）②。"唐以前贵族的大家族制在五代间崩坏了，通过科举无数的小贵族辈出"③，这样的贵族就是士大夫。关于作为这种士大夫存

---

① "近世的士大夫才是比中世贵族更贵族化的贵族"，宫崎市定博士《东洋朴素主义的民族与文明主义的社会》（昭和十五年）一四七页。
② 小说《儒林外史》第十一回。
③ 宫崎市定博士《科举》（昭和二十一年）二三〇页。

在和成立的前提的科举,既然已经有宫崎市定博士的名著发行于世,现在就没有解说的必要了,只是在这里有一点作为应该彻底留意的问题,必须要先强调一下。即"唐代的科举,是对行将衰颓的旧贵族制的补救制度。然而宋以后的科举完全离开了这样的倾向,产生出彻底附随于天子、辅助天子的独裁权力并供天子驱使的忠实臣僚"①。如果用黄宗羲的话来说,就是:对于"视天下为莫大之产业"的君主的绝对专制,那些要以"宦官宫妾之心"来侍奉的,"视天下人民为人君囊中之物"②的臣僚,就是近世的科举所产生出来的。如以下所要叙述的那样,士大夫阶级,其中大部分吸收了庶民的要素,在那里产生出近世的种种问题,而且,不管他们的出身是怎样的,士大夫,作为士大夫,既然是一个作为统一体的社会集团,当把其存在前提的科举的精神与由此所规定的、作为士大夫阶级的政治性纯粹地抽取出来的时候,实际上就是这样的:他们在家几乎毫无例外地是地主,同时在社会上又是享有特殊的礼遇的特权阶级,这是我们必须彻底铭记的。如果从普遍史的观点来看,士大夫毕竟属于近世前期性的类型,虽然在近世他们却是阻碍近世发展的集团。

然而,那是士大夫存在的终极性格,我们必须从更直接的方面出发。近世士大夫的一般性特征是什么呢?"唐以前的贵族只是自负于他的血统门阀,不一定是读书人。然而宋以后的士大夫,最低限度必须治应试科举的学问,是程度最高的知识阶级。"③我们首先必须在教养阶级这一点上承认士大夫之所以成为士大夫的理由。那些人"或为世代书香大族之子弟,或为官宦之家,或为告退在籍之官吏,或为考试出身之文人"④。他们的家是"广有田地,又开着字号店,足足有千万贯家私"⑤这样的所谓

---

① 宫崎市定博士《科举》(昭和二十一年)二三〇页。
② 《明夷待访录》,《原君、原臣》。
③ 宫崎市定《科举》二三二页。
④ 陈恭禄氏《中国近代史》下卷,第十五篇《政治社会情状》六六八页。
⑤ 小说《儒林外史》第二十六回。

缙绅之家；即使不是这样，通过科举考试而成为官吏加入到士大夫行列的，一般最后都要发迹成这样的地主资产家，即所谓"升官发财""三年清知府，十万雪花银"。然而即使在这样的情况下，士大夫之所以成为士大夫最终也在必须成为读书人之处，在"诗书继世""读书明理"之处才能得到承认。而且有了诗书的教养才能养成趋向于"德"的能力；立庙堂而平章百姓（《书经·尧典》语——译者注），清知府可以成为民之父母这样的事，也必须在这一基础上才能被赋予资格。首先被认为是教养阶级这一点是近世的士大夫最显著的特征。但是不能不看到这一事实：之所以要特别突出这一方面，是因为士大夫与中世的望族不同，他们不是具有作为阶级的严密统一体的集团。就像小岛祐马博士的已经独具慧眼地指出的那样，"士人阶级独占知识，在承认阶级内容的流通性这一点上具有特征"，"这个士人阶级即知识阶级，由于官吏登庸的制度（科举）[237]，其内容经常新陈代谢，这已成为原则。正因为如此，庶民阶级的有为者常常被士人阶级所吸收，知识也就总是被士人阶级所独占，这对将庶民阶级的阶级意识防患于未萌之际有非常好的效果"。① 在士大夫和庶民之间，从理论上看，可以说完全没有一条应该划的分界线，如果稍微注意阅读宋以后的诸家文集所收的墓志铭之类的书，这件事就应该更容易了解了。"宋以后，目睹进士稼业有利的世人争相走科举之门，从事农工商贾的人放弃其本业，形成了无不成为士的状态。"②近世之所以可以一言以蔽之为平民发展的时代，原因就在这里。近世思辨如果要确立于毫不停止的分析逻辑中，那么"人"的概念就不得不被作为普遍性的人的一般的理念来揭示；与此同时，作为其反面的士大夫意识，也不得不被置于兢兢不绝的紧张状态，其理由同样也必须在这一点上寻找。虽然一方面士大夫在实质上与庶民的界限缺乏判明；但是另一方面他们却蔑视庶民，想

---

① 《支那学问的固定性与汉代以后的社会》（昭和七年，现收于《古代支那研究》）一八九页，又参照同书二二一页。
② 宫崎市定《科举》二三二页。

要把自己作为与庶民不同的人来维持。因为内在于自己的分析逻辑有着不停呼唤新的现实的欲望,并不停地要使士大夫的矩矱崩溃,因此士大夫的心情从根本上就会拒绝之。"大抵人有身便有自私(对公而言)[238]之理。宜其与道难一"①这样的感叹最后变成了"所欲不必沉溺。只有所向便是欲"②这样的毫不妥协的厉行主义,唤起了"目畏尖物。此事不得放过。便与克下。室中率置尖物。须以理胜他"③这样的强烈的精神力。在这里也可以想起已经引过的明道猎心的轶话。吉川博士曾经议论过近世中国的伦理思想,指出那是以要回到"经"本身的专注的意志作为基底的④,但我认为这种超越和克服现实的热情同样也会在这种

---

① 《近思录》五,《克己类》二二。
② 同上,二四。
③ 同上,一六。
④ 《岩波讲座伦理学》第十二册《近世支那的伦理理想》(昭和十六年)。还应参照同一作者的《俗的历史》(《东方学报》京都,一二之四,昭和十七年),《支那之尊古思想》(《支那学》第一〇卷特别号,昭和十七年)。后面这篇文章的结尾这样写道:"在支那历史上也能分为古代、中世、近世,这是近来一段时期史家争论的焦点。我赞成这样的区分,但中世的性格,近世的性格,不一定与其他国家的历史的中世、近世相同。如果是在所谓的'江河日下'的认识之下生活着的支那人来看的话,那么,忘记了向古代复归的中世就可以称为不伦的、堕落的时代。但是我感到中国的中世,实际上比起固守复古思想的近世来,更自由、更健康。至少我感到《世说新语》中的魏晋的名士,就比《名臣言行录》中的宋的名臣更自由,更健康。这样,在尊古的思想中,即在将价值的基准置于时间中的思想中,原来就内在着要产生这种不健康的时代的因素。所谓支那的近世,我认为正是这样的时代。"我们在本书中,没有工夫将中世的名士与近世的士大夫进行比较考察,但是博士的这一洞察使我们在这一点上放开了眼界。我认为应该在两者的根基上来考察由出身而取得贵族身份的中世贵族与由个人能力而飞黄腾达成为士大夫的近世士大夫的区别。就像博士所指出的那样,中世也流行着轻蔑俗物、尊重旷达的心情,但是对俗的否定不一定是很强烈的。那是因为这不足以威胁到中世贵族们存在的现实性。在那里关系不是非常紧张的。产生近世士大夫根本心情的厌俗之精神,喜欢旷达自适之精神,无非是接受了中世名士们的生活理想而已;就像仲长统的《乐志论》所描写的那种贵族的生活理想,原封不动也就是近世士大夫文人的渴望吧。但是中世的贵族们最终既没有产生激烈的超越克服意志,也没有产生道学先生之流。关于中世对比近世的问题,我们现在仅只是停留在这种表面的观察上,等有别的机会再议论。最后另外一个问题,必须要引体现了吉川博士卓越而出类拔萃的洞察中的一段话:"'俗'与'欲'在语源上所具有的关系,在哪种程度上为宋儒所自觉,对此我也不明白。但是,把宋儒的伦理说倾向于对'人欲'的否定与近世对'俗'的否定两者结合起来考察,我认为是很有趣的。"(《俗的历史》的结尾)

士大夫的固有存在性格中产生出来。

在庶民这一方面,随着其生活水准的提高、生活内容的丰富,作为庶民自身的教养娱乐之要求的产生也就成了必然的趋势,讲史、小说、杂剧之类,就是从这种大众的要求中产生出来的。还有被称作道学、性理学的新儒学,作为近代的思辨之学,在解释经典的场合,排除了不近人情的不合理性,尽量追求合理的一贯性,即追求所谓"平实";并且它把例如所有的礼的规范都解释为心性的东西;关于礼,它只求其精神,求其本质,所以在原理性上,也已经决不是庶民所不能接近的了。"天子以至于庶人壹是以修身为本"(《大学》),所谓修身,归根结底是以"虚灵不昧具有众理以应万事"这个万人生得的明德为根据的(《大学·首章》朱注)。道学的苛酷的厉行主义——作为其表面现象的,就是社会上产生的所谓道学先生——实际上也是站在这种精神态度上的。当然,其企图则是要彻底贯彻作为士大夫学的自己性格(所谓矩矱)。而存在于其根基的"近世",又是要毫不停止地彻底贯彻自己的。尽管程子说"君子所贵世俗所羞。世俗所贵君子所贱"①,尽管士大夫歇斯底里地主张自己的存在,叫嚷"宁僻断不俗"②,但俗的势力却在急速地扩展其范围。在印刷普及的同时,在闾井田野和农工商贾中所谓的顽懦鄙薄之夫里面,识文字者和读书人激增起来。毫无疑问,随着把俗作为强制性使命的元朝的君临,这种形势的发展更是快马加鞭。科举在很长时期内被废止,即使复活之后,也不可能求得昔日之盛大。然后,似乎恰巧是抱残补缺,胥吏的地位上升,汉人大量作为胥吏而立身。在中国近世,行政的实务仅仅被胥吏所把握,即使是天子任命的官员,在侵犯了胥吏的利害关系的时候也不能施政,这已是众所周知的事实。官僚所关心的唯有读书著述、诗文的

---

① 《近思录》七,《出处类》七,程子的话。
② 吉川博士《俗的历史》三九页中引宋代陈师道《后山诗话》。还有与陈师道同为宋代诗人的黄庭坚说应该恐惧俗:"诸病可医。惟俗病不可医。其根于胎。成于习。……非气力学问所可驱遣。"(据钱谦益《牧斋有学集》三一,《萧伯玉墓志铭》)

应酬,以及士大夫之间的社交;关于政务,不过只是观念性地主张治世的精神和德化的理想而已。所谓"识大体"指的就是这个。所有实务性事务,多少都有点俗。胥吏之所以能伸张出那么牢固的根,实际上和士大夫有极大关系。胥吏是什么呢?在官署,似官而非官;只知行政的技术,不知行政的精神;其教养是虽识字却不知文。在所有的意义上都是似是而非者,即俗而又俗的人。① 而且士大夫既然不得不作为官僚而立身,那么不管他们是怎样轻视或者憎恶,要想不依存于这种胥吏而维持自己的存在是办不到的。这样的官吏,在元朝蒙古人的统治下大量涌现。我认为,这在白话文被强制于官署的公文中的同时,对俗的势力的伸张来说,具有划时代的重要意义。到了明代,科举制度走向正轨,士大夫也回复到了昔日的面目。如果只是从表面去观察这时的士大夫,把他们解释为与宋的士大夫是相同的,那么必须说,这只能显示出这种说法之历史感觉的欠缺。如果说元代"由于士大夫的胥吏化,胥吏的士大夫化,更由于不拘泥于传统的蒙古人的刺激,中国社会无意识地一直在追求趋向更生的道路"②的话,那么继此之后的明代,就不可能只是对它的反动,这是显而易见的。③ 最有力地证明了这一点的就是明的儒学,它正是被我们已经概观过了的明代心学的展开。

---

① 例如有如下记事:"今国家诰敕及宫殿匾额,皆用笔法极端楷者书之,谓之中书格,但取其庄严典重耳。其实俗恶不可耐也。近代有姜立纲者,法度严整过之一时声称籍甚,然亦时俗之所赏。胥史中之模范耳……昔程邈作书以便贱隶谓之隶书。今中书字体谓之胥书可也。"(谢肇淛《五杂俎》七)胥吏之所以特别被憎恶轻蔑,如同可以从"官无封建而吏有封建"(顾炎武《郡县论》中引的叶适之语)这样的话中觉察出来一样,是在于一种不透明的庶民的"组织"之点上。这一点是论述近代中国性格的论者们不能不注意的。行会(Guild)与胥吏,我认为,恐怕是比秘密结社更为重要的中国近世史上两个大的庶民性"组织"。还有关于对文艺中的"俗"的士大夫的强烈抗拒,由来于对胥吏的反击这一观点,宫崎博士曾经在其讲义中谈到过。
② 宫崎市定《科举》三七页。
③ 这件事,在政治方面,与作为明初吏治之澄清的"几有两汉遗风,且驾唐宋而上哉"之最高赞词,也是相互呼应的(《廿二史札记》三三,《明初吏治》)。明初实践躬行的醇儒之学,为什么会如此迅速地成为空谈玄学的心学横流?已经很彻底地肃清了的官吏之纪纲,为什么这么迅速地陷入崩坏纷乱的境地?正是在这里存在着问题。

现在想再举一例来证明这件事。薛敬轩与吴康斋并列,应该是揭开明代儒学史第一页的人物。他说"为学时时处处是做工夫处,虽至鄙至陋处,皆当存谨畏之心而不可忽。且如就枕时,手足不敢妄动,心不敢乱想","言动举止至微至粗之事,皆当合理,一事不可苟","或者谓立言当求先儒所未言者,夫以孔子之大圣,犹'述而不作',是故学不述古圣贤之言,而欲创立己说可乎","濂洛关闽之学,一日不可不读,周程张朱之道,一日不可不尊","四书五经,周程张朱之书,道统正传,舍此而他学,非学也"。① 人们或许把他看成是甘作古人奴隶的腐儒。② 从表面的观察来看,这确实是有道理的,然而这样的断定并没有完全把握历史真实。我们不如说在敬轩那里,朴素的对圣学的一直迈进不已的热情的复兴才是应该注目的。

> 事天当自一念之微。纯乎天理。次面一身一家。皆出于至正。则事天而天心悦矣。天道可畏。圣帝明王事天如事父母。父母有怒。人子恐惧不宁。思有以消其怒。圣帝明王之事天也亦然。

这几乎就是论者的所谓宗教家的态度。但是,我们在这里仅仅只可以满足于指出他欠缺自觉的自由思想③这一点吗?难道我们在这种几乎是宗教式的态度中不是看到了与吴康斋同样(康斋与敬轩几乎是同时的人)的凭借至高的根源性的东西而产生的纯粹热情,以及趋向于超越和克服的激烈意欲的复兴吗?以他为祖的学派叫河东学派,被评价为"悃愊无华,恪守宋人矩矱"④,从这当中,出现了周小泉这样的人物。周小泉(名蕙,字廷芳)为兰州戍卒。⑤ 据说他20岁时,听了《大学》首

---

① 《学案》七,《河东学案》,《薛敬轩读书录》。又容氏《思想史》第二章薛瑄的条(以下引薛氏之语同出于此)。薛敬轩,名瑄,字德温,山西河津人。比吴康斋晚一年生于洪武二十五年(1392),早康斋五年,死于天顺八年(1464)。
②③ 容氏《思想史》一七页中这样说。
④ 《学案》七,《河东学案》序。
⑤ 以下参照《学案》七,《周小泉传》《薛思庵传》等。

章的讲义后大为感动,奋然开始读书学字,为敬轩的门人段容思的"非圣弗学"所激励,发誓"惟圣斯学",最后成为远近学者之宗。恭顺侯吴瑾(《明史》一五六页中有其传)作为总兵驻扎时,招小泉教其子,小泉曰:"总兵役某,则某军士也,召之不敢不往。若使教子,则某师也,召之岂敢往哉",因而拒绝前往。总兵没办法,于是亲送二子到小泉家,小泉始纳贽焉。在太学时曾与陈白沙并称,后作为地方官而颇有声名的薛思庵(名敬之,字显思),也是这个兵队出身的学者周小泉的弟子。他"常鸡鸣而起。候门开。洒扫设坐。至则跪以请教"。当时,肃王府中有郑安、郑寝(可能是兄弟)两个乐人,进启本乞求除其乐籍。其理由是要跟周先生做学问。若说乐人,不过是贱民之尤,属于史家常以奴隶相称的阶级。以此应该想象到小泉感发人的状况,同时也一定能在这里观察到明代的风气吧!而且,这个上使公卿屈服下使乐人奋起的庶民学者周小泉(这里请注意,即使在庶人中,他也有着特别被人蔑视的兵卒出身),竟属于腐儒薛敬轩的学统。敬轩的"人心一息之顷。不在天理。便在人欲。未有不在天理人欲而中立者也"这段话,虽然乍一看好像是道学的陈腐的口头禅,但这实际上无非是他想要不违背圣学而"兢兢检点言行间"①的紧张精神状态的表白。格物没有格出竹之理而发病的阳明的精神,怎么是吴康斋的精神这个问题,已经叙述过了,但同时这也就是敬轩的精神。我们看了天顺八年(1464,吴康斋死的前5年,陈白沙37岁,阳明诞生的前8年)在其临死前留下的"七十六年无一事,此心始觉性通天"一诗后,就能了解其真正的深刻含义,那几乎是接近法悦了吧。

新的儒学精神就是新的士大夫精神。庶民性的热情,向上的、一直励进不已的热情——它即使不幸地没有能发挥到极致就完结了,但是在明代的根基上,不承认这种激昂的、可以说是 Brutal Energie(暴力式的

---

① 《学案》卷首,《师说》,薛敬轩的条。

热情)的存在的人,最终就不能理解明代,就不可能把握中国近世精神史的真相。这种热情,使明初的朱子学发展为阳明学,使阳明学展开为泰州学派,最终产生了李卓吾。而且正如已经明了的那样,这种庶民性的抬头,是近世以来的大趋势,而决不是元明时代开始产生的现象。明代可以说是达到了其最高潮的时代。明学吸收了新兴社会的热量,作为被极大地扩张了其视野的近代中国精神的一个最高潮,它可以被作为近代中国精神的极限来理解。近世儒学被喝破为"学以至圣人之道";在诗书六艺的根基上具有的东西,被作为学的根本课题来揭示;博闻强记、巧文丽辞,被作为徒劳地"求外"而遭到排斥,记诵博识被看成是玩物丧志。①在士大夫把教养作为唯一标识的同时,另一方面又形成了对之加以否定的、如此严格的学的概念,这个问题是值得注意的。而且我们不能忘记的是,在这种场合,"学"的中心课题是被集中在"成圣人"这一点上的,人能够成为圣人的坚定信念是以"学"作为前提的。后人以为圣人是本来"生知",非可学而至,则失学问之道。"有求为圣人之志。然后可与共学"②,在这种场合,立志的主体,不一定能意识到这是在童子卖柴人中都共通的吧!那毕竟是把所谓"学者"(在中国说学者,几乎在所有的场合都是读书人的同义语)预想好了而说的话吧!继承二程、集朱子之大成的性理学,以强调其道问学、强调节义的视角去看,这样的士大夫之学怎么会是众所周知的。然而明代的心学,把可以致圣人的人作为共通于一般愚夫愚妇的人来追求,由此如何展开这种学的概念,这个问题已经叙述过了。一个叫作王汝循的学者,在驳斥诟骂阳明的狂妄之徒时说:"世以圣人为天授不可学久矣。自良知之说出。乃知人人固有之。即庸夫小童皆可反求以入道。此万世功也。"③再如王心斋的弟子王一庵(名栋)赞扬其师说:

---

① 《近思录》二,《为学类》二,濂溪语。又二七,明道语。又十一,《教学类》五,明道语。
② 《近思录》二,二。
③ 《学案》二五,《南中学案》序。

> 自古农工商贾。业虽不同。然人人皆可共学。孔门弟子三千。而身通六艺者才七十二。其余则皆无知鄙夫耳。至秦灭学。汉兴。惟记诵古人遗经者起为经师。更相授受。于是指此学独为经生文士之业。而千古圣人与人人共明共成之学。遂泯没而不传矣。天生我师。崛起海滨。慨然独悟。直宗孔孟（宗郑本作超）[239]。直指人心。然后愚夫俗子不识一字之人。皆知自性自灵。自完自足。不假闻见。不烦口耳。而二千年不传之消息。一朝复明。先师之功。可谓天高而地厚矣。①

邹南皋（名元标）对"泰州崛起田间。不事诗书一布衣。何得闻斯道卓尔"的发问回答道：

> 惟不事诗书一布衣。此所以得闻斯道也。盖事诗书者。理义见闻缠缚胸中。有大人告之以心性之学。彼曰予既知之矣。②

这一回答表示，学的概念已经完全离开了儒家士大夫的学的概念的含义而成了极度开放的概念。学的理念的这个一百八十度的转变，实际上是内涵于宋学的内容的展开；而促进这个展开的是潜流于明代士大夫中的庶民性的能量。人的理念，与其说是在所谓"人"不如说是在"大丈夫""真人"中求出，这最终也正是表现了同样的事情。而且不能误解的是：这种学的新的概念实际上是当时共通于士大夫的思潮，而不是从庶民一方为反抗士大夫性的东西而提出的反抗性概念。当我们回顾庶民学者王心斋怎样以士大夫儒家的见解来议论天下国家——例如像在他的"王道论"中所能见到的那样——的时候，这当中的事情也就更加明了了。③总之在心斋的论说中，比之王阳明更容易看出士大夫的主张。我们不应

---

① 《学案》三二，《泰州学案》，《王一庵语录》。
② 李二曲《观感录》，《王心斋》之条所引。
③ 《王心斋全集》四。但是在这篇《王道论》中，心斋说"科贡之典，祖宗旧制，虽不可废，当于科贡之外别设一科与科贡并行，如汉之贤良方正孝廉"，又说应该"不拘成数，务得真才"，以及主张"果有真才而位列亦出进士之右"等，这些观点是应该值得注意的。

该把庶民性的东西马上武断为庶民的阶级性的东西。正如某论者所言，心斋或许是以道统出自庶人、以师道蔽臣道的人。然而必须明白这种理论最终没有进入使天下产生"卑君之心"的阶段。① 作为都市势力的行会（Guild），在中国最终任何政治主张和要求都没有提出来，以居民作为"市民"来自治行政的都市，最终在这个国家也没有产生。② 庶民毕竟不是资产阶级，也不是寻求"作为武器的知识"的第三阶级。即使是把庶民性教养作为主要形态的讲史小说，例如把《水浒传》拿来试着思考，我想我们也能够以此做出旁证。在水浒108位豪杰中，谋不成战必败，每事像心胸狭窄的道学先生那样强词夺理的宋江——这个胥吏出身的所谓"及时雨"，对今天的我们来说，是最无趣的人物。但在水浒的好汉中宋江却又是最被尊敬的，那完全无非是因为宋江（字公明）是忠义和士大夫礼让的化身而已，"未有忠义如宋公明者也"③。强盗的巢窟，梁山泊的本阵，就是"忠义堂"。任侠的晁盖，智谋的吴用，都被作为不能和有器量的宋江相比的人物来描写。如"富贵不能淫、贫贱不能移、威武不能屈"（《孟子》之语）这句最高赞词被金圣叹呈献给天真烂漫的快男儿黑旋风李逵④，然而他常被宋江大喝一声而屏息。礼让是士大夫的根本性格；身在水浒之中，心不离朝廷⑤的忠义，就是士大夫的终极存在理由。而且从来凡是读水浒的人，几乎都是以"旦暮欲遇之"（第十七回，金圣叹总论）

---

① 顾宪成《证性编》五，《质疑》上，引管东溟的来书中说，称孔子为素王，是僭天子……之权，非所以训天下万世也。然后接着说："盖至于泰州王氏而素王之僭。亦彰。夫子不与。礼乐征伐。自诸侯出。而王氏则与。道统自庶人出。无乃以师道蔽臣道。而启天下卑君之心乎。" 管东溟，名志道，苏州太仓人，官做到南京刑部主事，死于万历三十六年。在《泰州学案》序的末尾可见其略传和所说要领。《证性编》的《质疑》上、下收了顾氏与东溟间的往复论难之书信。其中可见将尧舜置于释迦之下、孔子生于今世不废西来之理窟（佛教）等议论。
② 例如，参照清水盛光氏《支那社会的研究》（昭和十四年）第一篇《支那行会的势力》。
③ 李卓吾《焚书》三，《忠义水浒传》序。忠义也被说成是游侠之意，但在这里并没有什么顾虑的必要。
④《评注水浒全传》卷首，《读法》。
⑤ 独宋公明者。身居水浒之中。心在朝廷之上。一意招安。专图报国（李卓吾《忠义水浒传》序）。

的心情来对待宋江,连对游侠的赞美和对智略的惊叹,都在他的面前让位了。在那里可以说对"道学模样"的嘲弄都是不允许的。因此我们把中国近世的庶民意识解释为不是居于任何新的原理,也没有提出新的世界观,相反不过是追随士大夫的原理和世界观的产物,这恐怕是正确的吧!在旧中国,本义上的社会,是士大夫的社会,庶民从原理上来说不过是欠缺状态的士大夫,是不完全的士大夫,或者说是士大夫的周边现象而已。心学即使在被说成是开放的、革新的场合,也不能马上以此来作为庶民意识的自觉表现、庶民原理的自觉表白。我们承认卓吾作为批判者的"个人",但是我们期待其背后的所谓个人性的社会归根结底应是我们在前面说到的社会;这个"个人",作为个人性的社会,即作为有威胁性的新兴阶级的确立,实际上还是很不够的。卓吾可以说是过早地诞生了,无非是一个时代错误(Anachronism),无非是从未成熟的必然中产生出来的一个偶然而已。

于是我们能够回答前面的设问了!卓吾在其时代,不是代表小人、庶民要求的思想家,不是新兴阶级的代言人。因为这样的新兴势力,作为一个阶级,即作为具有明确要求以及意识到了新的原理的阶级,其完全成立的契机(Moment)还不成熟。孕育阳明——泰州——卓吾之系列的必然,应该在士大夫君子——无论它怎样包容得下庶民性的意识,士大夫依然是士大夫——这一方面求出。如前所述,信奉阳明学的学派有鼎立全国之势,除此之外,还有与阳明学派同样以"心学"著称的白沙学统,有以白沙高弟湛甘泉为祖的一派,有由阳明的弟子邹东廓的门人李见罗所发起的止修学派等(但北方几乎没有),所谓心学蔓延天下。原来宋的思辨哲学是从私塾书院的自由研究之风而起的,这已是众所周知的事实。这就是所谓"学校变而为书院"[①]者也。书院是和科举制度相并行

[①] 黄宗羲《明夷待访录》,《学校》。关于书院,在盛朗西氏的《中国书院制度》(民国23年,中华书局)中资料收集很全。

的,然而和立身升官没有关系。学子在书院所讲习的内容,也与今天的所谓一般教养科目不同。在这个意义上,纯学术上的理念的追求是首先在书院里进行的;不论是道学还是心学,连清代的考证学也可以说是这样,在它们隆盛的背景中,有这种书院或书院式的机关之存在,这是我们应该深加留意的。近代学术的盛衰,是与书院的盛衰互为表里的。在明朝初期,书院之风未盛,它后来发展到盛行海内,完全依靠心学运动,即所谓"讲学"的勃兴。"成、弘以上。学术醇而士习正。其时讲学未盛也。正、嘉之际。王守仁聚徒于军旅之中。徐阶讲学于端揆之日。流风所被。倾动朝野。于是缙绅之士。遗佚之老。联讲会。立书院。相望于远近。"①又有资料说,白沙的弟子湛甘泉"始有书院生徒之盛。游谈奔走废弃诗书。遂开阳明一派"②。就像已经叙述过的那样,甘泉是因为被诬为建立书院,集聚无赖,提倡邪学而遭到弹劾的学者;是被说成"生平足迹所至。必建书院以祀白沙"③的人。很明显,明代书院的勃兴是心学运动的产物,它成为促进士大夫精神生活活泼化的巨大动力。阳明生前讲过学的,有龙岗书院、贵阳书院、濂溪书院、稽山书院、敷文书院等;在阳明晚年及殁后其门人弟子所建的书院中,有江西安福的复古书院,浙江青田的混元书院,湖广辰州的虎溪精舍,江西万安的云兴书院,广东韶州的明经书院,南直隶溧阳的嘉义书院,宣城的志学书院,宁国府的水西书院;又有广德的复初书院,湖广蕲州的崇正书院;其他还有杭州城南天真山的书院,浙江秀水文湖的书院,浙江寿岩的书院,衢麓的书院等都是著名的书院。④ 如果要列举以"会"命名的例子话,那么仅以南京为中心就有泾县的水西会,宁国府的同善会,江阴的君山会,贵地的光岳会,太平的九龙会,广德的复初会。此外江北有南谯精舍,新安有程氏的世庙会,

---

① 《明史》二三一,顾宪成等传赞。
② 全祖望《鲒埼亭集》二八,《陆桴亭先生传》。
③ 《学案》三七,《湛甘泉传》。
④ 根据《王文成公全书》三五,《年谱》附录。

泰州有心斋的讲堂,几乎是处处可见的状态。天真山①曾是阳明喜爱的胜景,阳明曾欲在此建一室而未能如愿,弟子薛侃等,缅怀先师的遗志,在天真山建起了精舍。"斋庑庖湢(浴室)[240]具备。可居诸生百余人。每年祭期。以春秋二仲月仲丁日。四方同志如期陈礼仪。悬钟声。歌诗。侑食。祭毕。讲会终月。"②又如安福的复古书院,从阳明在世的时候起,安福就有惜阴会的讲学之会,每隔一个月的五日,大家就集中在一起讲学,邹东廓致仕之后,与刘两峰、刘邦采等一起在那里兴办了书院。"他们建复古连山复真诸书院。为四乡会。春秋二季。合五郡。出青原山(在吉安的郊外,有名刹净居寺)[241]。为大会。凡卿大夫在郡邑者(郡是府,邑是县)[242]。皆与会焉。于是四方同志之会。相继而起。"③书院或讲会(也叫会讲)成为士大夫的时尚。据记载:

> 嘉靖中。胡柏泉(名松)[243]为太宰(吏部尚书)[244]。疏解(陈明道的)《定性书》会讲于京师。分作四层。一者天地之常心普物而无心。此是天地之定。二者圣人之常情顺物而无情。此是圣人之定。三者君子之学廓然大公物来顺应。此是君子之定。四者吾人怒时遽忘其怒观理是非。此是吾人之定。吾人希君子。君子希圣人。圣人希天地。是日天下之计吏(计吏,即为了商量事务而上京的官吏)[245]俱在京。咸会于象房(顺治门内)[246]约五千余人。罗近溪。耿天台。周都峰。徐龙湾并参讲席莫不饫饫斯义。④

---

① 《学案》二五,《南中学案》序。
② 《王文成公全书》三五,《年谱》附录,嘉靖九年之条。还有在十五年的条中所引的重修之际的碑记亦很详细。
③ 同上,嘉靖十三年之条。
④ 黄宗羲《宋元学案》一三,《明道学案》,《定性书》之条的后面附的黄百家的按语。在《明史》二〇二中有两个叫胡松的人。这里的胡松,是指官为吏部尚书,死时被封为太子少保,被谥为恭肃的字汝茂的滁州人。《四库提要》一七七,《胡庄肃集》的条中,根据其《格物解》中"心外无事、事外无心"之语,可以认为他是从事姚江之学的学者(其他地方也有"恭肃→庄肃"的例)。

又如使权臣严嵩倒台的徐阶,是显耀一时的宰相。他作为聂双江的弟子,是修阳明学的学者,在任宰相之后,在宫城之西的道观灵济宫举行盛大的讲会。据说,"使南野、双江、松溪(都是阳明的门人)[247]分主之。学徒云集至千人。其时癸丑甲寅。为自来未有之盛"①。朝廷大臣也热衷于讲会,于是书院讲会之风,就不再是纯粹地出于学者的关心,却成了求官求名之徒实现其藉口的工具。据《万历野获编》(《廿四书院》)说:"嘉靖末年。徐华亭以首揆为主圣。一时趋鹜者人人自托吾道。凡抚台莅镇。必立书院。以鸠集生徒。冀当路见知。其后间有他故。驻节其中。于是三吴间。竟呼书院为中丞行台(巡抚的衙门)[248]矣。"阳明心学于是超出对纯粹学问的关心,也在官僚为政者之间广泛地滔滔不绝地流行起来。不言而喻,不论怎样说真心诚意,儒学最终也必定是治国平天下之学。就像已经叙述过的那样,儒家对于道、释,宣扬自己的 Raison d'être(法语,存在理由),主张自己的优越性,也正是在这一点上。"人心惟危,道心惟微"(《尚书·大禹谟》),是作为心学的典据,但这心也最终要归结于"治国平天下之本"上。② 阳明的意图,原来也正是在这一点上。而且不管他是否意识得到,阳明心学自身在本质上已经内在地包含着要背离士大夫理念这个问题,前面已经叙述过了。当把它们综合起来思考时,不论是食禄的士大夫还是读书的士大大,在这里我们都可以察觉到"凭是天崩地陷。他也不管。只管讲学"的风潮已经风靡一时。"只解打恭作揖。终日匡坐。同于泥塑。以为杂念不起。便是真实大圣大贤人矣"的道学先生和"官辇毂念头不在君父上。官封疆念头不在百姓上。……讲求性命。切磨德义。念头不在世道上"③的空谈玄学之徒不断出现是当然的事,作为处于正统士大夫理念上的君子来说,他们就是"即有他

---

① 《学案》二七,《南中学案》三,《徐阶传》。徐阶号存斋,江苏华亭人。从武英殿大学士兼吏部尚书进到建极殿大学士,执首辅之权,因而作为华亭宰相而有名。
② 顾炎武《日知录》一八,《心学》。
③ 顾宪成《小心斋札记》一一。

美,君子不齿"之人,而所谓心学横流,不正是针对如此之辈才应该说的语言吗?明末的士大夫被挖苦为无理想无气力,不正是指如此之辈吗?李卓吾一直痛骂的实际上就是这样的家伙。心学在其本质上决不至于发展到玄学这一步。按照士大夫正统的(Orthodox)观点,那也许是横流。但心学断断不是无理想无自觉。说明代是无独创性的时代是非常不妥当的。

不论世宗如何拼命压制,不论名宰相张居正怎样努力想使它绝灭,书院讲学之风最终还是盛行起来。张居正是徐阶的弟子,然而却"极恨其事而诽议之"。① 其原因恐怕不只是因借书院为名而向民间索取金钱、加重课税等社会弊害所产生的吧。我认为那是洞察到了更本质性的东西之后才产生的憎恶。一方面,所谓处士之间流行"山人""居士"之风,禅学很受欢迎;文人之间陆续出现了作为"才子傲诞"的无视士大夫礼让之现象。更有甚者,官吏在京师讲禅学的现象也公然出现。② 连代圣贤立言的科举之文也用上了释老的句子,而且剽窃王氏之言阴诋程朱这样的事也陆续出现。③ 在为禄为名的学问之外,从更根本的真学问的境界所要求的来看,那么在近世士大夫之间形成夸耀"不事举业"的强烈风气就是当然的了。④ 这种风潮更进一步发展到只以举业作为起家的手段,甚至发展到只把举业作为一种形式上的考虑。李卓吾的告白,就是最直率的。实际上几乎所有的举子对科举的态度与他的告白并没有多大差别。国家取士必须根据科举,科举必须根据学校,这是明朝的大法,但是学校已为书院所压倒,或者学校本身已完全形成书院之风气(原来意义

---

① 《万历野获编》八,《嫉诣》。
② 铃木博士《李卓吾年谱》下,十八页中引《野获编》。不过禅学还是儒学,作为当时的实情,几乎很难区别,由此形成了所谓"性命之学""身心之学"。在讲学者一方,特别是其中的激进分子,对这种区别就并不介意,但攻击者常常把他们视为禅学,称为异端。
③ 《日知录》一八,《举业》的条中引艾南英的《皇明今文待序》。据此,在制举之文中最早写进禅说的是万历丁丑科(万历五年)的杨复所(罗近溪的门人)(顾炎武的注中披露出其名)。
④ 此风从宋已经开始。如果看诸家的传记,那么"不事举业",作为表示其人非俗的语言,常常是要被特书一笔的。

上的学校,不是像我们今天所想象的那种授业或研究的场所)。科举已经被如此方便地对付,以至于出现考试官鬻生员(学校在籍者,即有科举考试资格的人),即出现了由于接受贿赂而使生员通过科举考试的情况,而且更有如道释那样的异端之学积极地对之进行侵蚀。学问作为身心之学而成为观念,必然会导致肯定"三教一致"的思潮,这样的时代的风气也浸透到科举中——这种事说明士大夫矩矱早已弛缓,所谓"纪纲"也已经坠落于地下。"举业(科举的答案)[249]至于抄佛书。讲学至于会男女。考试至于鬻生员"的现象,应该已经是更低劣于"王莽、安禄山之下"的"一代之大变"。① 男女有别,作为儒家道德的根本规定,在应该是近世士大夫伦理标志的朱子的《小学》中已经是被确认了的。② 科举不管它在现实中怎样形式化,对自觉的士大夫来说怎样值得轻视,但是在原则上,"以经术取士"依然是国家的正统、士大夫的正统,因为它的标准必须彻底置于宋儒学说之中。关于宋学如何成为国家之学这个问题,如果想到明朝草创初期根据敕命所编纂的《五经大全》《四书大全》《性理大全》之类,明示了士子问学之要,还有清朝如何褒奖朱子之学等事情的话,那么就很清楚了。③ "嘉靖中姚江(阳明学派)[250]之书虽盛行于世。而士子举业尚谨守程朱。无敢以禅窜圣者。自兴化(李春芳)[251]华亭(徐阶)[252]两执政。尊王氏学。于是隆庆戊辰。论语程义。首开宗门。此后浸淫无所底止。科试文字。大半剽窃王氏门人之言。阴诋程朱。"(《日知录》

---

① 《日知录》一八,《钟惺》。
② 在此顺便指出,由于人文的隆盛带来了妇女教养的提高,引起了风气的变化。妇女中的精英分子,已经不战战兢兢于"治内"的淑德,出现了与读书人同样的以诗酒结社(社指文人的俱乐部)的现象(明朝中后期,诗文社盛行天下,这已是显著明了的事实)。黄宗羲的儿子黄百家,在请顾炎武为其母作墓志铭的书中说:"先母少时略通经史。有诗二帙。清新雅丽。时越中闺秀。有以诗酒结社者。先母闻之。蹙然曰:此伤风败俗之尤也。即取己稿焚之。不留只字。"(《四部丛刊》《南雷集》附《学箕初稿》二,《上顾宁人先生书》)从这一例可以了解到当时的情况。另外谢国桢氏的《明清之际党社运动考》(民国23年)一〇页中也引《照世杯小说》《增补警世通言小说》叙述当时士女也结诗酒文社,提倡风雅,从事吟咏之事。
③ 关于清朝的褒奖朱子学之事,在稻叶君山《近世支那十讲》(大正五年)二八页以下,有饶有兴趣的观察。

十八,《举业》)这里提到的隆庆二年会试的程文,是指关于"子曰。由。诲汝知之乎"的问题。主考官李春芳把那程文(考试官在考试结束后发表标准答案文)破题为"圣人教贤者。以真知在不昧其心而已"(作为八股之法,开头的一句叫破题,必须要用到题目中的句子或者其题意)。最早"真"这个字在五经中看不到,在老庄的书中才开始出现,所以这正是明显地将老庄的话放到科举中去了,而且,这种史无前例的事态之发生是由于主考官李春芳"厌五经而喜老庄。黜旧闻而崇新学"所致,"自此五十年间。举业所用。无非释老之书。彗星扫北斗文昌。而御河之水变为赤血矣"①。万历三十年三月,礼部尚书冯琦的上奏,正是想要矫正这种情况。

顷者(同年二月)[253]皇上纳都给事中张问达之言。正李贽惑世诬民之罪。尽焚其所著书。其崇正阐邪。甚盛举也。臣窃惟国家以经术取士。自五经。四书。二十一史。通鉴性理诸书而外。不列于学官。而经书传注。又以宋儒所订者为准。此即古人罢黜百家。独尊孔氏之旨。自人文向盛。士习浸漓。始而厌薄平常。稍趋纤靡不已。渐骛新奇。新奇不已。渐趋诡僻。始犹附诸子以立帜。今且尊二氏(释道)[254]以操戈。背弃孔孟。非毁程朱。惟南华(《庄子》)[255]西竺(印度,即佛典)[256]之语。是宗是竞。以实为空。以空为实。以名教为桎梏。以纪纲为赘疣。以放言高论为神奇。以荡轶规矩。扫灭是非廉耻为广大。取佛书言心言性。略相近者。窜入圣言。取圣经有空字无字者。强同于禅教。语道既为踳驳。论文又不成章。世道溃于狂澜。经学几为榛莽。臣请坊间一切新说曲议。令地方官杂烧之。生员有引用佛书一句者。廪生(给费生)[257]停廪一月。增附(定员外的生员)[258]不许帮补(学资补

---

① 《日知录》一八,《破题用庄字》。又引文接着说:崇祯时。始申旧日之禁。而士大夫皆幼读时文。习染已久。不经之学。摇笔辄来。

助)[259]。三句以上降黜(剥夺生员身份)[260]。中式墨卷。引用佛书一句者。勒停一科。不许会试。多者黜革(取消考试资格)[261]。伏乞天语申饬。断在必行。自古有仙佛之世。圣学必不明。世运必不盛。即能实诣其极。亦与国家无益。何况袭咳唾之余。以自盖其名利之迹者乎。夫道术之分久矣。自西晋以来。于吾道之外。另为二氏(释道)[262]。自南宋以来。于吾道之中。自分两歧(朱子、陆子)[263]。又其后则取释氏之精蕴。而阴附于吾道之内(陈白沙、王阳明等)[264]。又其后则尊释氏之名法。而显出于吾道之外(李贽等)[265]。非圣主执中建极。群工一德同风。世运之流。未知所届。

天子受理了这一上奏：

> 祖宗维世立教。尊尚孔子。明经取士。表彰宋儒。近日学者。不但非毁宋儒。渐至诋讥孔子。扫灭是非。荡弃行检。复安得节义忠孝之士。为朝廷用。览卿等奏。深于世教有裨。可开列条款奏来。仙佛原是异术。宜在山林独修。有好尚者。任其解官自便。①

我们必须注意到：这个冯琦的上奏，是在李卓吾被捕的翌月、瘐死的同一个月发生的事。正是在这种紧张的危机中，才能够最直接地解读到士大夫的理念——名教理念。

到此为止，我们把士大夫性与庶民性对立起来进行了理念性的解释。士大夫性是儒家的观念形态(Ideologie)的把持者，是作为这种把持者的读书人、官僚。而且就像我们到此为止所叙述过的种种事例所表明的那样，在现实的士大夫中，会产生"这种'士大夫性'全都扫地了吗"这样的疑问。然而另一方面，就像读一读张问达、冯琦的上疏就会明白的

---

① 《日知录》一八，《科场禁约》。

那样,护持名教、维持所有的儒家性的士大夫理念本身的想法,是决没有丧失的。我们对事情的这种关联应该怎样理解呢?

我认为,在从嘉靖经隆庆到万历而达到其顶点的一个时代,即所谓嘉万的时代,士大夫社会的内部统治极度弛缓,其理念到达了迷混之极。这个时代之所以屡屡被称为文化烂熟的时代,正是与这种事实所相为表里的。在明代中叶,如祝允明(嘉靖五年殁)、唐寅(嘉靖二年殁)、桑悦(弘治十六年殁),再如文徵明(嘉靖卅八年殁)、王延陈、谢榛(万历三年殁)等文人,是怎样倾动流辈,放诞不羁,每每逸出名教之外,这已被清代的赵翼所注意。① 前三者处于即将到达嘉万时代的时期,如果除赵翼所举之外还加上如徐渭,再续之以李卓吾、钟惺、谭元春等人的话,我们就能了解到当时最流行的士大夫的风气大体是怎么样的了(这个风气一直持续到清初的金圣叹为止)。他们无视、愚弄王族和长官公卿而称"快哉,快哉",在诗酒会上一点也不行宾主之礼,几乎尽显狂乱之态;他们最厌恶的是束缚、规矩、俗物,他们最崇尚的是在豁达奔放中流露真情。就像心学者的最激进分子寻求的是"真人"一样,文人所要寻求的只是"真情"。他们不能忍受的是假的、掩饰的、因习的东西。如同对待某一位心学者一样,对明代中晚期的文人来说,他们也经常被痛骂为"猖狂无赖"或者"小人无忌惮"。但是所谓"狂者的胸次"才是他们最向往的境地,无忌惮才是他们最引以为自豪的地方。② 我认为,文人的这种心情,在所谓文化烂熟时代、文人隆盛时代是必然要兴起的现象。识字者的量的增多,不知精神而徒有的表面的教养,对表面的文雅而感到得意洋洋的俗物的横行,在所有领域中的发迹分子的泛滥——导致这种事态发生的是所谓"物力"的力,商业之财富的力,这在有名的江都盐商的行状中可以

---

① 《廿二史札记》三四,《明中叶才子傲诞之习》。
② 明朝中后期的文章,例如,被冠以小品文等名的文章,到了民国受到了极高的称赞,这是应该值得注意的现象(在我国,如袁中郎屠赤水,在文化文政期间流行过)。周作人说:"明朝人即使别无足取,他们的狂至少总是值得佩服的。"(俞平伯标点《陶菴梦忆》序,民国 15 年)

略知一二——这一切必然使恪守纯粹生存方式的人们感到激动昂扬。于是就应该产生"让俗物丧魂落魄吧"(Epater les bourgeois)的心情,最终可以期待到达"狂疾不已。遂为囹圄"①这种地步的"无之而不奇"的文人之出现。如徐文长就是如此。文长,名渭,浙江山阴人,万历二十一年73岁时去世。《四库提要》说"其诗遂为公安一派之先鞭。其文也为金人瑞(圣叹)[266]等滥觞之始","其诗欲出入李白、李贺之间。而才高识僻。流为鬼趣……观袁宏道之激赏。知其臭味所近矣";在《四库提要》中特别值得我们注意的一点是他年轻时受业于阳明的高弟季彭山(名本,《明儒学案》十三有其传),"传姚江从恣之派"。② 他屡屡乡试未及第,但其奇才为有名的浙江总督胡宗宪所知,请为幕宾。他对胡宗宪提条件说:如果要成为幕下,就应该享受客人的待遇,要想随时使唤我,我可是难以从命。他为胡公作《进白鹿表》而使京师的诸学士惊叹不已的,正是这个时候的事。当时宗宪镇抚倭寇威震东南,而介胄之士(军人之称)膝语蛇行,不敢举头。但是文长以幕下一诸生而自傲之,着葛衣乌巾而纵谈天下事。据说有一次"幕中有急需。夜深开戟门以待。渭或醉不至。宗宪顾善之"。"文长既雅不与时调合,当时所谓骚坛主盟者,文长皆叱而奴之",耻而不交。

之后,他在受忌妒激愤之余,击杀继妻,论死系狱。里人张元忭力救得免。

据说他"晚年愤益深。佯狂益甚。显者至门。或拒不纳。时携钱至酒肆。呼下隶与饮。或自持斧击破其头。血流被面。头骨皆折。揉之有声。或以刺锥。锥其两耳。深入寸余。竟不得死"③。"他的生活越来

---

① 袁宏道《徐文长传》中引陶望龄批评徐文长的生活之话语(时代图书公司本,卷三)。
② 《四库提要》一七八。关于徐文长,另有青木正儿博士《徐青藤的艺术》(《支那学》第二卷三、四,大正十年)一文,文中加以了感情真挚的解说。以下我们参照了此书及袁中郎的《徐文长传》,《明史》二八八《文苑传》。又徐文长在中国的民间传说中成了奇特行为的典型,恰如一休和尚在我国所占的地位。看了近人林兰氏的《徐文长故事》之后就会知道。
③ 袁中郎《徐文长传》,《明史》及青木博士把这击头刺耳的狂态看成是资助者(Patron)胡宗宪投狱之际,文长害怕连坐之余的行为。

越荒废,越来越放纵,避开社交,每日与情趣相投者同饮,真正发挥其本色而进入艺术生涯。"可以说他的"玩世不恭"也是很甚的。然而在这种几乎是自暴自弃的生活态度的根基上,存在着吉川幸次郎博士曾经道破的他对"俗的绝对否定"的根本心情,这种根本心情又以激烈的自我能量的形式流逝着,这是必须看到的。①

  仲子辞三公。为人灌园。独不喜逊床循墙。终日百拜伛偻以为恭者。以故常不悦于世俗之人。俗之所爱。因而丑之。俗之所憎。因而求之。俗之所疏。因而亲之。俗之所亲。因而疏之。②

在这种场合,俗已经不是指与"文"相对的"野"了。无文朴茂的庶民因为其率真而应该受到称赞。所谓"俗"不如说是指似是而非,指虚伪,指所有"外"的东西。不!对于被理智的浸润所中和的当时可说是无善无恶白纸状态的道德情感和生活气氛本身,他们是无法忍受的。"大抵是人之非,非人之是"③的别扭态度,实际上反而才是在士大夫内部墨守其纯粹理念的纯情之表现;尽管这是他们对"道学先生"的嘲笑,但实际上在根本上还是发自同一的心情。如果可以说名教士大夫所产生的"奇"是道学先生的迂腐奇矫的话,那么也可以说:教养士大夫所产生的"奇"是在文人中的激进分子身上共通的放恣无忌惮、玩世不恭。桑悦每次一读典籍就要说"已在吾腹中矣",于是将其焚弃。④ 在其著作《思玄集》中,论道统说"夫子传之我";还有在"学以至圣人论"中有"我去而夫子来"一句。⑤ 又如在祝允明(枝山)的著作《祝子罪知》中,"好为创解",汤武非圣人,伊尹为不臣,孟子非贤人,武庚为孝子,管蔡为忠臣,庄周为亚孔子第一人等议论比比皆是。正如论者所言:李贽之徒。其议论也有所自。非

---

① 《俗的历史》(前引)。
② 焦弱侯评李卓吾之语,《焦氏笔乘》二,《宏甫书高尚册》后。
③ 顾宪成《泾皋藏稿》五,《柬高景逸》评李卓吾。
④ 桑悦的传,附于《明史》二八六《文苑传》的徐祯卿传中。
⑤ 《四库提要》一二四,《桑子庸言》之条。

一日矣。圣人在上。火其书可也。① 而且这些狂士在当时是受士民爱重的，其书也"颇行于世"，这是史书所明言的。赵翼总论"才士傲诞"之风时说：

> 此等恃才傲物。跅弛不羁。宜足以取祸。乃声光所及。到处逢迎。不特达官贵人。倾接恐后。即诸王亦以得交为幸。若惟恐失之。可见世运升平。物力丰裕。故文人学士。得以跌荡于词场酒海间。亦一时盛事也。②

这确实是定论啊！丰富的物力的热量直接成为精神的热量，一言以蔽之，嘉万时代是这种热量达到最高潮然而不能明了地发现其排泄口的时代。物力的热量，一定就是庶民的热量吧！然而那不是作为阶级的庶民（欧洲的所谓市民）的热量，因此它作为新创造的热量最终不能集中结晶，它的发展必然地会迷失方向。庶民到底不是"市民"。嘲笑"道学模样"、诅咒儒家矩矱而横行于天下的不是庶民而正是士大夫自己。如果把儒家性、士大夫性断定为旧中国的正统（Orthodox）的话，那么这样的时代也就可以被称为不健全的时代。嘉靖万历时代是极其危险的异端小人横行的时代。陆沉神州的是阳明——卓吾的心学。③ 公安竟陵的文学被说成是预告明之社稷倾覆的亡国之音。④ 然而，这种异端性、小人性，作为近世士大夫的构成要素，已经必然地、根本地包含在近世士大夫存在的本身之中。作为物力本身不得已而进展的结果（而且在它的进展

---

① 同上，《祝子罪知》之条。
② 前引《廿二史札记》三四。
③ 顾炎武《日知录》一八，《李贽》之条的原注。在当今通行本《日知录》中，因顾虑到清朝的检查，于是被加以相当的删除。这里引了把卓吾比作人妖的《五杂俎》之说而与"闽人持论之公如此"相结合之后，在顾氏的稿本中有"然推其作俑之繇。所以敢于诋毁圣贤。而目标宗旨者。皆出于阳明龙溪禅悟之学。后之君子。悲神州之陆沉。愤五胡之窃据。而不能不追求于王。何也"的五十八字，这通过黄侃的《日知录校记》（民国22年黄氏序，台湾国立中央大学文学院刊）可知。
④ 例如参照前引《有不为斋丛书》《袁中郎全集》第三册的周作人的序文中所引的刘声木《苌楚斋随笔》。

途中,经过了如元代这样的独特的时代),庶民性的东西——或者不如更正确地说是非士大夫性的东西——浸润到了社会的各个方面,这确实是历史的必然。而且,它最终还是没有作为独立的势力集结起来。即中国近世的庶民,没能像西欧新教徒那样,自觉到"无文朴茂"才是人真正应该具有的存在方式,站到彻底憎恶诗酒官场,彻底否定教养的 sobre(清醒冷静稳重不足,极端朴素)的生活原理上来。中国从总体上说,归根结底不能不是停滞之国;中国的资本主义也不得不以流氓资本主义(Pariah Capitalism)为结局。目前要讨论的问题是明代的文化学术叱斥责为空疏颓废的根本原因。不知神的精神,没有否定逻辑的民族——在这种土壤上开放的近世之花,当用欧洲近世作为尺度来衡量时,应该说它最终还没有盛开,就凋谢了。即使在近世中国,庶民最终也只能是士大夫的欠缺形态。在历史的普遍意义上的近世性的东西,在明代达到其顶点的时候,其文化就只能是颓废的、空疏的。当把它作为士大夫学、士大夫文化而依照其理念来衡量的时候,说它颓废、空疏可能是正确的吧。正如鲁迅所说,如《金瓶梅》这样的淫书之出现,实际上只不过是当时的风尚而已。①白话小说的盛行,文坛如徐渭、三袁、钟谭那样的个性主义的主张,思想界泰州一派自我意识的展开,还有卓吾的儒教批判,这一切都说明了士大夫的内部统一的弛缓和破绽。一般来说,在一个具有统一体性的社会圈之中,只有在成为其纽带的传统性统制无力化的时候,个人才能作为异端成为具有自我主张性的人物。阳明心学本身——不,如果进一步追溯的话,近世哲学的根本课题本身,在其本质上,是立足于士大夫以前的人的概念上的;泰州学派显著地吸收了庶民的风气,追求独自的自我意识和人的概念;最后到李卓吾,确立了与士大夫的理念完全不能相容的文化批判。然而,就像已经论述过的那样,那决不是觉悟了的新兴阶级的意识之反映,实际上它只不过是在原来界限就活动着的士大夫

---

① 《中国小说史略》二〇四页,还参照《廿二史札记》卅四《成化嘉靖中方技授官之滥》。

阶级内部统制极度弛缓时所发生的异端现象。士大夫作为学问的独占者、政治的担当者，在其内部要坚信和维持明确的统一体，在这一点上，它是彻底关闭的；但是在其存立和在被科举支撑这一点上，其根本构造在原则上又是开放的，因为其人员的构成是不停地广泛地吸收非士大夫分子、庶民分子的。这种士大夫存在的自我矛盾的构造，在其他方面也能得到证明。近世士大夫首先是有知识、有学问的阶级这个问题已经叙述过了。在士大夫中已经出现了不大关心政治的倾向这一点，如果阅读一下内藤湖南博士的《近代支那的文化生活》之类的书，就能得到要领，所以没有必要在这里详细叙述。① 作为士大夫的第一个标志是读书，作诗文，过文雅的生活——或者说是过与文雅生活相关联的愉快的社交生活。关于道德实践，与其说那是为了站在庙堂平章百姓的东西，不如说那是不论适当与否都是作为士君子应该具有的修养；那是由于浸渍于诗书而出现的必然的结果。实际的政务，所谓'城池钱谷'之事，只被认为

---

① 《东洋文化史研究》所收一五一页以下（又《支那论》）。该博士的《中国近世史》二三四以下可见如下议论，是值得熟读玩味的。即"（元代）不行科举是支那人的痛苦，因为必须要用一种办法来使对学术文艺的名誉心得到满足，于是出现了私设的考试组织。文人中间有名誉的人成为考官，很多人作的诗文就拿给他们看，让他们评判优劣，于是就可以使他们的名誉心得到满足……从此在南方开始流行起爱玩书画、建高级庭园的事。在这种时代做学问的是有钱人，而这种风流文雅之风主要盛行于江浙，即在南宋首都的附近，而且即使现在那里仍然还有这一传统；江浙地方成了文艺最盛之地。支那的读书人阶级就这样依然维持着支那文化。特别是元代不用南人这件事，在给民间文化以坚固基础这一点上倒是起到了大作用。不过这种文化也是南宋以来的继续。在南宋，以江浙地区为中心，有相当的学派之争，出现了叫作道学者的一种阶层……道学者们在南宋时被作为伪学而受到排斥。那时候，朱子一派的学者皆被排斥，不得就官，屏息于民间；但在这种情况下，却产生了一种学风，学者走出朝廷行志，不仅仅只执行实际的政治，而且认为在民间讲学也是所谓'为万世开太平'，于是就出现了不就官即为有名誉的主张。他们喋喋不休地说出入进退，然而不管有居官还是不居，讲学一派大致就成了一个阶层。这样持续下去就是元代。因为南人几乎不被用于做大官而被蒙古人压迫，于是就建立起了与像蒙古人那样的野蛮人完全隔离开来的自己的社会，用自己的文化相互娱乐，相互标榜。因为这种情况经过宋代元代一直持续了两百多年，其间一种读书人的阶层就成立起来，一直影响到明清，形成了现代支那文化的中心势力"。所以经世济民与其他领域的文化至上主义的气氛，在元朝的统治下，几乎成了决定性的东西。而且就像我们已经论述过了的那样，这样的心态，在作为教养阶级的近代士大夫中，从一开始就已经是内在着的。

是俗吏之事。① 那只是胥吏才应该做的俗务。然而在事实上，士大夫除了通过科举成为官吏而起家之外，既别无立身之途，又一般没有维持作为教养人生活基础的手段。于是虽然本来是不关心政治的，但是不依靠它就不能维持自己的存在；与庶民的界限极其具有可变动性但又要自然而然地维持另一个原理，这是士大夫存在本身的内在矛盾——世运的升平与物力的丰裕难以蔽盖这种矛盾而使之呈露出来，心学运动就是这种矛盾的表现。最初作为道学心学的根本性动力的激烈的厉行主义（Rigorism），作为要绝对排除压迫厌恶私心的持续的精神紧张，这样的心态本身大概就属于如上所说的那种意义上的士大夫存在的性格了吧！而且与此同时，对自我根源性的要求也不能停止。近世士大夫的精神构造，必须被作为这种对否定的紧张与对肯定的冲动的复合物（Complex），并且在根基上必须被作为贯穿后者的旺盛热情的复合物（Complex）来理解。于是这种士大夫精神把自己加以展开，已经达到自己否定界限的是万历时代。合理性物质性的风潮浸润在士大夫之间，对神圣的东西感觉

---

① 前引的《袁中郎全集》三，《监司周公实政录》序中说："天下之理乱。视吏治浮实而已。世之弊也。为政者猎华誉。而以城池钱谷为俗吏事。嗟夫。事诚俗也。盖天下之吏而皆以为俗。谁为任事者。此游谈也。……晋之君子。喜为清谈。而陶士行为荆州刺史。独曰老庄浮华不可行。至于私稻官柳。木屑竹头。皆亲自综理。晋赖以安。晋之南渡不即胡羯者。俗吏陶侃力也。……使一世之吏。而皆俗若此。俗亦何恶？"袁中郎的这种"俗"的主张，正是贯通于卓吾学说中的东西。又在《儒林外史》第八回中可以见到以下片断，应该说是描写了作为士大夫官僚态度的最有特征性的东西——江西省南昌府前任知府蘧氏勇退，新官王惠赴任。蘧氏因老年病身，交盘的事就由其子蘧公子来办。公子到后，酒宴刚开始，王太守就问道："地方人情，可还有什么出产？词讼里可也略有些什么通融？"蘧公子道："南昌人情，鄙野有余，巧诈不足；若说地方出产及词讼之事，家君在此，准的词讼很少，若非纲常伦理大事，其余户婚田土，都批到县里去，务在安辑，与民休息。至于处处利薮，也决不耐烦去搜剔他，或者有也不可知。但只问着晚生，便是'问道于盲'了。"王太守笑道："可见'三年清知府，十万雪花银'的话，而今也不甚确了！"当下酒过数巡，蘧公子见他问的都是些鄙陋的话，因又说起："家君在这里无他好处，只落得个讼简刑清；所以这些幕宾先生在衙门里，都也吟啸自若。曾记得前任臬司向家君说道：'闻得贵府衙门里有三样声息'。"王太守道："是哪三样？"蘧公子道："是吟诗声，下棋声，唱曲声。"王太守大笑道："这三样声息，却也有趣的紧。"蘧公子道："将来老先生一番振作，只怕要换三样声息！"王太守道："是哪三样？"蘧公子："是戥子声，算盘声，板子声。"王太守并不知这话是讥诮他，正容答道："而今你我要为朝廷办事，只怕也不得不如此认真。"

迟钝起来了。应该成为人的精神故乡的、规范的"经"的语句,却作为文字游戏的工具而成了卑俗的嬉戏之对象;①或多或少"经传为拊掌之资"②的心情侵蚀了人们的日常意识。在这个时代急剧流行着的"笑话"之类,不要说对老子释迦,就连对尧舜周孔都是一笑了之,毫不忌惮。被称为是李卓吾所辑的笑话集《开卷一笑》中的一篇"呵呵令"说③:

你道我终日里笑呵呵,笑着的是谁?我也不笑那过去的骷髅,我也不笑那眼前的蝼蚁。第一笑那头牛的伏羲,你画什么卦,惹是招非,把一个囫囫囵囵的太极儿弄得粉花碎。我笑那吃草的神农,你尝什么药,无事寻事,把那千万般病根儿都提起。我笑那尧与舜,你让天子,我笑那个汤与武,你夺天子。他道是没有个旁人儿觑,觑破了这意思儿也不过是个十字街头小差纪。还有什么龙逢比干伊和吕,也有什么巢父许由夷与齐,只这般唧唧哝哝的,我也哪里工夫笑着你。我笑那李老聃(老子)[267]五千言的道德,我笑那释迦佛五千卷的文字,干惹得那些道士们去打云锣,和尚们去打木鱼,弄些儿穷活计,哪曾有什么青牛的道理,白牛的滋味,怪的又惹出那达摩老臊胡来,把这些儿干屎橛的渣儿,嚼了又嚼,洗了又洗。又笑那孔子的老头儿,你絮叨叨说什么道学文章,也平白地把好些活人都弄死。又笑那张道陵许旌阳,你便白日升天也成何济,只有些未了精精儿到底来也只是一个冤苦的鬼。住住住!还有一笑,我笑那天上的玉皇,地下的阎王,与那古往今来的万万岁(万岁爷就是天子)[268],你戴着平天冠,穿着衮龙袍,这俗套儿生出什么好意思?你且去想一

---

① 吉川博士《近世支那的伦理思想》(前引)二八页。
② 黄宗羲《南雷文定》三集二,《丰南禺别传》。丰南禺即为因伪造经而有名的丰坊。最近,平冈武夫先生发表了题为"丰坊与古书世学"的详细的研究成果,辩证其诬,为坊父子大大地出了一口气(《东方学报》京都一五之三、四,昭和廿一至廿二年)。坊所做的事情在本书中当然也应该大大提起,但全部让位于上面的雄篇。
③ 以下必须参照周作人氏的名篇《苦茶庵笑话选》序(松枝茂夫氏译《周作人文艺随笔抄》所收)。引用文之译文是拜借了松枝氏的。

想,苦也么苦,痴也么痴,着什么来由干碌碌大家喧喧嚷嚷的无休息。去去去!这一笑笑得那天也愁,地也愁,人也愁,鬼也愁,三世佛儿也愁,那管他灯笼儿缺了半边的嘴。呵呵呵!这一笑,这一笑,你道是毕竟的笑着谁?罢罢罢!说明了,我也不笑那张三李四,我也不笑那七东八西,呀!笑杀了他的咱,却原来就是我的你。

不用说,我们不光是听听这笑话然后哈哈一笑就过去了。就像某位笑话搜集者所说的那样,"笑倒就是哭倒"。因为这是作为"大恸一番"的亢奋精神的不能遏止的逆说。① 上面一文的最后几句,不正是表示了某种笑话有时能够表达胸中的悲愤吗?然而即使在那种场合,在丧失了神圣之物这一点上,也是同样的吧!在某种意义上,经常寻求神圣的纯粹精神的热情,而那种神圣已经丧失了的时候——而且新的神圣还没有被给予的时候,逆说就会兴起,玩世不恭就会产生。就像周作人氏尖锐地指出的那样,在那里"有一个暗的背景"②。笑话的流行——至少是某种笑话的流行——肯定可以说它只是社会的迷混、社会的危机(我认为文化烂熟时代基本上就是这样的时代)的象征。把万历作为顶点的一个时代,就士大夫存在而言正是"祸将安极"③这种隐藏着深刻内部危机的时代。而且因为那不是由外在的新兴阶级引起的,所以在理论上其克服必须依靠士大夫自身的自肃,而且依靠这种自肃无论如何都要能够暂时避免危机。来自朝廷一侧的弹压奏了效。看破了阳明学的本质,排斥阳明学而提倡回归程朱,强调回复儒家矩矱,强调砥砺名节的东林学派奋起了。他们阐明了人的理念是"君子"。说:

官辇毂。念头不在君父上。官封疆。念头不在百姓上。至于

---

① 周氏引《笑倒》序中说:"大地一笑场也,装鬼脸,跳猴圈,乔腔种种,丑状般般。我欲大恸一番,既不欲浪掷此闲眼泪,我欲埋愁到底,又不忍锁杀此瘦眉尖。客曰:闻有买笑征愁法,子曷效之?予曰,唯唯。然则笑倒乎,哭倒也。集《笑倒》。"
② 周氏,七八页,但语义上有些转释。
③ 在弹劾罗近溪的杨时乔的奏文中可见此语。

> 水间林下。三三两两。相与讲求性命。切磨德义。念头不在世道上。即有他美。君子不齿也。①

又说"语本体只是性善二字,语工夫只是小心二字"②,这是东林学派的总师顾宪成的话。说"不患本体不明,只患工夫不密;不患理一处不合,惟患分殊处有差(理一是本体,分殊是现象)";又说"今日之学宁守先儒之说。拘拘为寻行数墨而不敢谈玄说妙。自陷于不知之妄作。宁禀前哲之矩硁硁为乡党自好。而不敢谈圆说通。自陷于无忌惮之中庸"③;还说"学问并无别法,只依古圣贤成法"④,这些都是东林学派的骁将高景逸的话。这些话即使有矫枉过正的相当的夸张,但是作为表达"君子"根本心情的性格之话语也是没有错的。万历三十二年,在无锡建立了东林书院,那里的讲学被说成是"与世为体""裁量人物訾议国政。亦冀执政者闻而药之也。天下君子以清议归于东林。庙堂亦有畏忌"⑤。东林的清议就这样兴起来了,给予了士大夫应该响应的统治理念。然而最终使明的社稷沦亡,使神州陆沉于五胡之下的罪过,究竟是在阳明⑥,还是在东林发起的党争所应负的责任上,吾人还不能断言。可以下的唯一结论是:李卓吾的瘦死,正是中国近世最终没有形成市民性近代社会之命运的一个确切的象征。

---

① 顾宪成的《小心斋札记》——(前引)。
② 同上,一八。又同上一二页中参照的小心之说的部分。
③ 《学案》五八,《高攀龙论学书》。
④ 同上,《会语》。
⑤ 《学案》五八,《顾宪成传》。
⑥ 参照注九二。

补论　王学左派论批判的批判

　　我在这里批判于去年(1951)7月发行的《哲学杂志》登载的山下龙二[269]氏的《明末反儒教思想的源流》一文,同时还想涉及《斯文》三号(1949.8)揭载的山下龙二氏对拙著所作的书评。上面的论文主要是批判关于"建立'反儒教即近代性'的理论模式"之中的"最近的王学左派论"。文中没有明确言明具体是批判谁的学说;但是根据其附记中所列举的来看,能够想象,其文是以下述诸人的论著作为批判对象的,即嵇文甫氏(《左派王学》1934),容肇祖氏(《明代思想史》1941、《李卓吾评传》1937)、吴泽氏(《儒教叛徒李卓吾》1949),还有我(《中国近代思维的挫折》1949),更追溯到吴虞氏(《明李卓吾评传》1921以前)。我想,我国最初把王学左派作为主题来议论的,除了拙著之外并无他著。由此可以看出,被山下氏作为对象的,至少有我国范围内的论文,而"最近的"论文,则主要就是指我的论文。如果真是这样,那么是大大误解了我的原意的——与其这样说,还不如说是完全没有理解我的论文。因此,山下氏的批判似乎没有成其为批判。百思不得其解。于是,我以私人信件的形式,向山下氏询问了这个问题。他回信告诉我:上面的论文在昭和二十四年(1949)春的构想基础上完成。与其说是特指一本书,还不如说是在中国近代反儒教这方面,把李卓吾加了放大镜而使之成为一个英雄的中国人的思维方式和中国人的倾向作为对象,因此不只是以我的论说作为唯一的对象。但是,在那以后,在读了上面论文后认为我就是被批判的对象并促使我加以反驳的知心朋友就有两三位;我自己也在想,虽然即使自己不是作为主要对象被批判,但因为其论旨中疑点太多,什么时候也起草一文,加以反批判试试,却因杂事太多也就放下了。前几天在《史学杂志》(六一之五)的"学界展望"中,读到中山八部[270]氏详细介绍上面论文的文章,突然产生了起稿的欲望。

山下氏的论文,即使其主观意图不是要对我进行批判,但读者得到这样的印象,这样去理解的可能性是很大的。因此,在本稿中,也多次出现好像自己是被批判者的语句,这一点想事先请求大家原谅。为了叙述的方便,首先简单地将山下氏的论文要旨归纳如下:

一、"近来屡被称为王学左派,被看成是反儒教的思想家(群)"的泰州学派,虽然同样是被称为泰州学派,但是实际上又分裂为两派:"一派肯定王龙溪,另一派只承认王心斋而否定王龙溪",这是基于心斋与龙溪思想之差异上的。但是"从黄宗羲以来,到现在的左派王学论者为止,都把龙溪与泰州学派的思想视为同一",这是非常错误的。

二、心斋与龙溪的差异在于,心斋接受了王阳明前期的思想(存天理去人欲),而龙溪则接受了阳明后期思想(致良知)。阳明后期的思想即致良知之说"具有最终产生反儒教思想的可能性",它为龙溪所传更为李卓吾所继承。所以被称为儒教叛徒的李卓吾属于龙溪的系统,而不是一般所认为的那样与心斋有关联。

三、"'考察心斋——卓吾的系谱'的最近的王学左派论是出于这样的逻辑,即王心斋因为出身庶民,所以其思想当然也必然是庶民性的;继承此思想的李卓吾是庶民性的并且具有反儒教的思想,所以是近代性的",这种逻辑是不成立的。

四、最后,"清末以来,李卓吾因为反对儒教的缘故而被大家所重视。

他们为了使李卓吾远远地超越士大夫局限,甚至将李卓吾推崇到近代思想的源流为止,于是必须要有把在反儒教思想的形成中寄托于佛教、道教的'心'或者'自然'的思想规定为近代性的勇气。必须懂得,在建立反儒教即近代性的理论模式以前应该确定的问题是非常多的"。

一

在上面的引文中,我首先从分析山下氏的原话的第三、第四项开始吧! 因为它最集中地概括了山下氏对所谓左派王学论的批判。作为左派王学论者,这是我无论如何也不能置若罔闻的地方(山下氏七九页下、八一页上,以下同)。

但是,对这一项的反批判,实际是很简单的,只要反问一下,究竟是谁说过这样的话就完事了。有认为山下氏的这个批判很可能主要是以拙著作为对象的理由,但这个理由对拙著来说是完全不适用的,只要读过拙著的人都会同意这一点。上面第三项所引的文章接下去说:"进一步考察一下王心斋的庶民性是什么吧。王心斋盐丁出身,但复兴其贫乏的家产的方法,年谱中明确记载着的是商业的活动。那个时代的商业,因为是寄生于封建体制之上的,所以根据这个事实不能直接得出其思想的庶民性之结论。"根据这个观点,山下氏的所谓庶民就是生产者的市民层,一般地说就是 Bourgeois[271] 的意思,如果真是这样的话,那么,山下氏的结论不正是拙著的结论吗? 拙著把庶民这一语用在农工商的一般人民的意义上——这是普通的用法——在心斋或者在泰州学派的思想与行动中,一方面承认"庶民的性格"或者说是"庶民的风气",一方面又指出心斋所学的实际上是"比士大夫更士大夫的",强调指出了中国的"庶民毕竟不是所谓的 Bourgeois……不是第三阶级"(参照拙著第二章、第四章)。而且关于卓吾,我论述过:"卓吾在其时代,不是代表小人、庶民要求的思想家,不是新兴阶级的代言人。因为这样的新兴势力,作为一个阶级……其完全成立的契机(Moment)还不成熟。孕育阳明——泰州——卓吾之系列的必然,应该是在士大夫君子这一方面求出。"(拙著二五〇页)更何况我从来也没有说过"因为具有反儒教思想,所以是近代性的这样的逻辑"等。我自己所认为的关于近代思维的倾向,每次我都已经指出过其内容了。所以,关于这一点,在这里没有必要进行冗长的论述,请参照拙著的李卓吾章。

顺便说一下,山下氏怎样解释"反儒教"这个词语不得而知,但我不认为卓吾是"反儒教"的。拙著在论述卓吾的场合,常常是说"反"(如果要用到这个字的话)儒家的、"反"士大夫的、"反"名教的,在注当中清楚地写明"卓吾所否定的与其说是儒学,不如说是儒家"(拙著第三章注三九)。这里的儒学就是指一般所说的儒教(以下在本稿中,按照山下氏的用法,用"反儒教"一语的时候很多,这在本稿的性质上是没有办法的)。

山下氏的非难是莫名其妙的,非但我不适合于山下氏非难,更不用说吴虞氏,就连嵇氏、容氏也不能成为山下氏非难的对象。吴泽氏的《儒教叛徒李卓吾》,前年因波多野太郎[272]的好意而能够得到一读,但因为至今手头上也没有这本书,所以不能说什么。但是一边根据波多野氏的介绍(《史学杂志》五九之三),一边搜索记忆,其结论是山下氏的非难恐怕也不适合于吴氏。为了慎重起见,我又翻阅了嵇氏的《左派王学》,容氏的《李卓吾评传》《明代思想史》,只有"自由解放的色彩""冲抉世网的精神""平民学者""左派王学的历史地位与欧洲宗教改革时代的异端有很多相似的地方""地主阶级自救运动的反映"(以上嵇氏),"自由的""解放的""适性主义的""个性很强的""批评的""平等的""李贽的思想,是从王守仁一派解放的革命的思想而来,他几乎把一切古圣贤的思想或偶像打破了,到了极自由、极解放、极平等的路上……"(以上容氏)等句子。而值得山下氏批判的一个句子、一个文脉也没碰到。山下氏不是造成了一个毫无道理的误会了吗?由此我们希望山下氏能再稍微细心一点,这个要求是不当的吗?

然而,天下不存在无道理之事。还是不要再吹毛求疵,而是慎重地去探寻山下氏的真意吧。大概山下氏的真意,就像在给我的私信中所说的那样,是对持"(李卓吾)因为反儒教的缘故而为大家所重视""为了使李卓吾远远地超越士大夫的局限,甚至将李卓吾推崇到近代思想的源流为止"这种观点的人发出的警告。如果真是那样的话,那么这当然是应该的警告,我没有唱反调的理由。拙著作为一个整体,虽然没有特别地强调"局限",但是如同从已叙述之处可以推测的那样,在终极性上已经说明了这种"局限";另外在有的地方,不知是否是按照山下氏所要求的那样,已经明白地指出过"局限"了(拙著第三章注三九)。凡是对一个特异的思想家,忽略其特异性而只强调其具有的局限性;忽略其局限性而只强调其显著的特异性(极端地脱离了中庸的场合不用说是另外一回事;还有在两者正好的均衡之中来进行叙述的是理想状态,这也另当别论),这也许早已不属于学问性的议论的范围。如果要说老实话的话,那么我更喜欢后者。如果更进一步说的话,我把卓吾视为英雄。山下氏说:"在从龙溪到卓吾的线上,之所以用'虚'或'无'这样的神秘的语言,大概是在对儒教性的善恶秩序的反抗中产生出来的吧。但他们对人欲的肯定并没有达到产生新的善恶原理这一步,却逃避于神秘的无之中。"并指出"无与虚如果一转,甚至会具有简单的现实肯定的危险"(八〇页下)。假如说神秘性或逃避性作为其自身不是近世性的,或者说不能成为近代性的思想的源流的话,或者假如对儒教、君臣关系等所谓封建性的思想若不从正面明白地、一举地、全面地否定的话,那就不是近代性的思想。我们要是依照山下氏的这样的思考方式进行下去的话,那么那当中就会有异论,再接下去的三四行文字就真是蛇足了。但不管怎样,对其最终的意图(我所理解的),不禁有着同感,它确实表示出反抗思想家李卓吾的局限。

然而,那总的来说是最终的语言。所有的孔雀都有一双丑足。我不想无视卓吾的最终局限并为之辩护,但是坚信,他在更直接的现实中决不会逃避,这是应该彻底强调的。大凡一个思想家、评论家,不屈于官吏和舆论的压迫,不受名教和通常观念的束缚,到76岁横死于狱中为止,孜孜不倦地挥笔公开他那"无忌惮""颠倒千万世的是非"的言论,用这种几乎就像好事的态度来果敢地反抗、嘲笑封建社会,难道这果真是逃避者之流的行为吗?或者,还有——这不是山下氏——野原四郎[273]氏曾经也把卓吾与安藤昌益[274]进行过比较,主张"李卓吾虽然是那么激烈的礼教反对者,但是最终没能真正成为儒家士大夫思想的反对者,这是因为他自己还是一个构筑了庐庵、过着读书著述的寄生性生活的人,对自己生活的批判不彻底"(《东洋的社会伦理的性格》所收《胡适氏的儒教》一三八页)。我对此也有同感。卓吾的政治思想、社会思想赶不上安藤昌益,这就是产生其自我批判不彻底的原因。但是我依然非常想为他辩护。卓吾是完全不能与昌益的情况相比的,在他之上,沉重地压着完美的三千年的文明。尧舜孔孟之学,是贯通天地人三才,包括从内的一念之微到外的治国平天下的大设施,那是一个毫无遗憾的文明。他出生于这样的文明中并生活于其中;对他来说,所谓生活,首先就是这样的东西。卓吾不像昌益那样能直接看透剥削社会的真正根底,这与其说他仅仅是对自己生活的批判不足,不如说是在两者之间应该看穿的生活本身的厚度差别太大了。他没有怀疑这个文明的终极的价值。对他来说,把"我周孔之学"从儒家士大夫的歪曲虚伪中救出来然后回复其合理性,或者说然后回复其有效性——这才正是阳明学的中心课题。如果合理地被理解的话,即在其真精神上被理解的话,那么,周孔之学就可以一举,或者说就足够解消政治、经济、社会的恶——这才是第一件应该做的事;于是在这件事上,他断断不是逃避性的。他又说:误国者与其说是小人不如说是君子。当他作为清末《老残游记》之先驱,说"贪官之害小,清官之害大"(《焚书》四,《党籍碑》)的时候,如果把他的这些话与他的全部思想相对照的话,那么,他在士大夫身份的范围内不是进行了最彻底的反省了吗?(最近,我印象极为深刻地读了丸山真男[275]享有盛名的两篇论文。不光是昌益与卓吾,关于日本思想家与中国思想家的差异,也被广泛地从各个角度进行了思考。但现在不是论述这个问题的时候。)

我不认为讨论"局限"这些事无意义。中世的思想,总的说来是中世的而不是近代的;近代的思想,总的说来是近代的而不是中世的(现在如果稍微展开来说,中国的东西,总的说来是中国性的……),这样的思想分类学,的确有很大的意义。它合乎矛盾律,是非常有逻辑性的。但我不得不怀疑它在历史的研究上是否真是第一义的。[我在这里想向西洋史家打听一下,作为那么热烈的基督教者——我听说欧洲中世是基督教的时代——而且在其政治社会思想上被说成是非常传统主义的马丁·路德,对当今的西洋史家来说是否是近代的(Modern)思想家呢?又如蒙田(Montaigne)[276](1533—1592)这样的人,是否是近代性的人呢?或者说在黑格尔(Hegel)的哲学史中文艺复兴(Renaissance)和宗教改革被列入中世之部,如 Jakob B. Home[277]这样的神秘家被列在近世之部,但用当代的眼光来看又怎样理解呢?——我不想把基督教式的欧洲思想(家)与儒教式的中国思想(家)直接一视同仁(那是拙著中的力说之处。又如清水盛光[278]《支那社会的研究》九七页)。但是舍去"中世不应该有这种思想""中国不应该有这种思想"这种一成不变的、没有发展的思考——更正确地说是思考的否决——不是应该进行更大胆的比较吗?我直率地说,在从阳明到黄宗羲、顾炎武等的思想史中,马丁·路德式的、洛克式的、卢梭式的(这种说法也许本来就是招致反对的)等等的思想,是片断的、变形的、错杂着的。但它决不是不具有与之相适应的一定的体系的,是能够感到其存在的。在中国的思想和文化中想要解读出欧洲精神来,这样的努力,我们不是更应该进行尝试吗?于是,中国思想独自的优点(Merit)——我不怀疑其存在——这才开始明确地浮现出来了,不是吗?]

以上是关于第三、第四项的我的反批判。为了更进一步了解山下氏的思考方法,请允许我再附录一事。在山下氏的对拙著的书评中(现在拿出三年前的东西来真有些不好意思），在进行了"（由于我）作为近代性而提出的阳明左派的合理主义、欲望肯定、自我意识等等，这些真值得冠以近代精神之名吗"这样的设问之后他说："如果合理主义只不过是排斥经验的空虚思辨，那么在这种情况下它就不是任何近代性的东西。中国最终没有产生自然科学，这已经表明其合理主义是怎样的东西"；"人欲的肯定……是主张感性自由的产床；但欧洲否定中世的规范是在破坏规范之后，才又建立起新的自律的规范（从感性的自由到理性的自由）……卓吾不能看到这种建设性的东西。人欲的肯定最终堕入感觉的享乐中，实际上就是这个原因。所以，从良知的绝对化、童心的主张来直接论述自我意识的确立，不得不说尚为时过早。从感性自由的主张所能看到的卓吾的自我意识，可能不是近代性的吧"。在卓吾那里不能看到建设性的东西这个问题，是与这篇论文（八〇页下）中的"而且，没有发现可以代替儒教道德秩序的新的秩序的原理……"这样的说法相照应的，但对此我是绝对不能承认与服从的。例如他的穿衣吃饭就是人伦物理的命题，不就是已经完全提出了新的原理了吗？除此之外，他的儒家批判、士大夫批判，不都表示出了某种程度的新的原理了吗？我因为在拙著中已对各种场合作了例证，所以，这件事就暂时放下吧！我不得不感到，在山下氏的思考中，已经完全完成了的，而且具有层层叠叠的论证的威容的，也可以说是近代思想本身的东西，被作为尺度早已经被他预想好了。但是请看一眼标题吧！拙著是以"中国近代思维的挫折"为题。所谓"挫折"，是指还没有开花结果就停止了的这样一种状态，是中途倒下来这样的状态。本来，要期待一举兼备理性面、感性面并期待把基本原理构筑成为理论体系的近代思想（近代思想本身）的出现，这对历史不是太性急、要求太苛刻了吗？山下氏不是太过于形式性地思考了吗？更何况这种事与他的自然科学之类的主张有关联。对于山下氏的思考我不得不抱危惧感。那就是，如果稍微夸大一点说，山下氏过于无视历史上的文明的意义。阳明心学果真本来就不过只是"排斥经验的空虚的思辨"吗？阳明心学主张实学,强调知行合一,大概不能将这样的思想认为是排斥经验吧!然而问题难道不如说就在于没有产生自然科学,而且产生的可能性也极少这一点上吗?(山下氏对此未加一顾,但实际上关于这个问题,拙著第一章已相当详细地论述过了。)这也是与阳明心学的所谓"实学"被清初同是标榜实学的学者们当作空虚和弊害百出的学问而加以猛烈攻击的事情相关联的问题。这个问题与其说是历史发展阶段的问题,不如说是更深层次的文明的问题。被称为思想的东西,在各种各样的环境发芽,徐徐地,经过了几多徘徊曲折地生长着;而且并不是一切都结果,然后把其果落于地下,最终享尽天年的(有的不结果就夭亡)。

我在这里想承认拙著的缺陷。即:拙著除了有两三处非常不好意思的事实的误记(与论旨不太有关)以及对时代背景的考察不充分等等之外,最大的缺陷是全篇都无差别地混用了"近代"与"近世"的词语。两者应该是有区别的,书中应该统一用"近世"这一词语(但标题是《中国近代思维的挫折》,这没有什么关系吧)。这完全是由于我学问不足的缘故,事到如今也不想辩解——拙著的这个缺陷也几乎没能使山下氏的误解正当化——只是如果要说其原因的话,那么在欧洲史上,一般在 Renaissance 以后就一律叫作 Modern Age,这与所谓的内藤说[279]一起对我产生了影响。我把宋以后称为近世——更确切地说,不能赞同把宋以后称为中世——的观点;在宋以后的中国,尤其在其精神史上,如果把欧洲史作为典型来衡量的话,那么我认为可以承认从 Renaissance 期前后开始到几乎触及到启蒙期为止的诸现象,是异常慢地、极其散发性地,然而不一定是无体系地、又在根本上常常被中国文明赋予了性格地表现出来的。还可以承认它在根本上的一贯的精神构造和意识态度。在这个场合,最成为问题的不用说是朱子;关于朱子最应该注目的是安田二郎氏、丸山真男氏的学说。我现在没有什么可以问世的成果,什么时候想深入研究一下再提出自己的观点吧。但是,在这里,关于中国文明的终极评价以及所谓近代化的问题,我想要叙述一下自己的想法,但现在又怕过于离题(请参照《人文科学研究所所报》二八的拙稿[280])。我认为,中国历史最终没能达到所谓的"近代"这件事几乎是命运性的事态,然而中国文明归根结底必须被作为一个独立的自体,作为一个活生生的孕育着无限可能性的文明来进行评价。

二

其次,让我来剖析一下山下氏论文的细节吧!首先是关于前面归纳的其要旨的第一项(山下氏六六至六七页)。

山下氏非难从黄宗羲以来到现在的左派王学论者都把龙溪和心斋的思想一视同仁,这是非常莫名其妙的。山下氏就像后面叙述的那样,似乎把承担"思想"的东西、行动,与我所称的"热情"(山下氏把此解释为"推进近世的看不见的力",参照《书评》)分离开来,好像是高度重视思想其本身——用中国哲学的术语来说就是把关心集中在作为"体"的思想上而拒绝"用"的侧面——所以这里所说到的"思想"也许应该这样解释。(看来被山下氏称为"思想"的东西,在内容上好像是哲学的思辨的概念,特别是关于心、理、自然的概念。)如真是这样的话,那么限于我的孤陋寡闻,自黄宗羲以来,是没有一个人把两者的思想视为同一的。黄氏、嵇氏、容氏都把两者区别开来叙述。但是"为了要更真实地把叫作思想的东西当作社会的实在来把握,就必须在其体用的统一中来看这个思想"(拙著一九四页)。诸家——虽然是僭越,请把我也包含进去——把两者视为同一的观点就在山下氏原话中的"把二王看做王学的横流的根源"之点上;还在山下氏把二王看作是引起了黄氏的所谓"排名教之所能羁络"[281]的情况的发端之点上。因为左派王学论者本来正是要把思想者当作社会的实在来议论,所以那是当然的;这种要把思想作为社会的实在来考虑的态度,我认为在对儒教思想史,特别是在对提倡知行合一、主张事上磨炼的阳明心学的研究上,更特别是在对引起了那样激烈的社会议论的阳明学左派的研究上,当然是正当合理的。

(为了不引起误解想先解释一下。不用说我在思想的研究上,并不认为对作为"体"的思想、也就是对思想自身研究是不必要的,也不否定思想本身的逻辑。我认为当说到"思想其自体的逻辑"的时候,这个思想,很可能不止是山下氏所认为的那个意义上的思想吧!)

从黄氏以来到最近的左派王学论者为止,对心斋和龙溪的思想,一方面强调其作为社会性的实在而具有同一的性格,另一方面又把其思想的内容区别开来议论。或许山下氏所要说的是在于非难没有将两者对立起来并且没有着重强调其差别之点上,但是这种做法难道不是无视各种著述的体裁与目的而与死乞白赖地要没有的东西的做法相类似吗?这里有一件必要要确认的事,那就是:山下氏的批判如果把我作为对象的话,那么,它指出了拙著的不完备之处,的确可以说是有一定道理的。因为拙著没有特别讨论王龙溪的思想。然而,即使在那种场合,也特别辩明了"在叙述阳明学左派的本书中,不言而喻,龙溪必须被重点地提出来讨论,但由于论述方便的关系而省略掉了"这件事;并且花了很多篇幅"试图辩解和补足",以说明他的思想的"激昂的性格"的一斑(拙著一四〇至一四六页)。因为一般来说对思想或者思想家的看法虽说是各种各样的,但是我认为在理解阳明——阳明学左派的时候,把握其思想的激昂性是最根本的吧!如果山下氏指责这种辩明文字只不过是一种遁词的话,那么我只好听命了。

其次,对那种认为泰州学派分裂成两派,肯定了心斋就必须否定龙溪等说法,我也很有疑问。虽然顾虑篇幅限制而不能详说之原因(山下氏只列举了方学渐一例),但是我仍然认为此说恐怕是错误的吧!实际上王心斋的儿子王东崖20年来一直跟着龙溪。黄氏也在《明儒学案》之《东崖》的条中说:"……此虽本于心斋之乐学歌,而龙溪之授受亦不可诬也。"另外在《续藏书》二一,《储文懿公》的条中卓吾说的"心斋之子东崖公。赘之师……"这句话具体是怎么回事,虽然不太清楚,但却是对山下氏的说法的一个反证吧！容氏《明代思想史》（二三六页）在首先叙述了卓吾对阳明龙溪的倾倒之后，引了上文的全文，然后说"这可见他和王守仁的门下王畿和王艮皆有渊源的关系"这句话，我认为是平实的议论。

　　山下氏在一开始考证方学渐的师承之处说："方学渐出自耿楚倥之门（因为王龙溪与楚倥有同一的思想倾向）这种说法，即使从他的王龙溪批判的立场来看，在理论上也是不能成立的。"可见山下氏极重视师承，似乎认为同样思想的老师只能产生出同样思想的弟子。但像这样看问题决不是全都妥当的。还有心斋的弟子林东城是"以心斋为师龙溪为友"（《学案》）的人，他常常对不认识心斋的人说吾师心斋的学说就是如此，对不认识龙溪的人说吾友龙溪的学说就是如此（《唐荆川文集》一四，《林东城墓志铭》）。还有焦弱侯，大家都知道他是"笃信卓吾之学"（《学案》）的学者，与卓吾是莫逆之友；这个弱侯不是别人，就是指出卓吾与楚倥的"思想不一致"的山下氏为了证明其说而将之用做重要工具的耿天台门下的第一高弟。按照山下氏的思考方法，卓吾是龙溪派，如果现在再把弱侯当成卓吾一派的话，那么在心斋与龙溪的两者之间，弱侯就必定只举龙溪而否定心斋，但事实恰好相反。关于心斋，弱侯在《笔乘》卷三中转载了其墓志铭的全文（赵大洲撰），表达了仰慕之意。在这之前还加有数语"盖明兴之学至是云翳尽披而羲晖益朗矣"；又《澹园集》二八，《朱公墓志铭》中也说"我明之学。开于白沙阳明两公。至心斋则横发直指无余蕴矣"；但关于龙溪他几乎没有言及。或者说山下氏的真意可能只是在这里，即可能认为在泰州学派中有只举心斋而不举龙溪（以及反之）的学者。如果是这样的话，我不用说也是承认的。但能够这样解释山下氏的叙述的余地不是几乎没有吗？

三　其一

　　关于要旨的第二项（七四至七七页）。在这一项中山下氏对左派王学论者的批判,如果按照字面来理解的话,实际上与在[二]中已经斟酌过的一样,从来就没有一个人说过卓吾与龙溪没有联系,也没有一个人说过卓吾接受了心斋的"思想"(如果不是要故意曲解的话)。对龙溪的倾倒,因为卓吾自己已三番五次地论述过了,所以那是当然的。因此,按照山下氏的真意,(1)是要指出:没有详论卓吾如何地仰慕龙溪这件事一直是诸研究中的缺点。或者说,(2)是要指出:研究者们一直把卓吾视为心斋——泰州学派——卓吾,但是泰州学派中有心斋派与龙溪派,而诸研究从来都没有将之区别开来,由此卓吾的思想被含混地视为泰州学派的展开,但至少不能将其与泰州学派中的心斋派相联系。是(1)或(2)的两个中的任何一个吧! 如果是(1),那是很正当而且是重要的。如前所述我已对此阐明过了,所以我完全有同感。然而如果是(2)(我认为能这样理解的理由是很充分的),那么我不得不强烈地提出异议,因为在泰州学派中,区分心斋与龙溪派的根据很不充分这件事我已经叙述过了。又,在"经书观"这一点上,对认为心斋——心斋派与卓吾不可能有联系的山下氏的见解,我暂且同意一下试试看结果会怎样。在这个场合,作为卓吾思想的一个方面的欲望肯定,竟会从被山下氏当作"不能积极地肯定人欲"的龙溪那里具有师承性地产生,这果真妥当吗? 在心斋——颜山农——何心隐的师承关系中那样明了地被推出的欲望肯定思潮(拙著第二章)——山下氏完全没有触及这一点——将其连接在阳明和卓吾之间,比直接把卓吾与龙溪联系起来(作为山下氏的思考方式)不是更自然一些吗? (对我来说,我认为把谁的哪种思想与谁的哪种思想联系起来的思考方法,至少在心学史,特别是在左派心学史上是不太有意义的。)山下氏的思考方法,似乎是一种"相同的东西只能从相同的物种中产生"的逻辑。(不用说,这样的逻辑,在历史研究中的彻底贯彻并不存在,所以山下氏的研究也不会遍及各个角落。)李卓吾是反儒教的,既然如此,成为其思想源流的必须是反儒教的;心斋不是反儒教的,故心斋不能成为卓吾的源流,就是这样的逻辑吧! 我不想一概否定这种思考方法，并且承认这种逻辑在妥当的领域是广泛地存在着的。尽管如此，在反儒教（李卓吾果真是反儒教还是不反儒教这另当别论）能够从最热烈的儒教主义本身产生这一方面来看，这也是重要的历史逻辑。山下氏的论文的开头有"王心斋一派，即近来屡被称为王学左派、被看成反儒教思想家的人们……"这么一段话。虽然是吹毛求疵，很过意不去，但是，通读山下氏的论文就可以看出，山下氏的所谓一般的王学左派论者是把泰州学派看成是反儒教的，但究竟谁把他们看成是反儒教的思想家呢？不如说是一般的王学左派论者把他们看作是最热烈的、最果敢的尧舜孔孟之徒和"圣学"之徒。至少拙著反复强调，他们是自负为儒家的正统的。我对把心斋当作是不反儒教的山下氏（我对其一一的论证过程实际上是一向不能同意的）表示满腔的敬意。但是山下氏如果因此认为心斋不能成为卓吾的反儒教的源流的话，那么就不可能不产生很大的疑问（详情请直接参照拙著）。

其次，是在这项中的山下氏的积极主张，即心斋是接受阳明前期的思想、龙溪是接受阳明后期的思想之点。诸家都承认阳明学说在不同的时期有不同的相貌，但是贯通这不同相貌的一个根本立场则常常是"心即理"，即前期与后期没有根本的、截然的变化，这一点包括山下氏在内都是一致承认的。必须说，事情是非常微妙的。虽然这也许最终会导致无休止的争论，但是再大略地斟酌一下吧！山下氏的主张是"虽然在前期在后期都不与心即理相违，但意思稍微有些变化"，即：

> 在存天理去人欲的前期立场被换成致良知之处，可以看到从理至心的一层移动。故在作为后期语录的《传习录》下卷中有下面的一段对话："程子云在物为理，如何谓心即理。先生曰：在物为理，在字上当添一心字。此心在物则为理。如此心在事父则为孝……"

但是，这种说法果真只能在后期致良知的立场上才能出现吗？例如说：《传习录》上徐爱录的第三条，我认为这确实是前期、相当早的时候的话。(山本正一氏《王阳明》第三章)在那里能看到下面的一段话,与这种说法有什么区别呢?

> 爱曰:"如事父之孝。事君之忠……其间有许多理在。恐亦不可不察。"先生叹曰:"(否)。且如事父不成。去父上求个孝的理。……都只在此心。心即理也。……以此纯夫天理之心。发之事父。便是孝。……"

现在如果再加一例的话,那么在被山下氏看成是作为王阳明的向第二期的转折点——阳明49岁的七年以前,即42岁时的书简(《全书》四,《与王纯甫第二书》)中说道:

> 在物为理。处物为义。在性为善。因所指而异其名。实皆吾之心也。……

我并不认为没有必要把阳明学说分为前期与后期,那是必要的;静态地去看动态的事物也确实是可能的,决不是无意义的。但是我想说的是下面的意思。王阳明思想前期后期的划分,如果只把它看成是在沉思的(Contemplative)意义上的思想划分的话,就没有抓住阳明学说的关键,忽视了其精神;就没有把阳明的思想理解为与其说是概念性的,不如说是行为性的(安田二郎《中国近世思想研究》一八八页)。山下氏对阳明的思想为何从前期向后期发展这个问题,完全没有任何说明。但是为了探讨阳明学展开之轨迹,对要阐明思想(山下氏的所谓思想)深处的"尧舜孔孟之道"的真义而拯救这个昏迷之世的传道热情,和对"天地万物。本吾一体者也。生民之困苦荼毒。孰非疾痛之切于吾身者乎……天下之人见其若是。遂相与非笑而诋斥之。以为是病狂丧心之人耳。呜呼。是奚足恤哉。吾方疾痛之切体。而暇计人之非笑乎"(《传习录》中《答聂文蔚第一书》)这样的仁人志士的精神,能不去关注吗?阳明之学首先是"圣学",是"道"的学问。"德不可以徒明也"(《全书》七,《亲民堂记》),他高唱良知,不就是因为要使"世之君子""视人犹己。视国犹家。而以天地万物为一体"(上引《答聂书》)吗？我不能把这样的精神、这样的热情与在别的领域中被叫作思想的东西相提并论（提倡致良知说的直接动机是因为要拯救学者的"喜静厌动"。但只有强调动才能连接万物一体之仁）。因此，在现在的场合，至少作为主旨，并不是谁接受前期的思想、谁接受后期的思想这种性质的问题（所谓实践性思想，我认为，并不是指弟子原封不动地接受继承老师的思想后所达到的高度，并直接由此出发这样的东西。如果极端地说的话，那甚至常常是指被弟子再一次从头重新做的东西）。我宁可说心即理——它的凝缩与标语化就是致良知——这样的原理，不仅仅是作为哲学概念，而应该是作为活生生的思想，一个充满了热情与志向的思想而被各自继承，并根据各自的个性、关心、能力和实践的状况而在各个方向上展开与发挥（在这种场合什么会成为问题，请参照拙著六五至六六页）。所以不能说"在从前期向后期的变迁中预见到了以后的反儒教的倾向"吧！我想，要是说那是在"心即理"的原理中已经包含着的，这样就可能更稳当些吧！再有，山下氏通过经书观来分析阳明思想的展开，并根据对经书观的分析来论证不应该在阳明——心斋的线中，而应该在阳明——龙溪的线中来探明卓吾的反儒教的源流——我想这个着眼点本身是很出色的。因为如果真要全面地、积极地否定经书的话，那么它确实值得称为是"反儒教"。然而，适用于阳明学的究竟有多少效果呢，这是很有疑问的。因为那决不是阳明学的核心问题。但山下氏对此的论证是奇妙的，在他看来，阳明在前期是"经即史"的思考方法，认为"把经降低到史"，"道应随时代一起变化"；后期为"六经者吾心之记籍也"。于是山下氏认为"因为经过承认经的历史性的前期思想之后，经就被看成是'心'，所以可以说，经的权威性更下降了一层"。然而这不是太无视了阳明的意图吗？《传习录》上一三条的那段原文请好好读一读。它表明了记录"事即道、道即事"这种时代的"事"的东西是"史"。根据他的观点，道（理）不表现于事的时代（三代以下的时代）是错误的时代。只有三代才是正确的时代。六经是这种时代的"史"。即不仅没有降低经的权威,而且是确认了经的完美性。这恰巧与以下的事情完全相同,即由于后期的"六经者吾心之记籍也"这句话在《稽山书院尊经阁记》中说出来,王阳明被一些人看成是侮经、贼经与乱经的人,与这些人比起来,王阳明则强调只有自己的立场才是"尊经"的真义。这两件事难道不都是由于方法违背了意图而被历史所嘲笑的例子吗?不用说,如果在这个意义上我也承认在王阳明思想上经的权威低下这件事(参照《东光》四号的拙稿)。但是我不得不说,山下氏所做的阳明思想一定要经过前期的阶段经的权威才不至于低下这样的论证是毫无意义的。

总之,山下氏把心斋作为接受阳明的前期思想,而把龙溪作为接受了阳明的后期思想来看待。然后更进一步试图立证两者的差异,这首先是关于解释《大学》的方式,其次是关于对经书一般的看法。关于对《大学》的解释,暂时放置一下。先让我们来分析一下山下氏关于经书观的论证。关于王心斋,山下氏说了下面一段话:"据说他在从学于阳明以前,经常在袖中揣着《孝经》《论语》《大学》以便时常学习,经对他来说是绝对依据之所在,这时并看不到经与心的对立。于是认为应该依照经所指示的那样去实践,甚至自制古冠服着用……在从学于阳明之后,只是按照其师的口吻原模原样地说六经是吾心之注脚……王心斋的奇矫的行动即使在从学阳明之后也没有什么变化。为了向天下说道,制作了如孔子用过的那种式样的车,乘着此车意气风发地向京师出发,这不是说出了他对经的盲从吗……"(七五页上下)。从心斋把经书揣在袖中的这件事而断言说看不到经与心的对立,这真是独特之论,对此想敬而远之(我只把它理解为与二宫金次郎式的美谈[282]相同)。问题是,心斋的奇矫的行动,是山下氏所谓"对经的盲从",这确实只是山下氏一家之言。但是如果拜借山下氏的论证方法来说的话,那么这正是"行动"而不是"思想"。在心斋那里,明显地有了"经所以载道。传所以释经。经既明。传不复有。道既明。经何必用哉。经传之间。印证吾心而已矣"(《全集》二)这样的"思想"。这个思想最终没有传下去吗？如果认为这不过是模仿阳明的口吻的话，那么山下氏所引的龙溪的两条语录与阳明的口吻又有什么差异呢？而且山下氏关于龙溪只列举"思想"而不列举"行动"，但龙溪年高80多岁还东奔西走，传道不止，不就是因为唯恐成为"师门之罪人"吗？不就是为了不使"师门之一脉""老师之一脉"绝灭吗？而且，如此的龙溪，如山下氏所引的那样，说过"天下之公学非先师可私者"(关于这一点参照附记第二条)的话，这恰与山下氏所认为的"对经书的盲从"的心斋所说的"道既明经何必用哉"的话相同。问题不正是在这里吗？在两者的经书观中能勉强看出差异，此论不是太勉强了吗？如果再进一步思考的话，那么，心斋的奇矫的行动应该就是"反儒教"的了吧！但是在这一点上，即使龙溪也是同样的，山下氏要求他们反儒教的方法本身，不是太性急了吗？首先在心斋，不应该要求其一下子反儒教，而是应该先看到其反(非)士大夫的反(非)通常观念的方面(拙著一〇八页以下)。"对他行动的奇矫性，之所以人人侧目相看，同门人也皱着眉头，只不过是因为心斋无视(在士大夫社会内)应该具有的气象、矩矱而已。而这些人这样做的理由则无论如何都明显地是荒唐的。"(拙著一〇九页)对要发现作为社会实在的思想的人来说，这件事无疑具有很大意义，但是站在山下氏的立场上看，这也许不太重要(拙著一〇九至一一〇页)。要在人人都认为无教养的心斋那里寻找出深远的"思想"是办不到的。"把心斋作为杰出的'学说家'是不妥当的吧。"(拙著一〇〇页)嘲笑他对经书的盲从很容易，但是历史有时不正是通过这样的逆说而运动、变化的吗？我在这里想起丸山真男氏曾经指出过，徂徕[283]的社会观比蕃山[284]、素行[285]的社会观离真理更远，认为"徂徕的这种非真理"，无非是思想史转换过程中的"故意而为之的逆说言行"。这种言行果真离经叛道吗？(《近世日本政治思想史的自然与作为》一、末尾)

不过为了避免误解，想在这里先归纳一下。我不认为心斋进入了阳明思想、阳明哲学理论的深奥殿堂。在这一点上我想或许我也有可能像山下氏那样把心斋看成是接受了阳明前期的思想吧。我也不否定"卓吾的思想出自龙溪"。我所否定的是那种认为阳明的后期思想包含着反儒教,由此在其后期思想传到龙溪——卓吾的这条线中,应该看到反儒教的师承性的说法。我想,如果应该在阳明的学说中寻找反儒教思想的话,那么就应该在"心即理"的立场本身中去寻找;在这一点上,前期后期并不具有很大的意义。于是,从这里是否会产生反儒教这个问题,就要由阳明心学是怎样的性格,它在怎样的运动潮流中,又是在怎样的情况(Situation)下被主张、被实践这个问题所决定。接受阳明后期思想的,不仅是龙溪。或者不如说,居然接受了阳明后期思想却成了"右派"的人更多。我认为把阳明说首先作为实践的思想,把左派王学首先作为"运动"(拙著九〇页)来领会是很重要的。在思想本身,在哲学理论方面,卓吾确实最仰慕龙溪!然而这件事决不意味着卓吾不仰慕泰州的诸氏!心斋也许"在思想性上难以成为卓吾的先驱"(七七页下)。但实际上左派王学论者并不那样认为。然而,在思潮上两者都具有心斋——泰州学派——卓吾的系谱,是处在同一个派别中。左派王学论者重视的正是这个思潮,或者说重视的正是这个运动,而且重视这个思潮与运动的一代比一代更加激昂这一事实。

三 其二

现在让我剖析一下山下氏的卓吾与心斋,或者说卓吾与泰州学派(中的心斋派)不能联结在一起的这个最后的论证吧!山下氏问道:"尽管心斋的尚古主义与理的主张与卓吾相反,但为什么卓吾把心斋赞赏为阳明门下的最英灵者呢?"然后断言道:那只不过是因为"卓吾通过罗近溪、何心隐而眺望作为其源流的心斋"而已(以下七八页下至七九页下)。

首先关于近溪。山下氏重视近溪在卓吾的"童心"说之前所说的"赤子之心"之点(这点拙著也指出过),又举例说因为"说过理在成为天地之理之前,是内在于各人之中的;又说过把知止解为无知,'天下之真知在我'",所以近溪与龙溪有同一思想倾向;山下氏认为"近溪的思想源流不是心斋而是龙溪",近溪位于"联结龙溪与卓吾的地位之上"。我在分析近溪位于联结龙溪与卓吾的地位这个问题时,既没肯定也没否定。但是,近溪的思想源流,果真不在心斋而在龙溪吗? 最不可思议的是,如此强调师承的山下氏,在这里却没有顾及到这个问题。按照近溪自身所言,他最倾倒的老师是颜山农,这是毫无疑问的(《泰州学案》序,拙著一一三页)。山农是心斋门下的徐波石的弟子。如果那样,徐波石——颜山农的系统不就成了肯定龙溪而否定心斋的龙溪派了吗?恐怕不是这样的吧!不如说恰恰相反。这么一来,如果按照山下氏的逻辑,那么近溪的思想绝对不可能源流于龙溪,而我却认为也许来自龙溪(这成为对山下氏把泰州学派一分为二的又一个反证)。但是,既然心斋之学归根结底是阳明的心即理学说,那么就是"大要出于良知同,便各为说何害"(《传习录》下九三),于是近溪思想的展开当然是可以预想得到的(不过波石在心斋之门毕业之前师事于阳明。如果是那样的话,我论证起来就更方便了)。弟子的思想只能是与其师之说相同的东西的这种假定,特别是对于其门下被分立成截然相反的学派的阳明学来说,是很不恰当的!明代的学界与汉代的学界是不同的,山下氏过于想把卓吾与心斋相分离,这不是太勉强了吗?

其次是关于何心隐。山下氏说"关于何心隐,卓吾有何心隐论。他的批评是很抽象的,因为只是共鸣于其'杀身成仁''独来独往、自我无前'的行动而没有触及到何心隐的思想,所以只是停留在所谓热情的赞美上……如果说布衣何心隐与将之处刑的宰相张居正两者都有值得学习的地方的话,那就是两者都是杰出人物,都是具有坚强意志的人。卓吾在称赞秦始皇、汉武帝的同时也称赞陈胜以及无节操的冯道的理由,就是因为他们都具有独特的个性,是不畏惧世之非难的堂堂的人物。何心隐与王心斋具有系谱性的联系的理由也正是在此",于是山下氏把卓吾赞美心斋的理由归结为"心斋作为庶民学者确实是独特的存在,他的奇矫的行动是正好与卓吾的趣味相投的特异的东西","卓吾的心斋崇拜如果在于其行动的特异性的话,那么它与对始皇帝的赞美就属于同系列的,而不意味着任何思想的同一性"。对于这一结论,首先我从《续焚书》卷一中,引用卓吾给焦弱侯的下面的一段书简:"何心老英雄莫比……奉去二稿(铃木虎雄博士说:其一可能是何心隐),亦略见追慕之切……盖弟向在南都,未尝见兄道有此人也,岂兄不足之耶,抑未详之耶?若此人尚不足,天下古今更无有可足之人矣。"按照山下氏的逻辑,这也许不是对"思想"的共鸣。但是这段卓吾的书简,正说明了他对心隐的倾倒不仅仅只是限于对其热情与行动的赞美,我认为那正是对人格的倾倒,对精神的共鸣。所以,思想与实践成为一体,思想要成为人格,不,几乎是要成为性格,这才是阳明学的根本主张,这也是卓吾所特别强调的,不是吗?山下氏首尾一贯地把卓吾对心隐的共鸣认为不是对思想的共鸣,这就说明山下氏是首尾一贯地误解着阳明心学的本质的。山下氏还说卓吾对始皇、汉武、陈胜、冯道等的称赞与他们的思想没有关系。然而,例如对被作为无节操的典型的冯道,当卓吾在说:

冯道自谓长乐老子。盖真长乐老子者也。孟子曰。社稷为重。君为轻……信斯言也。道知之久矣。夫社者。所以安居也。稷者。所以养民也。民得安养而后君臣之责始塞。君不能安养斯民。而后臣独为之安养斯民。而后冯道之责始尽。今观五季相禅。潜移嘿夺。纵有兵革。不闻争城。五十年间。虽经历四姓。事一十二君并耶律契丹等。而百姓卒免锋镝之苦者。道务安养之之力也(《藏书》六十八,拙著二〇〇页)。

那果真是在称赞与思想相分离的"独特个性""堂堂的人物"?这难道不是非常明白地说明了卓吾已经领会了其思想了吗?当然,那是否是思想本身(哲学理论?)或者是否是冯道自己的思想,这是一个问题。

但是这并不说明卓吾没有看到冯道的思想并与之产生共鸣。要把思想与行动、思想与热情、思想与人格分离开来——我并不想要否定其自身——这至少不是阳明学研究中妥当的立场。问题正是在于：自负为儒学正统的阳明学，为什么最终不得不达到这样的认识呢？（拙著第三章）

为了卓吾，想顺便附上一句话，那就是：卓吾决没有否定节义本身。这件事除了《藏书》的记载之外，如果再读一读《焚书》五的《唐贵梅传》就会明了。在那里，他被尽管有悍姑酷吏把种种手段用尽来进行胁迫的制裁(lynch)，但仍保持贞操而最终自杀的烈妇之传（杨升庵作）所感动，再录之，并认为"此传有裨于世教者弘也"；他还在其按语中把"素读书而沐教化"的官员的行为与"未曾读书而沐圣教"的贞妇的行为相对比，说："先王教化，只可行于穷乡下邑，而不可行于冠裳济济之名区。只可行于三家村里不识字之女儿，而不可行于素读书而居民上者之君子。"我想直率地接受这段话。我每读这一段话，不禁就会联想起顾炎武的"有亡国。有亡天下。……保国者。其君其臣。保天下者。匹夫之贱。与有责焉耳矣"（《日知录》一三，《正始》）这段话。这虽然是如此憎恶卓吾的顾氏的话，但是在两者之间不是出乎意料地流动着一脉相传的思想吗？卓吾把秦始皇说成千古一帝（《藏书·目次》），顾氏也把秦始皇比作三王（同上，《秦纪会稽山刻石》）。我想什么时候把卓吾、张居正、唐甄、黄宗羲、费密、顾炎武等的思想作为一个系列的思想来研究一下。

最后是关于心斋。卓吾称赞心斋最英灵。这可以从他称赞那为了抛弃像温清和功名这样的小孝而要尽"拔吾慈母于苦海"的大孝，因此认为必须成佛道从而毅然决然弃母出家的上人的文义中看到。即首先称赞上人之后，再发出"古人称学道全要英灵汉子，真……"之感叹；再叙述心斋以下泰州学派的诸氏（以下全文见拙著一五六页）；最后以"盖英雄之士，不可免于世面可以进于道"作为结语。恐怕这也不是对思想本身的共鸣。但是，比这更重要的是阳明在说"现在我已抛弃乡愿的气味"、龙溪在说"狂者入圣的真路头"（拙著一三八页）的时候所意味的东西，没有它思想本身就一下子成为废话（nonsense）。这不就是对它的共鸣吗？在他们那里没有被称为思想的语言，但是他们所说的"学""道"不正是一种含蓄的说法吗？不言而喻，卓吾正因为是有这种性格的人，所以对心斋学说（就是心斋的思想本身、其哲学理论）中可以嘲笑的地方就毫无顾忌地指出来，这种情况也是有的（例如《续焚书》一，《与焦漪园太史书》）。而且在他的一书简中说："……若以为害人，则孔子'仁者人也'之说，孟氏'仁者心也'之说，达磨西来单传直指诸说，皆为欺世诬人，作诳语以惑乱天下后世矣。尚安得有周、程，尚安得有阳明、心斋、大洲诸先生及六祖、马祖、临济诸佛祖事耶？是以不得不为法辩耳。"（《焚书》一，《答邓明府》）又说："……如此，举世道学无有当公心者，虽以心斋先生亦在杂种不入公穀率矣。"（同，《答耿司寇》）还说："……如其迹，则渠老（邓豁渠）之不同于大老（赵大洲）[286]，亦犹大老之不同于心老（我认为是心斋。如果是何心隐应引用于前项）[287]，心老之不同于阳明老也。若其人，则安有数老之别哉！知数老不容分别，此数老之学所以能继千圣之绝而同归于'一以贯之'之旨也。若概其面之不同而遂疑其人之有异，因疑其人之有异而遂疑其学之不同，则过矣。"（同，又《答石阳太守》）关于卓吾的心斋崇拜是"与对始皇的赞美同系列"的、是对行动的赞美的说法大概不能成立吧！恐怕这并不意味着其思想上的同一性。卓吾在思想本身，比心斋远远要高出许多；然而卓吾又把心斋作为为"学"的人、"道"的人而赞叹之。

（顺便说一下，我不得不怀疑山下氏所说的"心斋也许忠实于阳明的知行合一论，但他是所谓无学者，对佛教道教没有任何理解，在这点上也不能与卓吾联结在一起"这段话，不明白它究竟是个什么样的学说。因为知行合一论才是阳明心学的真髓，与此相反，他们把修养与博学贬低到第二义第三义的地步。即使是这样，问题还是在于，如此排斥佛老的阳明说，为什么最终会归结于三教合一论？如此抨击修养的阳明说，为什么会产生出像卓吾和焦弱侯这样的博览家、有修养之人呢?)

除此之外,又例如他对心斋的明哲保身论的解释(七八页上)(我的解释见拙著九六页以下);再如对心斋的教化,他引了"不用说,这不是促使农民阶层自觉的内容,而是教他们天理,以致使他们安住在其境涯"的例证而加以按语(一一〇页上。我虽然认为这个按语本身在某种意义上是适当的,但是,并不依靠自己的正当劳动却借入大笔金钱来行商作买卖发大财,这是促使农民阶层自觉的事吗? 这是山下氏的所谓庶民——生产者的市民层——的精神吗?)还有关于他在附记中非难"王学左派"这个词语的理由[在我看来,(1) 只是因为对新语(Nel-ogism)的反感;或者(2),山下氏因为重视龙溪,所以认为王学左派论者没有在这个词语中把龙溪包括进去,这是不充分的。我所能考虑到的就是这两个理由。如果是(1)的话,不言而喻就不是讨论的范围;如果是(2)的话,那么就明显是误解。王学左派决不仅仅只是指所谓泰州学派,这个用语肯定是把王龙溪包括在内了的,这只要看一看嵇氏《左派王学》的目录就可以判明]等等,难以理解之点还很多(例如六八页下到六九页下,有关朱子与阳明的经书观的议论。我认为它典型地表现出山下氏的思考方式。这样的议论有什么必要呢? 有什么意义呢? 我难以理解)。以上就是我想论述的几条大纲。言辞之间可能有失礼之处,请原谅。山下氏的这篇论文,因为受到篇幅的限制而不能充分地发挥自己的观点,这很值得同情;但是即使是考虑到这一点,我仍然相信我的批评是很正当的。

最后,为了不掩盖山下氏之美,我想列举以下几行文字:山下氏结语中的"王龙溪与李卓吾是下级的士大夫。在明末这样一个国家财政破绽百出、官僚腐败以及农民暴动的时代,最亲身感到重压的是他们。在意识到封建体制的矛盾的同时也懂得了作为其思想支柱的儒教的虚伪性。卓吾通过对说天理的人们主张人欲,对似是而非的道学者们剃发显示僧形这样的逆说言行,发射出了批判之矢"。卓吾是否只是个逆说家,这是一个问题;这几行文字的意思与嵇氏的(恐怕也与吴泽氏的)结论是如何的大相径庭这也是一个问题。总之通读山下氏的论文,我不太感到需要抵抗才能读下去的,似乎就只有这几行文字。

(附记)关于龙溪思想之我的解释,因为预定不久就要发表(《东洋史研究》一二之二,揭载于 1952 年 12 月),所以本稿就不深入论述。这里只想指出两点:(1)山下氏七六页下引《欧阳南野文选》序以此来怀疑龙溪有"连其师阳明的良知说都想超过的意图",这不是过分断章取义、过分莫名其妙的议论吗？参看龙溪的全部思想,我很难想象这样的说法是怎样成立的。(2)又七七页上引龙溪的"天下之公学,非先师可私者"这句话,然后评价道"从这句话来看,被说成是儒教叛徒的李卓吾,其产生的源流错了吧",这恐怕也错了吧！看一下《王龙溪全集》卷八的原文,这不过是辩明"先师之苦心"的话,即:先师阳明对朱子敢于立异,然而这并不是其本意,这只是因为学是天下之公学非先师可私者的缘故,所以敢于提出异议。像阳明对朱子说的"天下之公学也,公言之而已矣"这种意义,完全不存在。

(《史学杂志》六一卷九号,1952 年 9 月)

后　记

本书是距今 21 年前即昭和二十四年（1949）三月发的新版。关于汉文的翻译和引用文，我对之全部进行了再一次的审查，加了一些改订。此外，除了订正了两三个事实之误，关于论旨，完全没有加以任何变更，既没有重新增加引用也没有削减，只是改变了假名的用法，增加了段落。

到目前为止，不只是出版社，而且很多人都要求我再版，但我不太感兴趣。我觉得理由有二。最大的、决定性的理由就是：本书在总体上，特别是其序文，过分激昂，时间一长，即使嘴上不说什么心里也变得厌烦起来。有一句话叫作"乡下时髦"，"时髦"（high coller）这个词本身的意义另当别论，但在这里似乎总是有什么可以使人联想到这个词的东西；稍微放一阵再重新读一读，就很难为情以至于不好意思见人，对这样的文章无论如何也难以忍受。最近，当波多野善大氏说到我们都上了年纪这话时，顺便言及这篇序文，那时简直窘得无地自容。很棘手的是，这篇序文因为包含着与本论相涉的很多部分，所以似乎不能简单地将其削除掉。第二，对引用古文的严重误读，还有事实的错误，不胜枚举。但具有较大影响的是对《孟子》的"尚友"一语的意思理解错误（本书一四四页订正）。虽然我并没有因这件事受到人们的指责，但因为是从事于儒学方面著述的人误读经典文章,所以影响极大。除此之外还随意地解释佛教语、禅语之类。特别是其中关于"急乘缓戒"(本书二一〇页订正),除了得到荒木见悟[288]氏指教外,还幸亏得以参加入矢义高氏所指导的禅籍会读,才意外发现了自己的错误。但其中对"末后一著"(本书一七一页订正)所使用的解释也没道理,每每回想起来,肠子都后悔得发青。

作为误解事实的例子,王阳明出生于余姚,但我对其主要住在绍兴这件事没加以注意,这也是很不体面的(本书八九页订正)。还有我对《明史》没有把阳明列在儒林传中而感到不可思议,这是最没有道理的(承蒙吉川幸次郎先生指教,本书三二页订正)。之所以这样说,是因为不仅对旧学的学者来说恐怕是属于初步常识的事我都不知道,而且实际上当时的我,确实事先读过明白无误地指出这一事实的文章,并且还强调过要参照这篇文章。即我在本书第一章的注三五中,列举了黄宗羲"移史馆论不宜立理学传书"的名,其中,清楚地说到过:"古来史法。列儒林文苑忠义循吏卓行诸门。原以处一节之士。而道盛德备者。无所俟此。故儒如董仲舒。而不入儒林传。忠如文天祥。而不入忠义传。"回顾当时自己的研究能力,毫无疑问自己只是从字面上来读这一部分,作为其意思之所在,的确没有理解。这是否与人们在读西洋语时碰到的情况相似就不得而知了;但是在读古文时,至少作为我来说,这种莫名其妙的事情是屡屡存在的——除此之外,把"国可灭,史不可灭"作为黄宗羲的话也是误解,这是《元史》一五六的董文炳的话。这也在出版后马上注意到了,但是因为文章要持续下去的关系,不能加以订正,连新版也只好如此(本书序,七页)。又严格地说,例如本书第三章注十一的徐光启对焦竑的关系,仅从科举考试的座主门生的关系出发而称为"弟子",像这样的例子,也应该事先记下,但是最终却放置下来,没有着手。这类事还有很多。

使我陷于无论如何都要再版的窘境之中的,是筑摩书房的土井一正氏。土井氏是在我的旧版书出版时,对我关照不少的人。那是很多年以前的事了，有一天他突然到我这里来对我说：读了您在杂志《思想》上刊登的《李卓吾论》一文（《思想》四六二号，1962），在那篇文章的注中，您要读者参照《挫折》；但要人们参照一本等同于成了绝版的书，是不是不合情理？对此我虽然没说什么，但是仍然不想立刻再版。就这样不知磨磨蹭蹭地过了多少年，由于某种兴致我突然下了决心，大约一星期几乎天天待在研究室中，一口气修改完了这本书，这正好是两年前，前年8月上旬的事。修改的方针，就像开头时写的那样，除引文以外，论述部分几乎没有作什么实质性的修改。没有修改论述部分的意思是说没有改订论旨。

因为我想这多少也是20年前的作品，自己的思想方式已发生了很大的变化，即使现在要稍稍作些修改也无能为力。以补注的形式，将那之后的所得和我现在的见解一一附录于卷末的事不是没有考虑过，只是时间和精力不允许。实际上，旧版发刊以后，我至少阅读了李卓吾的《续焚书》《明灯道古录》，邓豁渠的《南询录》，王龙溪、耿天台、达观禅师的全集等等，也接触到了楠木正继[289]博士的诸论文与侯外卢氏的《中国思想通史》。神田喜一郎先生对我的教诲也很多。如果将这些所得不加保留地增添进去，那么在质和量上都会完全面目一新而形成另一本书。于是最终不得不停留在这种不彻底的修改上。在请读者贤察的同时，如果谁想要了解我最近的拙见的话，那么我谨告读者，《朱子学与阳明学》（1967，岩波新书）一书证述了我近来拙见的概要。

旧版刊行以来，主要的批评有以下两点。第一，《斯文》三号（1949）上登载的山下龙二氏的书评；第二，岩间一雄[290]氏之后在其《中国政治思想史研究》（1968）中汇总的诸论文的批判。对山下氏的批判，我在《史学杂志》六一卷九号（1952）中加以了反论。那就是本书中作为《补论》的《王学左派批判的批判》一文。山下氏对此又进行了反驳（同杂志同卷一二号）。最大的争点是在于：阳明思想究竟是不是近代性的？

对岩间氏的批判，我的答辩尚未公开发表，但因为幸亏同氏保存了我曾经寄给他的私人信件,所以基于岩间氏的谅承,以下登载其全文。这是对《名古屋大学法政论集》二五中揭载的《阳明学研究的问题点》(后面《中国政治思想史研究》序章)所表达的观点的返信。还有在拙著《朱子学与阳明学》一九二页中,本来理所当然应该登载岩间氏的尊名,不留神给遗漏了,这真是太失礼了,在此深深表示歉意。怎么会出现这样的失误连我也不太清楚,大概因为这是出版了15年以后的作品,所以不容易想起来吧!

　　　　拜复。几天前您的来信及大作的单行本都已拜读。已过了快三周还没有回信,很抱歉。劳您顾及小生(译者按:日本学者常以此自称)那微不足道的研究并给予严格的审查及批评,感到非常过意不去,从心底表达对您的谢意。毕竟由于这是15年前血气方刚而作成的强词夺理之文的缘故,想必前后不正确之处一定很多,所以,不禁感到汗颜。

　　　　但是,关于您送来的大作,小生不一定都能同意您的批评,这是很遗憾的。我认为总的来说,那应该归结为作为社会科学者的学兄与作为人文科学者的小生之间的本来对问题设定的不同;应该归结为作为研究者的存在方式的不同。那么,什么叫人文科学者呢?因为要简单地下定义是很难的,请允许我不作解释。虽然那可能还算不上是哲学上的大问题,但学兄若无其事地断言"无论如何,战后的中国停滞论批判是明确地以唐末五代作为划期的……这明确了封建社会的成立"(一〇八页,《研究》序章二三页),但小生并不如此认为。这点虽然是关于目前的问题,体现出根本的对立;但这点如果不解决,也许就不能期待其他议论可以一致。但是现在请让我省略这一点,然后极扼要地指出尊论中我不能同意的数条。

　　　　1. 大作认为,拙著是把"安田氏的研究成果作为前提"的,在这点上小生颇感意外。虽然对于从第三者的眼光看出来的这种东西,小生在此即使再否定也是没有意义的,但是,拙著总之只不过是基础于毕业论文之上的东西而已。在写这篇毕业论文的过程中,小生连安田氏的存在都不知道。即使是两年后与安田氏属于同一个研究室,谦虚的安田氏对小生根本也没有叙述过自己的学说。唯一的一次机会,是在公开演讲会上听过他的《阳明学的性格》,仅此而已。在研究室的研究课题,只是参加过《毛诗正义》校勘与《元曲》选译;有关理学的方面基本上没有成为过话题。安田氏是那样地谦虚而小生又有一种难以与人亲近的性格,因此,非常遗憾,没有直接受到过安田氏的专门指教。只是有一两次在一起议论过普遍妥当性的定义与其他相似的用语的定义的事。受到自己的思想方式束缚的我,多少变得冷静起来而真正理解了安田氏的学说并从心底里敬服起他来的,是在拙著出版以后。

2. 上面讲的这些,如果具体地说,就是以下您所指出的几点使我感到意外。即拙著是按照安田氏的观点,把阳明学与"朱子学分离开来看";拙著"捕捉不到阳明学所担当的要克服朱子学的危机这个历史性课题之点"(一〇四、一〇五页,《研究》序章一九页)。本来安田氏的学说果真是"分离"与否,这也是个问题吧,但是这点现在暂且不谈。在拙著中小生所要达到的正是学兄所主张的反"分离",我相信只要读一读,谁都会理解这一点的。小生因为把阳明学始终看成是朱子学的展开(克服危机的过程)(也许稍微看过分了一点),所以认为阳明学比朱子学徒还要严格地、热情地追求朱子学课题(圣人之学)中的"没有预想到的矛盾"[拙著九四页。但是小生把这一语是用在积极的(Positive)意义上。这一点与注二七(《研究》序章注二八)有共鸣],最后,相反的结果发生了。简单地说,这就是小生之说的梗概。我认为这件事在历史上是极常见的。正如新教基督教和中世的基督教追求的是同一目标,也就是说追求比中世更严格、更热情的世界的基督教化、世界的圣化,把人也更加隶属于神,根据这一要求,最终作为"没有预想到的矛盾",产生出了非宗教性的文明,我认为这是同样的道理。在那种场合,怎样看朱子学就成了问题,但小生因为不一定认为那肯定是"封建性的",所以,如果一定要把它与西欧式的东西相比较的话,那么,不如说,它不是应该与文艺复兴期——绝对主义时期的哲学相比较吗?

3. 您从岛田是怎样把握"近代"的这样的设问开始而作出各种各样的论断。但此论小生实际上到现在都还不能下明确结论。拙著的根本立场暂且就是其九三页(本书八四页补记)的补记写的那样,但是学报所登载的拙文(《东方学报》京都二八《中国近世的主观唯心论》)注六〇中所写的见解也不应该否定。虽然我承认我的立论是很不明了的,但是我也不因此就认为它是"无内容"的。例如关于一一五页第四行以下的,也就是可以作为尊论的总结论的那部分(《研究》序章二九页),小生认为,作为"中国史在世界史的规模上的普遍性与特质","资本主义的缺位是中国近代的特质"。这个主张,现在思考起来也不觉得它是无意义的;并且小生也不认为"中国特殊论就等于停滞论"。小生的这一主张不但不特殊,而且它不就是刘大年所谓的"世界的半数国家(A·A诸国)都具有中国型态的历史"(从《近代史的诸问题》引出的大意)吗?这点应该更详细地解释,但是因为需要非常庞大的篇幅,所以就作罢了。

4. 小生所确认的近代思维的成长和挫折,不是对狭义的阳明学,即不是对阳明其人的哲学,而是对阳明——泰州学派——卓吾的全面展开而言的。学兄完全无视了这一点,这是为什么呢?

5. 避开一一言及的细微之点,只是还想提出一点,就是关于一〇七至一〇八页(《研究》序章二二页)上的一个问题(请学兄再读一次《东方学报》拙稿的三五至三六页)。按学兄的观点,拙稿讨论的王阳明的拔本塞源论是"与近代性的职业观原理性地对立的","这不如说是封建体制论的直截了当的表现"。但是这与《学报》三五至三六页拙稿的论说有多么大的不同啊!如果对说的每一句话都不太吹毛求疵的话,那么当小生把它称之为"几乎不过是典型的有机体说""道德主义的极点"的时候,也不过是概括地说同样的(或者说同一方向的)话。只是在这种场合,小生评价"人的根源性平等的主张非常地优势化起来"时,是把它作为"能够看到向异质性的、某种新的东西发展的萌芽"来看的。良知的平等这种思想,如果单单只把它抽取出来的话,那么,它就是在任何社会都能够有的主张,作为其自身,是既无益也无害的。但是如果向它充入某种电流般的热情、在那样的阶层组织学说中被强调的话,那么它是很有意义的。我认为它是意图与方法的分离、形式与内容的分离。它是与在神的面前人人平等这个平凡的思想一被异常地强调就可以唤起革命的激动相同的。如一〇八页二至五行(《研究》序章一〇至一三行)的才能论就是这样,但我并不承认那是本质性的论点。小生有时把作为人的哲学的阳明学的历史性位置表述为"诡辩性的境位"(《学报》六十八页),就是说,从形式上看它就是学兄的所谓"封建性",但从内容看却不一定是这样,如果从向左派展开的见解来看,它指的是"近代性"这样的境位。

6. 这不是对您的批评的反驳,但是,学兄您的立论没有将阳明的中心性的东西与周边性的东西、本质性的东西与偶然性的东西区别开来,引用也过于随便,难道没有这个问题吗?据九六页六至八行(《研究》序章一四页三至七行)及九一页七至八行(同九页五至六行)的记述,阳明的理气合一说是应该具有非常重大的意义的。但实际上通读一下阳明著作的全部,它究竟被重视到怎样的程度呢?这可能不一定只是学兄一个人这样认为,但小生对此怀着深深的疑问。此外,说重视孝,说北房的威胁等等,我不禁能感觉到您那过于为了说话方便而随心所欲的强调。

列举了长长的不得要领的东西,非常抱歉。以上谢谢您对拙著的批评,我的意见就是如此,祝您健康、研学专一。昭和三十九年

(1964年)二月十日,岛田虔次顿首。

通读了岩间氏的论文集《中国政治思想史研究》之后,我的疑问还是完全不能消解。马克思主义的发展阶段说究竟能否严密地适用于中国,即使把这个根本性的问题另作别论,但是如果把宋代以后的时代作为中国的封建时代,那么这种观点即使经过战后 25 年间的争论,到今日也越来越难以成立。这是学术界的实情。至于把唐代以前的时代作为奴隶制时代的观点,今天几乎听不到了〔这些时代划分论,即使在岩间氏那里,在被岩间氏忠实地继承了其全部理论的守本顺一郎[291]那里,也都像守本氏承认自说是"反映"论一样(《东洋政治思想史研究》二一七页),成了其全部理论的第一性的大前提、基石。佛教是奴隶制统治的意识形态,朱子学对之加以否定而作为农奴制统治的意识形态出现,阳明学作为在中国的封建制的危机时对朱子学的补充强化而出现——提倡这些观点的守本——岩间说,无非就是在这个基石上才成立起来的〕。何况成为岩间氏全部理论基础的朱子学是提倡忠(不是孝)、阳明学是提倡孝(不是忠)这种命题,在任何地方都没有被论证。如果随意推测的话,认为日本(武士社会)的朱子学一般被赋予大义名分论的性格,还有楠木博士的《宋明时代儒学思想的研究》二二二页的观点等,也许是发端于被异常地绝对扩大化了的东西。朱子学强调大义名分论是事实。但是,由此而认为朱子学的大义名分优位于孝的原理,这归根结底是不能成立的(参照岩波讲座《世界历史》九、岛田《宋学的展开》及《朱子学与阳明学》九六页以下)。不仅不能在朱子其人的所说中找到证据,而且即使考察朱子学的全部历史(这只指中国的),也是不能成立的。既然想要提倡这种否定中国史常识的学说,就必须在论证之后再主张。现在,我不能相信这个命题,如同我难以相信那些抓住阳明"理者气之条理,气者理之运用"(《传习录》中,《答陆原静书》)的这一条而评价阳明是提倡"气的哲学"的某种人们的主张一样。的确,阳明确实说了那句话,但是它在阳明学说中决不是中心性的命题,也不是本质性的命题。他彻底提倡"心即理"的哲学而不是"气之哲学"。问题不如说正是在"他一旦论及存在论的方面,他的哲学依然是气的哲学"(拙著《朱子学与阳明学》一四六页)这一点上。以阳明的这段话就可以将阳明哲学置于气的哲学上,然后推论气的哲学是唯物论,唯物论是从下向上的哲学,是人民性、进步性的哲学(这是当今中国的定论),如果这样接二连三地演绎下去,那么,从那里,从一个逻辑性的推论中不是不可能引出齐备的阳明学解释(与当今中国正相反的解释),但是,我只能认为那是非常奇怪的事。把朱、王对立,即忠与孝的对立如此确立起来,然后由此出发而展开议论,对此我不禁感到毛骨悚然。

但是,我想说一下,岩间氏的论著,从另一方面给了我很大的教训。那就是我认识到我完全不具备进行社会科学性质的争论的能力。我想我国思想史的争论多少带有这种色彩。我拼命地读岩间氏的论著和岩间氏之师守本顺一郎氏的论著。然后,虽然有能够相应地理解(我想是这样)的几点,但是对最重要之点,例如大乘佛教为何是古代的思维,为什么朱子学说忠、阳明学说孝等等道理,不管怎样努力,就是无法理解。直率地说,要我也进行那样的坚韧不拔的思辨,我的头脑是过于弱了些。例如岩间氏先断语说,岛田说把阳明从朱子"切离"开来,然后将这一断语放置于对岛田批判之发端,最后这成了岩间氏的行论之框架[(岛田)"踏袭安田氏的切断朱子学与阳明学的历史关联的方法,要想把阳明学作为新思想体系、至少是作为显在化的起点来捕捉"(《研究》序章一八页)],对此我只能认为是很明显的曲解,岩间氏若不创造这么一个前提,其结论就行不通,除此之外没有别的理由。我感到他几乎就是在颠倒黑白地来对我吹毛求疵。我相信这一点可能任何明眼人都能看明白。特别是读过《东方学报》的拙稿和《朱子学与阳明学》的人(岩间氏也读过)都会认为:岛田说是和"分离论"正相反的理论,这是毫无疑问的(参照后者的《后记》一九七页)。所以,岩间氏要作出这样的论断,应该有相当的根据。关键恐怕在于岩间氏所立足的马克思主义理论吧——像这样估计而开始了一些学习,但是为时已晚,我的头脑已变得非常僵化。总之我体会到,对马克思主义一窍不通的我,到底没有参加这样的论战的资格。我不仅仅只是对岩间氏死了这个心。在岩波讲座《世界历史》第九卷四二七页中,关于思想史时代区分的争论,我已毫不含糊地发表了脱离战线的宣言,想什么时候再重整旗鼓、进行阵容堂堂的决战,但恐怕精力不允许(校正时附记:总觉得也许会被理解为要回避争论,但不一定是那样。如果岩间氏能够就以上问题将自己的见解精简一下或写成文章让我拜读的话,那么我想我将会很愉快地应答。这样,我想即使话不投机,但如果可以得到理由来展开全面的驳论——不用说也包括《近代》等等——的话,就遂了小生之初衷了)。

最后,关于本书的基本立场,要想辩明三个问题。第一,关于标题中所谓"近代思维"的"近代"一语。

我的论证方法是这样的。首先把宋以后的中国与欧洲的近代(Modern Age)并行(因为说的是从14—15世纪开始的时代过程,所以不是被19、20世纪的西欧文明所理念化了的"近代本身")。接下去因为自觉到都是人的社会,所以在宋以后的中国也肯定有与文艺复兴期以后的欧洲同样的现象。根据对这样的事之探究,中国史的普遍性与特殊性肯定也就明了起来了。总之,对生活在今天的我们来说,除此以外没有别的方法。与其从最初就把中国的独特性悬挂起来不予理解,不如把已经非常完备的欧洲式学问的诸概念作为指标、参照项(Index)来实行;也就是说,首先要尝试着在中国之中领会欧洲的因素。问题不如说就出在这之前。当碰到不适合于这个指标而不能前进的时候,怎么办呢?……扼要地说,在本书,"近代"一语是指:(1)内藤湖南博士的宋以后近代说的所谓近代;(2)在欧洲史的时代区分中,一般所说的近代是指在旧制初中、高中的西洋史的常识中所称的,文艺复兴以后经过绝对主义、法国革命而在19、20世纪到达顶点的这段时期。本书的"近代"同时包含这两个意思,这时(2)的内容是倾向于对马克斯·韦伯之原意的理解。对韦伯的理解是否有误（岩间氏认为有误）现在不做议论。总之，我利用所理解的西欧模型来试着把握中国。只是整本书"近代"这一词几乎完全应该换成"近世"。请参照以下的叙述和拙著补论。

此时需要辩明的是下面的一件事，那就是，不言而喻，即使在当时，我既没有把唯物史观所解释的发展阶段论作为普遍妥当的、所谓"科学的"概念，也并不将其作为前提；除了以最具常识意义上的西洋模式的三阶段说作为研究假说以外，也并不一定把它当作第一义性的前提。我想读了序文和位于第一章的注之最后的补记的人，很容易理解到这一点。补记中特地委婉地说"把欧洲近世性的特征作为法则上有典型性的特征而设想起来，然后在与此的对照中来试图理解旧中国"，这不管在当时还是在今天都不一定是放在任何地方都适用的标准说法，总之，它表达了当时难以下定义的踌躇感。对若没有被外在因素所搅乱的话在中国也产生了在本质上与欧洲同样的资本主义的说法，对中国社会到一定时候也能自发地达到机械文明、资本主义、市民社会的三位一体（就是说"近代"）这种关于历史的预测，我非常怀疑，现在也是这样。作为必要条件的原始积累之存在是有可能的。但是没有独特的数学学问的传统就能足以形成机械吗？没有被称之为机械的充分条件的存在，就可能形成资本主义吗？或者，如果经济基础适当发展的话，那么学问的世界也自然而然地像产生机械（自发性地产生）那样发展起来吗？——这决不是说中国文明、中华民族的无能。今天中国的情况就清楚地证明着这件事。我认为这恐怕是文明的性质的问题、方向的问题（不用说，现在作为问题的，是接触到西洋近代文明以前的中国）。总之中国没有到达近代本身。如果说将此称为"挫折"，是不符合逻辑的话，那么谨为此定义不明确而深表歉意。但是我并不认为我所说的近代的东西不是真正意义上的近代。为了避免混乱，我想不如应该用"近世"一语。但是既然到法国革命为止叫作中世，这以后，叫作近代（Modern Age）的时代区分依然不被采用，那么，它就应该是 Modern（这种说法也许会被指责为欧洲主义，但是我除此之外无法简明扼要地表达)。辛亥革命和人民共和国革命是它的完成、开花。不言而喻其间因为被卷入资本主义(西洋近代,即近代本身)的世界体制中,所以呈现出各种复杂的情况。于是,它的开花就是"近代"了吗?或者不如说那是"近代的超越克服"才更为妥当?尽管难以作出论断,但是我认为大的脉络就是如此。

第二,必须要先辩明的是我对中国文明,特别是对儒教文明的态度。我不能像战后很多所谓的科学的东洋史学论者那样,对儒教只是站在诅咒的、否定的立场上;现在也不能。我直率地说,我不太有那种只能把儒教放在教育敕语的阴暗感觉上来思考的体验。不用说,我没有感到过儒教是完全明亮的、自由解放的思想。但是同时,不能否认,我对例如孟子、王阳明、黄宗羲等热烈的儒教徒们怀着满腔的共鸣。这种共鸣的强烈性屡屡使我连我们学界的礼节——对儒教思想家的赞词,必定马上会由于指出他们的局限性而被抵消——都要忘掉了。以儒教为主轴的中国文明,如果能够用使任何人都能直观地马上明白的例子来说的话,那就是它具有可以像中国绘画那样所直接地表现出来的那种优越的先进性(假定在艺术中能够用先进、后进这样的词)。要把这种先进性否定掉,我的感情是无论如何也不允许的。另一方面,我认为当时的我,确实是所谓近代主义者,甚至是欧洲主义者。我强烈地感到,自己对中国文明没有像欧洲(方式的近代)那样开花的懊丧之情是不容怀疑的。纯粹精神性的心灵恋爱、绝对超越者的灵魂的沸腾,这样的东西究竟在中国有吗?中国所具有的,不就是那极其明智的东西吗?而且同时,我抹不掉对中国文明、儒教文化以及它那具有深厚根基的文化之深深的敬畏之念,这也依然是事实。鲁迅对儒教文化、士大夫文化的愤怒,和他的所有中国的古典都不要读的几近于竭尽全力的呐喊,我不是不感动,但是,最终没有能与之同调。或者是因为异邦人的漫不经心,或者是由于对人民痛苦反应迟钝的阶级立场所规定,或者是被不识时务的文化主义者所"腐蚀"毒害,总之如果说我是不彻底的话,那么的确是不彻底;我对儒教采取了那样"暧昧"的态度,这在当时是反动的,或者说即便在今天也是反动的。如果对我有这样的评价,我对此也没有办法。可以说正是基于这样的基础直观、基础心情给本书进行了根本性的着色;同时,它还与一个倾慕于欧洲的近代的基调相交错。因此我不得不承认,实际上这使得人们不能容易地马上理解拙著。现在有种学说一方面是对欧洲(近代)的极端的倾倒,但是另一方面,又怯懦地忽视了儒教的中国文明的伟大性及其各方面的先进性[产业革命以前中国比欧洲在总体上是先进国的说法,我认为具有不可否定的真理性。这不一定仅仅只是受到内藤湖南说的影响。我认为中国与西洋的史实——例如:关于人民日常生活的便利程度,都市生活的各种状况,生产与运输的工具形式,精神生活的多彩性的程度等等,越了解就越是不能不切实感到中国的先进性。不用说我可以预想到马上会出现反论,即会出现这样的反论:文化表面的状态不管程度怎样高,都是不能成为科学性的历史(历史学的比较)的尺度。尺度只在于生产关系的状况如何。其他的事都要建立在生产关系确定之上,都应该像对例如诸民族的封建文化的无限多样性那样去理解。但是对我来说,这种学说,不管它怎样宣扬,除了最终落脚于欧洲优越的思考方式以外,我只能想到它有一些莫明奇妙的无意义性]。扼要地说,我的立场,可以说是不彻底的。我也许不应该写这种错综复杂的书。

第三,这不一定是在旧版时自己就已经明确地推出的立场,但是我对社会科学主义的不适应感,却难以消除地存在着,这也是必须要告白的。很明显,我从来就没有考虑过将历史学的东西从属于社会科学。在战后的某个时期,对这个思考方式,有过进行了极为严厉批判的人,这是事实;当然这还没有到有"对谁都不敢说的恐惧"的这一步(平田清明[292]《市民社会与社会主义》四五页)。但是在某种人的面前公开说这种话,与表明对唯物史观的发展阶段论有怀疑一样,是需要有相当勇气的事。我有时声言,有时沉默,但是最终不能适应把历史学考虑成社会科学的思想方式。但是,在人文科学的内涵是什么这个问题上,即使说在今天,我也不具有特别明确的认识。我不但欠缺独立思考的能力,而且至少连参考书也难找到。自然科学不用说,关于社会科学,"入门""概论"有很多,但关于人文科学的书根本就没有。不知这到底是怎么回事。简单地说难道人文科学不过就是图书目录中的"杂部"吗?前年、去年的大学争论,提出了很多根本的学问论,我以很大的期望将它们读完,但是关于我所关心的问题我依然几乎没有得到任何启示。但是人文科学(暂且把哲学作为它的左翼,把训诂注释作为它的右翼)应该作为积极的存在,这对我来说可以说是不证自明的公理。历史学作为学问的分类,它应该置于人文科学中,这即使是现在也是我的估计。于是,这种我的根本的学问观,即使在当时也多少,不,应该说也相当强烈地起着作用这件事,我想在这里也是值得辩明的。

如上所述,旧版的改订稿交给(筑摩)书房,是前年8月,到现在已经过了整整两年的岁月。改订版的刊行如此晚,是因为我在很长一段时间没有校正,这完全是由于我的忽冷忽热,不能怪罪于书房。还有一点感到十分抱歉的是原来准备在本书中附索引,烦金原纪子女士特意做了详细的卡片,但最后又放弃了这一想法。这不一定是不重视这件事。我一直主张对学术书必须要附索引,但因为很想将索引做得精致一点,以至于总整理不好,对书房,同时对白白费了力气的金原女士表示深深的歉意。

1970年8月9日　岛田虔次

译者注

序

[1] 内藤湖南(1866—1934),内藤虎次郎,湖南为号,日本的东洋史学家。曾任过上京、明教新志、三宅雪岭的《日本人》《台湾日报》《万朝报》《朝日新闻》等的编辑、记者,后被聘任为京都大学教授。

著书:

《近世文学史论》

《支那绘画史》(1938)

《研几小录》(1928)

《读史丛录》(1929)

《清朝史通论》(1944)

《支那上古史》(1944)

《支那史学史》(1949)

以上据《人物情报事典》1982年第三卷(日外アンシユーツ)、《日本人名典据录》(日外アンシユーツ)。

[2] 德语。意思是即自,就是说某种东西与其他东西毫无关系地存在着。

[3] 《文心雕龙》,《宗经》。

[4] 岛田氏添加。

[5] 橘朴(1881—1945),记者,中国研究家。肄业于第五高等学校、早稻田大学。自明治三十九年起到中国东北后,几乎一生都在中国度过。

著书:

《中国革命史论》
《支那社会研究》
《支那思想研究》
《中华民国三十年史》
昭和四十一年,刊行《橘朴著作集》全三卷。
以上据《日本人名大事典·现代》。

[6]《诗经》,《小雅》。

[7] 小岛祐马(1881—1966),中国哲学家,文学博士,号抱瓮。京都帝国大学法科大学及京都帝国大学文科大学哲学科毕业。由于《支那古代社会的研究》而被授予文学博士学位。同志社大学法学部教授,京都帝国大学法学部教授,京都帝国大学文学部教授。专攻中国思想史。

著书:
《古代中国研究》
《中国的革命思想》
《中国的社会思想》
《中国思想史》
以上据《日本人名大事典·现代编》(平凡社1979)、《日本人名典据录》。

[8] 后藤基已(1915—   ),中国文学研究者。东京大学中国哲学科毕业。原百合女子大学文学部教授。专攻近世哲学。

著书:
《新庄子物语》(河出书房新社 1958)
《中国古典文学全集》第二卷,(平凡社 1958)
《东海来往物语》(河出书房新社 1959)
《中国故事物语》后藤基已、驹田信二、常石茂共编,(河出书房新社 1960)
《天主实义》(明德出版社 1971)
《某种抵抗的姿势——竹林七贤》(新人物往来社 1973)
《明清思想与基督教》(研文出版社)
《王船山的中华思想》
《五四学生运动论》

编译著:
《中国古代寓话集》(平凡社 1968)
《易经》上、下,高田真治、后藤基已译,(岩波书店 1969)
《中国怪奇全集》3、妖怪之卷,(角川书店 1974)
《中国怪奇全集》4、变化之卷,(角川书店 1974)
以上据《日本著者名总目录》《日本人名典据录》《中国文学专门家事典》。

[9] 安田二郎(1911—1955),京都大学文学部哲学科毕业。

著书：

《孟子字义疏证》

《中国近世思想研究》

[10] 铃木成高(1907—1988)，京都帝国大学大学院西洋史毕业，早稻田大学名誉教授。

著书：

《世界史概观》(岩波书店 1950)

《近代的成立与中世》(二玄社 1975)

《历史的破绽＝文化、经济、国家》(二玄社 1975)

以上据《现代日本执笔者大事典》(日外アンシユーツ)、《日本人名典据录》。

[11] 宫崎市定(1901—)，京都大学文学部毕业，京都大学名誉教授。专攻中国社会及东洋史。

著书：

《雍正帝——中国的独裁君主》(岩波书店 1950)

《科举——中国的考试地狱》(中央公论社 1963)

《隋炀帝》(人物往来社 1965)

《学中国》(朝日新闻社 1971)

《水浒传——虚构之中的史实》(中央公论社 1972)

《九品官人法的研究——科举前史》(同朋社 1974)

《世界的历史 7·大唐帝国》(河出书房新社 1974)

《论语的新研究》(岩波书店 1974)

《亚洲史研究》1—4(同朋社 1975)

《木米与永翁》(朝日新闻社 1957)

《宫崎市定　亚洲史论考》上·中·下(朝日新闻社 1976)

《中国史》上(岩波书店 1977)

《东风西雅》(岩波书店 1978)

《论语的新研究》(岩波书店 1974)

目前《宫崎市定全集》(岩波书店)正在出版发行中。

以上据《现代日本执笔者大事典》《日本人名典据录》。

[12] 梅原末治(1893—1983)，1925—1928年留学于欧洲与美国。1939年成为京都大学文学部教授。

论文：

《日本考古学论考》(昭和十五年)

《鉴镜的研究》(大正十四年)

报告书：

《久津川古坟的研究》(大正九年)

《佐味田及新山古坟研究》(大正十年)
《殷墟出土的白色土器的研究》(昭和七年)
《枳禁的考古学的研究》(昭和八年)
《汉以前的古镜的研究》(昭和十一年)
《战国式铜器的研究》(昭和十一年)
《考古学六十年》(昭和四十八年)
以上据斋藤忠《日本考古学史辞典》(东京堂出版 1984)。

[13] 吉川幸次郎(1904—1980),京都大学文学部毕业。1947 年起任京都大学文学部教授。专攻中国文学。
著书：
《吉川幸次郎全集》
《元杂剧研究》(1947)
《杜甫私记》
《新唐诗选》
《中国的知惠——关于孔子》
以上据《人物情报事典》《日本人名典据录》。

[14] 平冈武夫(1909—   ),京都大学中国哲学科毕业,京都大学名誉教授。专攻白氏文集。
著书：
《唐代的长安与洛阳》索引篇,(同朋社 1977)(唐代研究入门 5)
《唐代的长安与洛阳》资料篇,(同朋社 1977)(唐代研究入门 6)
《唐代的长安与洛阳》地图篇,(同朋社 1977)(唐代研究入门 7)
《白居易》(筑摩书房 1977)(中国诗文选 17)
《儒林外史》(劲草书房 1961)
《新版鲁迅全集》读书春秋 8(1)57.1. pp8～9
以上据《中国文学专门家事典》(日外アンシユーツ)、《日本人名典据录》。

[15] 富本健辅(1913—   ),德岛文理大教授。京都帝大文学部毕业(文学博士)。
著书：
《德国宗教改革的研究序说》
《宗教改革的展开》
《宗教改革的茨温利主义》。

[16] 入矢义高(1910—   ),京都大学支那语学支那文学科毕业。京都产业大学外国语学部教授。专攻唐代、元代、明代文学与中国佛教(特别是唐代禅宗史)。
著书：
《中国的诗与禅》(讲座禅 5,禅与文化)(筑摩书房 1968)
《支那的文学论与文学史》(《文学史的方法的诸问题》,学风书院 1951)

译著：

《洛阳伽蓝记》(平凡社 1974)

《宋代随笔选》(平凡社 1971)

《洛阳三怪记》(弘文堂 1948)

《官场现形记》上、下,与石川贤作同译。平凡社 1969(中国古典文学大系 50、51)

以上据《中国文学专门家事典》《日本人名典据录》。

[17] 田中谦二(1912—),京都大学中国语学中国文学科毕业(文学博士)。关西大学文学部教授,专攻元曲、朱子语类。

译著：《长安城中的少年——清末封建家庭出生的王独清著》(平凡社 1965)

注书：《龚自珍》(岩波书店 1962)

编译：《戏曲集》上、下(金、元文学),(平凡社 1970、1971)

以上据《中国文学专门家事典》《日本人名典据录》。

[18] 市原亨吉(1911—),京都大学文学部毕业。京都大学教授。专攻中世、近世史著述：

《徐渭年谱稿略》(入矢教授、小川教授退休纪念中国文学语学论集,1974,pp635~650)《历代诗选与曹学佺的生涯》东方学报(京大)1973.9

以上据《中国文学家专门事典》。

[19] 小尾郊一(1913—),广岛文理科大学文学科(汉文学专业)毕业。武库川女子大学文学部教授、广岛大学名誉教授(文学博士)。专攻六朝文学。

著书：

《诺言之花》(第一学习社 1976)

《中国文学中所表现出来的自然与自然观——以中世文学为中心》(岩波书店 1962)

《中国文学中所表现出来的自然与人生》中国中世文学研究(11)。

以上据《中国文学专门家事典》《日本人名典据录》。

[20] 布目潮沨(1919—),东京大学东洋史学科毕业。大阪大学教养部教授。专攻东洋史(隋唐帝国的成立)。

著书：

《隋唐史研究》(同朋社 1968)

《大学研究会东洋史(编)》(法律文化社 1970)

《唐才子传之研究》(大阪大学文学部亚洲史研究会 1972)

《隋唐帝国》(讲谈社 1974)

《六朝与隋唐帝国》(社会思想社 1974)

《隋炀帝与唐太宗——暴君与明君,探讨其虚实》(清水书院 1975)

《东亚史入门(编)》(法律文化社 1975)

《中国的茶书（编译）》（平同社 1976）
以上据《现代日本执笔者大事典》《日本人名典据录》。

[21] 波多野善大(1909—　)，名古屋大学名誉教授。专攻中国现代史。
著书：
《中国近代工业史研究》东洋史研究会（京都大学文学部）1961
《东洋的历史》第 10 卷，（人物往来社 1967）
《国共合作》（中央公论社 1973）
《中国近代军阀的研究》（河出书房新社 1973）
《讲座：近代亚洲思想史》第一，西顺藏等编，（弘文堂 1960）
以上据《日本著者名总目录》5（日外アンシユーツ）。

[22] 相原信作(1904—　)京都帝国大学文学部毕业，大阪大学名誉教授。
译书：《慰神之书》《世界史概观》。

[23]《论语·雍也》中的"今汝画"。绝望、断念之意。

第 一 章

[24] 秋月胤继(1873—?)，1898 年毕业于东京大学文科，历任六高教授、大阪高校教授。文学博士。著有《陆王研究》《朱子研究》《元明代的儒教》。
以上据《昭和人名辞典》，日本图书中心 1989。

[25] 朱子注释说："程子曰。为己。欲得之于己也。为人。欲见之于人也。程子曰。古之学者为己。其终至于成物。今之学者为人。其终至于丧己。愚按圣贤论学者用心得失之际。其说多矣。然未有如此言之切而要者。"《论语集注》）

[26]《明儒学案》五，《白沙学案》。

[27] 赵岐原注："天民知道者也。可行而行。可止而止。"（《十三经注疏》中的《孟子注疏》）

[28] 岛田氏注。

[29] 朱熹《孟子集注·尽心上》。

[30] 罗整庵《困知记》下，第五十七条。

[31][32]《王阳明全集》，《年谱》成化十八年之条。

[33][34][35]《王阳明全集》，《年谱》成化二十二年之条。

[36]《王阳明全集》，《年谱》成化十八年之条。

[37][38]《王阳明全集》，《年谱》弘治元年之条。

[39] 钱穆《王守仁》三十七页。

[40]《明儒学案》二，《崇仁学案》二，《教谕娄一斋先生谅》。

[41][42][43][44][45][46][47][48] 岛田氏注。

[49] 出处不详。

[50] "终日驰求于外",王阳明《传习录》上。
[51][52][53][54] 岛田氏注。
[55]《传习录》下,三十六条。
[56] 程伊川语,《近思录》《为学篇》。
[57]《传习录》上。
[58]《传习录》下,八条。
[59][60]《传习录》下,九条。
[61]《传习录》下,八条。
[62][63][64][65][66] 岛田氏注。
[67] "作者之谓圣",《礼·乐记》。"作者"指最初建立制度的人(据《角川新字源》日本株式会社角川书店 1968,五十三页)。
[68] 岛田氏注。
[69] 指《论语·宪问》中的"遽伯玉使人于孔子。孔子与之坐而问焉。曰夫子何为。对曰。夫子欲寡其过而未能也。使者出。子曰。使乎使乎"。
[70]《诗经·仲虺之诰》的话。
[71]《论语·述而》的话。
[72][73][74] 岛田氏注。
[75]《中庸》第二十章。
[76]《传习录》中,《答顾东桥书》。
[77][78][79] 岛田氏注。
[80] 参照本章注十。
[81][82][83][84] 岛田氏注。
[85] 冈崎文夫(1888—1950),东洋史学家。京都帝国大学毕业,原东北大学教授。著作有《魏晋南北朝通史》等。
[86]《传习录》下,九条。
[87][88]《孟子字义疏证》上,《理》之条。
[89] "如有物焉,得于天,而具于心"之语出处不详。
[90] "因社会而善,因个人而恶"之语出处不详。
[91] 岛田氏注。

第 二 章

[92][93][94][95][96][97][98][99][100][101][102][103][104][105][106] 岛田氏注。
[107][108]《焦氏笔乘》卷三,《王先生》条。又《王心斋全集》卷之一,《年谱》二十九岁之条中可见[77]。又《左盦外集》《王艮传》《明儒学案》三二《王心斋传》及李

231

　　　　二曲的《观感录》。
[109]《明儒学案》三二,《王心斋传》。
[110] 伊藤仁斋(1627—1705),日本江户时代前期的儒学者,古义学派的始祖。著作有《论语古义》《孟子古义》等(据《角川新字源》)。
[111]《焦氏笔乘》三王先生条,《明儒学案》三二《王心斋传》,《左盦外集》《王艮传》。
[112]《明儒学案》三二,《王心斋传》。
[113]《明儒学案》三二,《王心斋传》。《左盦外集》《王艮传》中作"简易直截,艮莫逮焉"。
[114]《左盦外传》《王艮传》。
[115]《王心斋全集》一,《年谱》三十八岁之条。《明儒学案》三二,《王心斋传》。《左盦外集》《王艮传》中作"吾擒宸濠。一无所动。今却为斯人动心矣"。
[116]《明儒学案》三二,《王心斋传》。但在《王心斋全集》一,《年谱》三十八岁之条中作"六经者吾心之注脚也。心即道。道明则经不必用。经明则传复何益。经传印证吾心而已矣"。
[117] 春日潜庵(1812—1878),日本阳明学者(大盐中斋以后的阳明学者)。
[118][119][120] 岛田氏注。
[121]《王心斋全集》一,《年谱》三十八岁之条。"(艮)纵言及天下事。公曰:君子思不出其位。曰:某草莽匹夫而尧舜君民之心未尝一日忘。"
[122][123] 岛田氏注。
[124]《王心斋全集》四,《明哲保身论》。
[125] 桑原骘藏(1870—1931),明治—昭和时代的东洋史学家。毕业于东京帝国大学文科汉学科后直接进大学院攻东洋史。明治四十三年被授予文学博士学位。
　　著书:
　　《中等东洋史》
　　《宋末的提举市舶西域人蒲寿庚的事迹》
　　《增补东洋史教授资料》
　　《东洋史说苑》
　　《东西交通史论丛》
　　《东西文明史论丛》
　　《支那法制史论丛》
　　以上据《大人名事典》②(平凡社 1953)、《日本人名典据录》。
[126] 岛田氏注。
[127]《大学》传,第九章语。
[128] 李二曲《观感录》。另《明儒学案》三二。
[129] 李二曲《观感录》。

[130]《明儒学案》三二。

[131]《观感录》。

[132] 岛田氏注。

[133]《明儒学案》三二。

[134][135] 岛田氏注。

[136]《明儒学案》三二,《王心斋传》。另《左盦外集》《王艮传》也可见。

[137][138][139][140] 岛田氏注。

[141]《明儒学案》三四,《罗近溪传》。

[142][143][144][147] 岛田氏注。

[145] 和辻哲郎(1889—1960),哲学家、伦理学家、文化史家。东京大学毕业。任教于东洋大、法大、庆应大、京都大、东京大。1955 年被授予文化勋章。研究日本思想史等。

著书:

《作为人的学问的伦理学》(岩波书店 1971)

《风土——人间学的考察》(岩波书店 1963)

《原始佛教的实践哲学》(岩波书店 1970)

《近代日本思想大系》25,和辻哲郎集,(筑摩书房 1974)

《日本艺术史研究——歌舞伎与操净琉璃》(岩波书店 1971)

《原始基督教的文化的意义》岩波书店 1971 等一百三十多部书。

以上据《日本著者名总目录》《日本人名典据录》《年刊人物情报事典 82》第 3 卷,日外アンシユーツ,1982。

[146] 宇井伯寿(1882—1963),印度哲学学者,佛教学家,文学博士。明治四十二年毕业于东京帝国大文科大学。留学于德国、英国。1931 年其著《印度哲学研究》全六卷受帝国学士院奖。曾执教于名古屋大学、庆应义塾大学、东洋大学、日本大学、高野山大学、大正大学、东京文理科大学、早稻田大学、学习院大学等。被授予文化勋章。

著书:

《印度哲学研究》全六卷

《第一——第三禅宗史研究》

《摄大乘论研究》

《佛教思想研究》

《印度哲学史》

《支那佛教史》

《佛教泛论》

《日本佛教概史》

《安慧护法唯识三十颂释论》

《四释对照唯识二十论研究》

《陈那著作的研究》

《宝性论研究》

《瑜伽论研究》

《大乘庄严经论研究》

《释道安研究》

《大乘佛典的研究》

《西域佛典的研究》

可参考《宇井伯寿先生的业绩》一文。

以上据《日本人名大事典·现代》平凡社 1979。

[148] 王世贞《弇州史料后集》三五,《嘉隆江湖大侠》。

[149][150][151] 岛田氏注。

[152] 以上见《明儒学案》三二,《泰州学案》一。

[153][154][156][157][158][159] 岛田氏注。

[155] 铃木虎雄(1878—1963),号豹轩(诗)、药房(和歌),中国文学者,汉诗人。明治三十三年毕业于东京大学,入日本新闻社。大正八年成为文学博士。

著书:

(1) 有关诗文的论著:

《支那诗论史》

《支那文学研究》

《业间录》

《赋史大要》

(2) 对喜爱和对有特色的诗人的作品的注释:

《陶渊明诗解》

《国译杜少陵集》

《白乐天诗解》

《陆放翁诗解》

《禹域战乱诗解》

《玉台新咏集》

(3) 诗作:

《豹轩诗钞》

《豹轩退休集》

(4) 年谱:

《李卓吾年谱》

以上据《大人名事典》9、《现代篇》,平凡社 1962。

[160]《传习录》下,五十九条。

[161][162][163][164][165][166][167][168][169] 岛田氏注。
[170] "事大":《孟子·梁惠王》中的"惟智者为能以小事大"。
[171][172][173] 岛田氏注。
[174] 日户胜郎(生平事迹不详)。

第 三 章

[175][176][178][179][180] 岛田氏注。
[177] 广濑丰(生平不详)。
[181]《论语·子罕》的语句。
[182][183][184][185][186][187][188][189][190][191] 岛田氏注。
[192] 黑格尔的哲学观念。
[193][194][195][196][197][198][199] 岛田氏注。
[200][201]《孟子》的语句。
[202][203][204][205][206][207][208][209] 岛田氏注。
[210]《新五代史》五四,《冯道传》中说:"人皆以谓契丹不夷灭中国之人者,赖道一言之善也。"
[211][212][213][214][215][216][217][218][219][220][221][222][223] 岛田氏注。
[224]《王心斋全集》,《年谱》三十八岁之条。
[225][226] 岛田氏注。
[227] 松枝茂夫(1905—1995),东京帝国大学毕业,原东京都立大学教授。著书有:《中国的小说》等。另外还有一些译著。
[228] 岛田氏注。
[229] 青木正儿(1887—1964),中国文学家,号迷阳。1911年毕业于京都大学。同年成为私立大日本武德会武术专门学校教授,1919年成为同志社大学文学部教授。1920年与小岛祐马等创刊《支那学》。通过他1919年写的《大正日日新闻》与1920年写的《支那学》开始,向日本介绍中国文学革命的动向。1926年为东北大学法文学部教授。1925—1926年留学于中国。1930年著《支那近世戏曲史》。1935年成为文学博士。1938年成为京都大学文学部教授。其著书还有:
《金冬心之艺术》
《中华文人画谈》
《中华名物考》
《江南春》
《支那文学概说》

235

《支那文艺论薮》
《华国风味》
《中华饮酒诗选》
《青木正儿全集》(全十卷,春秋社 1969—1975)
以上据《日本人名典据录》、《现代人物事典》朝日新闻社 1977。

[230]《传习录》有"若其遁世无闷"的语句,《中庸》有"遁世不见知而不悔",《易经》有"遁世无闷。不见是而无闷"的语句。

第 四 章

[231]《日知录》十八,《李贽》。
[232] [233][237][238][239][240][241][242][243][244][245][246][247][248][249][250][251][252][253][254][255][256][257][258][259][260][261][262][263][264][265][266][267][268][234][235][236] 岛田氏注。

补 论

[269] 山下龙二(1924—),中国文学家。东京大学支那哲学、支那文学科毕业。名古屋大学文学部教授。专攻思想史(先秦儒教,宋明思想)、日本汉学(徂徕学,日本阳明学):
著作:
《王阳明》讲座东洋思想 2、中国思想 1,东京大学出版会 1967
《阳明学的研究》(上、下)现代情报社 1971
《王龙溪先生全集抄》阳明门下中,明德出版社(阳明学大系 6)
以上据《中国文学专门家事典》《日本人名典据录》。
[270] 中山八郎(生平事迹不详)。
[271] 指中世欧洲都市的"中产自由市民",即"第三阶级"。
[272] 波多野太郎(生平事迹不详)。
[273] 野原四郎(生平事迹不详)。
[274] 安藤昌益(1703—1762?),江户中期医师、思想家。
著书:
《自然真营道》三卷、《统道真传》五册等。
思想:站在彻底的平等主义立场,把"不耕贪食"之人剥削支配"直耕"的农民这样的社会作为"法世"来进行批判,还把支撑其社会秩序的儒学与佛教作为"盗天道之人"而进行激烈批判。他把万人"直耕"的平等的"自然世"作为理想社会,但是却没有指出实现这个理想社会的方法。摘自《新编日本史辞典》(京大日本史辞典编纂会编,东京创元社 1990)。

[275] 丸山真田,大正三年(1914)3 月 22 日生于大阪府。东京帝大法学部政治学科毕业(昭和十二年),专攻政治思想史。担任过东大法学部助手,东大助(副)教授,昭和二十五年成为教授。昭和四十六年退官(日本教授达到高龄退休称"退官")成为名誉教授。日本学士院院士(昭和五十三年),英国学士院外国院士(昭和五十七年)。主著《日本政治思想史研究》《战中与战后之间》《现代政治的思想与行动》《日本的思想》等。
摘自《新订现代日本人名录 94》(日外アンシユーツ 1994 年 1 月 20 日)。

[276] Montaigne(1533—1592)蒙田,法国散文家。

[277] Jakob Böhme(1575—1624),德国哲学家。

[278] 清水盛光:明治三十七年(1904)12 月 25 日出生于爱知县。九州帝国大学法文学部哲学科(昭和六年)毕业。文学博士。担任过九州大学助手,京都大学人文科学研究所助(副)教授,昭和二十四年就任教授,退官(参见译注[227])后,任京都大学名誉教授。
主要著作:
《支那社会的研究》
《中国乡村社会论》
《家族》等
摘自《新订现代日本人名录 94》(日外アンシユーツ 1994 年 1 月 20 日)。

[279] 内藤湖南的观点:宋以后=近世。

[280] 岛田虔次氏关于《中国近世的主观唯心论——万物一体的思想》(《东方学报》京都,1958)。

[281] 《明儒学案》三二。

[282] 二宫金次郎式的美谈:二宫金次郎(1787—1856):本来的名字叫尊德,金次郎是其通称,今神奈川县的人,幕末的农政家。金次郎出身于没落的农家,由于勤劳而使其家得以重建。他即使在劳动时也努力读书学习。在战前日本,几乎所有的小学校中都立着金次郎幼小背着柴,一边走路一边读着手中四书之学习形象的铜像(此条为岛田虔次氏作稿提供给译者)。

[283] 指荻生徂徕。荻生徂徕(1666—1728),江户中期的儒学家。古文辞学派"园学派"的创始人。到 1696 年为止,还是属于朱子学学派。40 岁前后,读明的古文辞学派王世贞、李攀龙的诗文集,得到了使宋的诗文,或者说使朱子学相对化的思路。其学说的要点是古文辞学的方法,比起朱子学的"道理"=主观性的议论来,更尊重客观性的事实与辞语,由此取六经而斥朱子学的四书。他认为道并不是朱子学中所说的个人的道德规范,而是为了治国安民的政治技术的总体,是礼乐刑政。因此,道不是天地自然之物,而是由圣人制作出来的。这样的学说,是从对朱子学进行批判中产出来的,是中国的学派所没有的、日本独自的儒

[284] 指熊泽蕃山。熊泽蕃山(1619—1691)，江户前期的儒者，中江藤树的门人。主要著作：《大学或问》《集义和书》《集义外书》。思想立场是传统合理主义，取朱子学与阳明学的中间立场。
[285] 指山鹿素行。山鹿素行(1622—1685)，江户前期的儒者、兵学家。幼时入林罗山门，到1660年为止一直是持朱子学的立场，但是从那之后渐渐对朱子学持有疑问，于是直接学习儒学的古典而确立了自己的立场。山鹿素行认为朱子学是直接归于本源的"理"的主观主义，现实事物的、明"理"的"武家日用之学"才是"圣学"。
[286] 邓豁渠、赵大洲均见岛田氏注。
[287] 岛田氏注。

后　记

[288] 荒木见悟(1917—　)，九州大学名誉教授，久留米大学教授。
主要著作：
《佛教与儒教》、《明代思想研究》、《佛教与阳明学》、《明末宗教思想研究》、《中国思想史的诸相》、《阳明学的展开与佛教》等。
[289] 楠木正继(1896—1963)，中国哲学家。东京帝国大学毕业。原九州大学教授。著书有：《宋明时代儒学思想的研究》等。
[290] 岩间一雄(1936—　)，政治学学者。名古屋大学大学院法学部毕业。法学博士。冈山大学法学部教授。
著书：
《中国政治思想史研究》(未来社 1968)
《中国封建的世界像》
杂志(有关阳明学的论文)：
《对王阳明传记的素描》(冈山大学法经学会杂志)
《阳明学的历史性格》(冈山大学经学会杂志)
以上据《日本人名典据录》《现代日本执笔者大事典》第四卷。
[291] 守本顺一郎(1922—1977)，东洋政治思想史学者。东京大学毕业，原名古屋大学教授。著书有《东洋政治思想史研究》等。
[292] 平田清明(1922—1995)，东京商科大学(一桥大学)毕业，原京都大学教授。社会思想史学者。著书有《市民社会与社会主义》等。

译后记

我翻译《中国近代思维的挫折》,要追溯到10多年前。1990年10月,我暂时中止了在武汉大学的博士课程的学习到日本国立广岛大学短期留学。我的导师萧萐父先生叮嘱我,到了日本以后,一定要尽快与他的老朋友岛田虔次先生取得联系,设法得到他的同意,把他的名著《中国近代思维的挫折》一书翻译出来。牢记着先生的嘱托,我一到广岛大学,就对我的日本导师、中日阳明学研究家吉田公平教授谈了想翻译此名著的打算。吉田公平先生马上亲笔写信代我与岛田先生联系,没想到岛田先生竟欣然同意我翻译他的这本著作。于是,在吉田公平先生的指导下,在他所指导的几位日本博士生的帮助下,我开始了此书的翻译。没想到,此书一翻译就是十余年,加上打印稿件、联系出版社等,竟一直拖到今天。更没想到,这本书的翻译,竟完全改变了我的人生道路。

翻译第一稿的完成,仅用了一年时间,可以说是一气呵成。其中,翻译仅仅用了一半的时间,而查阅、对照《中国近代思维的挫折》一书中作为论据所引用的大量经典、历史文献的出处等,竟也花了一半的时间。我在一边翻译、一边理解岛田先生文章的意思、寻找和阅读其引用的经典和历史文献的过程中,深为岛田先生的渊博学识与严谨的治学态度所折服。我原本知道"治学严谨"应该是对所有研究者的基本要求,但在《中国近代思维的挫折》一书的翻译过程中,我才真正懂得了"治学严谨"的真正含义。由于我以前不重视对思想家的原著进行基础性的精读和泛读,当然就更谈不上在此基础上对思想家的思想遗产进行正确的理解和分析。翻译《中国近代思维的挫折》时,面对其中的大量引用文,几乎完全不知道其出处和来龙去脉,当然也就很难正确理解岛田先生文章的意思。这样一来,翻译出来的东西,不但谈不上"信、达、雅",更由于思想史基础知识的不足而导致译文出现理解上的大量错误。以后才发现,在译文初稿中,有时译文和原文简直就几乎是风马牛不相及,牛头不对马嘴。我感到像我当时那样的水平,是不可能翻译好这本名著的。除此之外,《中国近代思维的挫折》一书掺杂着大量古日语,属半文半白的日语,一般日本人也看不大懂,没有专门的古日语知识,很难理解,翻译起来,极其困难,这就需要我进一步深入学习日语。于是,我决心放弃可以马上回国申请博士学位的机会,留在日本,一切从头开始,像岛田先生那样做学问。于是我考进了广岛大学大学院(研究生院),重新从硕士课程开始,一边学习一边翻译。

  在日本大学院的学习过程,是我接受一个新的学习、研究方法的过程,是弥补我思想史基础知识的不足和阅读中国古典文献的能力不足这些缺陷的过程,同时也是我再认识、再理解《中国近代思维的挫折》,重新修改翻译初稿的过程。日本大学院的思想史的课程,一大半以上都是精读思想家的原著,由学生轮流担任主讲。课前主讲者必须把原著中所有的经典以及后人对经典作的各种注和疏查阅出来,做成注,然后根据经典的原意来说明原著的意思,并用现代日语表达出来。然后是大家讨论,并由导师作答疑、指导、总结工作。我一周至少要轮到主讲一次,准备工作几乎要花掉所有的课余时间,但通过自己主讲和听其他同学主讲,的确每次都扎实地学到了很多东西。其他时间我自己也尽可能多地阅读思想家的原著,每天面对书架,查阅思想家的原著中所含的经典出处,这大大丰富了我的学识和思想,使我对中国思想史,特别是以朱子学、阳明学为中心的宋明理学、心学有了新的理解、新的认识。这对我重新阅读、理解《中国近代思维的挫折》这部著作,重新修改译稿,无疑是有很大帮助的。我在进行硕士课程学习的同时,用我新学到的知识和研究方法,以及在大大提高了的日语水平的基础上,又对译稿进行了全面的修改,并且加进了译注,完成了第二稿。在进行博士课程的学习时,又完成了第三稿。

当我在获得博士学位之后,再一次回顾我对《中国近代思维的挫折》的翻译时,感到自己当时竟敢提出要翻译《中国近代思维的挫折》,并且果真翻译了这本著作,确实是初生牛犊不怕虎,并且是骑上了虎背下不来了。过了河的卒子,只有勇往直前,鞠躬尽瘁。由于《中国近代思维的挫折》一书,涉及到中国思想史的几乎所有重要方面,覆盖了整个明代思想史,集儒、道、佛的专业知识之大成,像我当时第三稿那样的水平,是否真正如实地反映出了这本名著的原来面貌,我感到还是没有把握。我越是努力学习,越是有了收获,就越觉得中国思想史浩如瀚海,就越觉得自己知识的不足。与当时的"初生牛犊"相比,现在的我可能是变得过于"谨小慎微"了。但就是这种谨小慎微,才使我不得不决定又做了一段时间的博士后,一边继续加深对儒、道、佛的专业知识之学习,一边认真、慎重地再一次逐字逐句地推敲译稿,尽量做到准确无误地表达原著的思想。但可能是过分注意忠实于原著的缘故,第四稿由于译文太枯涩难懂而被退了回来要求再改,最后一次辛勤劳动的结晶,就是现在奉献给读者的译文的第五稿。

学无止境,即使这样反复修改,第五稿中肯定难免还是会有不少错误。我衷心地期待着读者的宝贵意见,如果有再版的机会,可以再做进一步的修改。

另外还需要说明的一点是,由于本书是于20世纪40年代完成的,作者当时所参照的是当时港台出版的古籍,所以引用的古文只用"。"断句。为忠实于原著,岛田先生要求译文中的古文尽量保持原状,不用现代汉语来进行标准的标点标注。再有,由于历史的原因,"二战"以前日本有时把中国称为支那，与此有关的词语需要我们加以留意。

在《中国近代思维的挫折》中译本即将出版之际，我首先要感谢本书的作者岛田虔次先生对我的信任、鼓励和帮助。当得知我希望翻译《中国近代思维的挫折》的时候，岛田先生马上就同意了。当我因为学习紧张、家事繁忙或身体不好而对翻译气馁时，又是岛田先生为我鼓起了继续翻译的勇气。当我在翻译过程中碰到理解不了的问题而向岛田先生请教时，百忙之中的岛田先生总是不厌其烦地、耐心地通过书信、电话或传真向我解释。岛田先生每次回家乡广岛，都要与我会面，给我许多做学问上的指教。还有，在翻译过程中，先后多次有台湾、大陆的学者、专家以及台湾的几家出版社来函要求翻译、出版该书，但都被他婉言谢绝，这更是对我极大的信任和鼓励。岛田先生一直坚持，如果可能的话，《中国近代思维的挫折》的中译本要在他所挚爱的中国哲学的故乡中国大陆出版，并在高兴地得知江苏人民出版社准备出版此书中译本后，开始为中国读者写一篇长序。但遗憾的是，他还没来得及等到这一天的到来，长序也尚未完成，就于2000年3月离开了人世，为此我心中感到非常悲痛。

我还要感谢我的导师，武汉大学教授萧萐父先生和广岛大学教授吉田公平先生，没有老师的教导和培养，就没有我的今天，当然我也就不会有能力翻译《中国近代思维的挫折》这样的名著。我还要感谢我的广岛大学的博士生同学早坂俊广、鹤成久章以及野田善弘诸君，是他们在我决定要翻译《中国近代思维的挫折》时，向我伸出了援助的手，不但帮助我提高日语水平，而且还帮助我查寻资料、解决疑难问题。他们还逐字逐句地与我一道商讨译文，以便准确地表达原著的思想。这几位同学即使在走上了工作岗位，成为大学教授之后，也一直在关心、帮助和鼓励我完成翻译工作。本文在翻译过程中还得到加拿大多伦多大学秦家懿教授关于道教方面的热情指教，在此也对她表示衷心的感谢。

我还要感谢的是岛田先生的夫人岛田元子女士和岛田先生的高足小野和子教授对此书中译本出版的支持和帮助。作为遗产继承人的岛田元子女士,在岛田先生逝世之后,继承岛田先生遗志,不但欣然同意此书中译本在中国由江苏人民出版社出版,而且不收取任何版权费。小野教授作为岛田夫人的代理人,为了中译本出版之事与出版原书的筑摩书房进行了卓有成效的斡旋。在这里,我同时也要对支持此书中译本在中国出版的筑摩书房的日比幸一先生表示感谢。

我还要感谢我的父母、丈夫和女儿对我翻译工作的支持和帮助。为了学习和翻译以及其他种种原因,我八年没有机会回家探望父母,给父母增添了多少思念和忧愁。同样在攻读博士学位和博士后的丈夫,为了优先使我早一天完成学业、完成翻译,除了要完成自己的学业和解决家庭生计以外,还要常常分担家务、照看年幼多病的女儿。除此之外,他还为译文的修改和校对等做了大量工作。女儿从出生之日起看到的妈妈,就是一个忙碌的身影,她以无限的寂寞等到了译本的完成,此时她已经长得亭亭玉立了。

最后,我对江苏人民出版社和"海外中国研究丛书"的主编刘东先生慧眼独具,深知此书的价值,欣然将此书中译本纳入丛书出版,表示衷心的钦佩和感谢。刘东先生还亲自拨冗和责任编委钱婉约女士一道为本书做了大量校、改工作;出版社的王保顶先生、周文彬先生,特别是责任编辑曹斌先生也为此书的编辑、出版工作付出了很多心血;此外还有许许多多的朋友给予了各种各样的帮助,在此一并表示衷心的感谢。

甘万萍[①]

2005 年 5 月 1 日

于日本国立广岛大学

[①] 甘万萍,女,江西南康人,出生于云南省昆明市。1983 年获华东师范大学哲学学士学位,1987 年华东师范大学哲学硕士研究生班毕业,1990 年武汉大学哲学系中国哲学史博士课程三年级肄业,1995 年获日本国立广岛大学哲学硕士学位,1998 年获广岛大学哲学博士学位,1999 年在广岛大学完成博士后研究。先后任昆明师范专科学校助教、上海大学讲师、云南大学兼职教授、广岛大学客座研究员等职。

"海外中国研究丛书"书目

1. 中国的现代化　[美]吉尔伯特·罗兹曼 主编　国家社会科学基金"比较现代化"课题组 译　沈宗美 校
2. 寻求富强:严复与西方　[美]本杰明·史华兹 著　叶凤美 译
3. 中国现代思想中的唯科学主义(1900—1950)　[美]郭颖颐 著　雷颐 译
4. 台湾:走向工业化社会　[美]吴元黎 著
5. 中国思想传统的现代诠释　余英时 著
6. 胡适与中国的文艺复兴:中国革命中的自由主义,1917—1937　[美]格里德 著　鲁奇 译
7. 德国思想家论中国　[德]夏瑞春 编　陈爱政 等译
8. 摆脱困境:新儒学与中国政治文化的演进　[美]墨子刻 著　颜世安 高华 黄东兰 译
9. 儒家思想新论:创造性转换的自我　[美]杜维明 著　曹幼华 单丁 译　周文彰 等校
10. 洪业:清朝开国史　[美]魏斐德 著　陈苏镇 薄小莹　包伟民 陈晓燕 牛朴 谭天星 译　阎步克 等校
11. 走向21世纪:中国经济的现状、问题和前景　[美]D. H. 帕金斯 著　陈志标 编译
12. 中国:传统与变革　[美]费正清 赖肖尔 主编　陈仲丹 潘兴明 庞朝阳 译　吴世民 张子清 洪邮生 校
13. 中华帝国的法律　[美]D. 布朗 C. 莫里斯 著　朱勇 译　梁治平 校
14. 梁启超与中国思想的过渡(1890—1907)　[美]张灏 著　崔志海 葛夫平 译
15. 儒教与道教　[德]马克斯·韦伯 著　洪天富 译
16. 中国政治　[美]詹姆斯·R. 汤森 布兰特利·沃马克 著　顾速 董方 译
17. 文化、权力与国家:1900—1942年的华北农村　[美]杜赞奇 著　王福明 译
18. 义和团运动的起源　[美]周锡瑞 著　张俊义 王栋 译
19. 在传统与现代性之间:王韬与晚清革命　[美]柯文 著　雷颐 罗检秋 译
20. 最后的儒家:梁漱溟与中国现代化的两难　[美]艾恺 著　王宗昱 冀建中 译
21. 蒙元入侵前夜的中国日常生活　[法]谢和耐 著　刘东 译
22. 东亚之锋　[美]小R. 霍夫亨兹 K.E. 柯德尔 著　黎鸣 译
23. 中国社会史　[法]谢和耐 著　黄建华 黄迅余 译
24. 从理学到朴学:中华帝国晚期思想与社会变化面面观　[美]艾尔曼 著　赵刚 译
25. 孔子哲学思微　[美]郝大维 安乐哲 著　蒋弋为 李志林 译
26. 北美中国古典文学研究名家十年文选　乐黛云 陈珏 编选
27. 东亚文明:五个阶段的对话　[美]狄百瑞 著　何兆武 何冰 译
28. 五四运动:现代中国的思想革命　[美]周策纵 著　周子平 等译
29. 近代中国与新世界:康有为变法与大同思想研究　[美]萧公权 著　汪荣祖 译
30. 功利主义儒家:陈亮对朱熹的挑战　[美]田浩 著　姜长苏 译
31. 莱布尼兹和儒学　[美]孟德卫 著　张学智 译
32. 佛教征服中国:佛教在中国中古早期的传播与适应　[荷兰]许理和 著　李四龙 裴勇 等译
33. 新政革命与日本:中国,1898—1912　[美]任达 著　李仲贤 译
34. 经学、政治和宗族:中华帝国晚期常州今文学派研究　[美]艾尔曼 著　赵刚 译
35. 中国制度史研究　[美]杨联陞 著　彭刚 程钢 译

36. 汉代农业:早期中国农业经济的形成　[美]许倬云 著　程农 张鸣 译　邓正来 校
37. 转变的中国:历史变迁与欧洲经验的局限　[美]王国斌 著　李伯重 连玲玲 译
38. 欧洲中国古典文学研究名家十年文选　乐黛云 陈珏 龚刚 编选
39. 中国农民经济:河北和山东的农民发展,1890—1949　[美]马若孟 著　史建云 译
40. 汉哲学思维的文化探源　[美]郝大维 安乐哲 著　施忠连 译
41. 近代中国之种族观念　[英]冯客 著　杨立华 译
42. 血路:革命中国中的沈定一(玄庐)传奇　[美]萧邦奇 著　周武彪 译
43. 历史三调:作为事件、经历和神话的义和团　[美]柯文 著　杜继东 译
44. 斯文:唐宋思想的转型　[美]包弼德 著　刘宁 译
45. 宋代江南经济史研究　[日]斯波义信 著　方健 何忠礼 译
46. 山东台头:一个中国村庄　杨懋春 著　张雄 沈炜 秦美珠 译
47. 现实主义的限制:革命时代的中国小说　[美]安敏成 著　姜涛 译
48. 上海罢工:中国工人政治研究　[美]裴宜理 著　刘平 译
49. 中国转向内在:两宋之际的文化转向　[美]刘子健 著　赵冬梅 译
50. 孔子:即凡而圣　[美]赫伯特·芬格莱特 著　彭国翔 张华 译
51. 18世纪中国的官僚制度与荒政　[法]魏丕信 著　徐建青 译
52. 他山的石头记:宇文所安自选集　[美]宇文所安 著　田晓菲 编译
53. 危险的愉悦:20世纪上海的娼妓问题与现代性　[美]贺萧 著　韩敏中 盛宁 译
54. 中国食物　[美]尤金·N.安德森 著　马孆 刘东 译　刘东 审校
55. 大分流:欧洲、中国及现代世界经济的发展　[美]彭慕兰 著　史建云 译
56. 古代中国的思想世界　[美]本杰明·史华兹 著　程钢 译　刘东 校
57. 内闱:宋代的婚姻和妇女生活　[美]伊沛霞 著　胡志宏 译
58. 中国北方村落的社会性别与权力　[加]朱爱岚 著　胡玉坤 译
59. 先贤的民主:杜威、孔子与中国民主之希望　[美]郝大维 安乐哲 著　何刚强 译
60. 向往心灵转化的庄子:内篇分析　[美]爱莲心 著　周炽成 译
61. 中国人的幸福观　[德]鲍吾刚 著　严蓓雯 韩雪临 吴德祖 译
62. 闺塾师:明末清初江南的才女文化　[美]高彦颐 著　李志生 译
63. 缀珍录:十八世纪及其前后的中国妇女　[美]曼素恩 著　定宜庄 颜宜葳 译
64. 革命与历史:中国马克思主义历史学的起源,1919—1937　[美]德里克 著　翁贺凯 译
65. 竞争的话语:明清小说中的正统性、本真性及所生成之意义　[美]艾梅兰 著　罗琳 译
66. 云南禄村:中国妇女与农村发展　[加]宝森 著　胡玉坤 译
67. 中国近代思维的挫折　[日]岛田虔次 著　甘万萍 译
68. 中国的亚洲内陆边疆　[美]拉铁摩尔 著　唐晓峰 译
69. 为权力祈祷:佛教与晚明中国士绅社会的形成　[加]卜正民 著　张华 译
70. 天潢贵胄:宋代宗室史　[美]贾志扬 著　赵冬梅 译
71. 儒家之道:中国哲学之探讨　[美]倪德卫 著　[美]万白安 编　周炽成 译
72. 都市里的农家女:性别、流动与社会变迁　[澳]杰华 著　吴小英 译
73. 另类的现代性:改革开放时代中国性别化的渴望　[美]罗丽莎 著　黄新 译
74. 近代中国的知识分子与文明　[日]佐藤慎一 著　刘岳兵 译
75. 繁盛之阴:中国医学史中的性(960—1665)　[美]费侠莉 著　甄橙 主译　吴朝霞 主校
76. 中国大众宗教　[美]韦思谛 编　陈仲丹 译
77. 中国诗画语言研究　[法]程抱一 著　涂卫群 译
78. 中国的思维世界　[日]沟口雄三 小岛毅 著　孙歌 等译

79. 德国与中华民国 [美]柯伟林 著 陈谦平 陈红民 武菁 申晓云 译 钱乘旦 校
80. 中国近代经济史研究:清末海关财政与通商口岸市场圈 [日]滨下武志 著 高淑娟 孙彬 译
81. 回应革命与改革:皖北李村的社会变迁与延续 韩敏 著 陆益龙 徐新玉 译
82. 中国现代文学与电影中的城市:空间、时间与性别构形 [美]张英进 著 秦立彦 译
83. 现代的诱惑:书写半殖民地中国的现代主义(1917—1937) [美]史书美 著 何恬 译
84. 开放的帝国:1600 年前的中国历史 [美]芮乐伟·韩森 著 梁侃 邹劲风 译
85. 改良与革命:辛亥革命在两湖 [美]周锡瑞 著 杨慎之 译
86. 章学诚的生平与思想 [美]倪德卫 著 杨立华 译
87. 卫生的现代性:中国通商口岸健康与疾病的意义 [美]罗芙芸 著 向磊 译
88. 道与庶道:宋代以来的道教、民间信仰和神灵模式 [美]韩明士 著 皮庆生 译
89. 间谍王:戴笠与中国特工 [美]魏斐德 著 梁禾 译
90. 中国的女性与性相:1949 年以来的性别话语 [英]艾华 著 施施 译
91. 近代中国的犯罪、惩罚与监狱 [荷]冯客 著 徐有威 等译 潘兴明 校
92. 帝国的隐喻:中国民间宗教 [英]王斯福 著 赵旭东 译
93. 王弼《老子注》研究 [德]瓦格纳 著 杨立华 译
94. 寻求正义:1905—1906 年的抵制美货运动 [美]王冠华 著 刘甜甜 译
95. 传统中国日常生活中的协商:中古契约研究 [美]韩森 著 鲁西奇 译
96. 从民族国家拯救历史:民族主义话语与中国现代史研究 [美]杜赞奇 著 王宪明 高继美 李海燕 李点 译
97. 欧几里得在中国:汉译《几何原本》的源流与影响 [荷]安国风 著 纪志刚 郑诚 郑方磊 译
98. 十八世纪中国社会 [美]韩书瑞 罗友枝 著 陈仲丹 译
99. 中国与达尔文 [美]浦嘉珉 著 钟永强 译
100. 私人领域的变形:唐宋诗词中的园林与玩好 [美]杨晓山 著 文韬 译
101. 理解农民中国:社会科学哲学的案例研究 [美]李丹 著 张天虹 张洪云 张胜波 译
102. 山东叛乱:1774 年的王伦起义 [美]韩书瑞 著 刘平 唐雁超 译
103. 毁灭的种子:战争与革命中的国民党中国(1937—1949) [美]易劳逸 著 王建朗 王贤知 贾维 译
104. 缠足:"金莲崇拜"盛极而衰的演变 [美]高彦颐 著 苗延威 译
105. 饕餮之欲:当代中国的食与色 [美]冯珠娣 著 郭乙瑶 马磊 江素侠 译
106. 翻译的传说:中国新女性的形成(1898—1918) 胡缨 著 龙瑜宬 彭珊珊 译
107. 中国的经济革命:20 世纪的乡村工业 [日]顾琳 著 王玉茹 张玮 李进霞 译
108. 礼物、关系学与国家:中国人际关系与主体性建构 杨美惠 著 赵旭东 孙珉 译 张跃宏 译校
109. 朱熹的思维世界 [美]田浩 著
110. 皇帝和祖宗:华南的国家与宗族 [英]科大卫 著 卜永坚 译
111. 明清时代东亚海域的文化交流 [日]松浦章 著 郑洁西 等译
112. 中国美学问题 [美]苏源熙 著 卞东波 译 张强强 朱霞欢 校
113. 清代内河水运史研究 [日]松浦章 著 董科 译
114. 大萧条时期的中国:市场、国家与世界经济 [日]城山智子 著 孟凡礼 尚国敏 译 唐磊 校
115. 美国的中国形象(1931—1949) [美]T. 克里斯托弗·杰斯普森 著 姜智芹 译
116. 技术与性别:晚期帝制中国的权力经纬 [英]白馥兰 著 江湄 邓京力 译

117. 中国善书研究　[日]酒井忠夫 著　刘岳兵 何英莺 孙雪梅 译
118. 千年末世之乱:1813年八卦教起义　[美]韩书瑞 著　陈仲丹 译
119. 西学东渐与中国事情　[日]增田涉 著　由其民 周启乾 译
120. 六朝精神史研究　[日]吉川忠夫 著　王启发 译
121. 矢志不渝:明清时期的贞女现象　[美]卢苇菁 著　秦立彦 译
122. 纠纷与秩序:徽州文书中的明朝　[日]中岛乐章 著　郭万平 译
123. 中华帝国晚期的欲望与小说叙述　[美]黄卫总 著　张蕴爽 译
124. 虎、米、丝、泥:帝制晚期华南的环境与经济　[美]马立博 著　王玉茹 关永强 译
125. 一江黑水:中国未来的环境挑战　[美]易明 著　姜智芹 译
126. 《诗经》原意研究　[日]家井真 著　陆越 译
127. 施剑翘复仇案:民国时期公众同情的兴起与影响　[美]林郁沁 著　陈湘静 译
128. 义和团运动前夕华北的地方动乱与社会冲突(修订译本)　[德]狄德满 著　崔华杰 译
129. 铁泪图:19世纪中国对于饥馑的文化反应　[美]艾志端 著　曹曦 译
130. 饶家驹安全区:战时上海的难民　[美]阮玛霞 著　白华山 译
131. 危险的边疆:游牧帝国与中国　[美]巴菲尔德 著　袁剑 译
132. 工程国家:民国时期(1927—1937)的淮河治理及国家建设　[美]戴维·艾伦·佩兹 著　姜智芹 译
133. 历史宝筏:过去、西方与中国妇女问题　[美]季家珍 著　杨可 译
134. 姐妹们与陌生人:上海棉纱厂女工,1919—1949　[美]韩起澜 著　韩慈 译
135. 银线:19世纪的世界与中国　林满红 著　詹庆华 林满红 译
136. 寻求中国民主　[澳]冯兆基 著　刘悦斌 徐硙 译
137. 墨梅　[美]毕嘉珍 著　陆敏珍 译
138. 清代上海沙船航运业史研究　[日]松浦章 著　杨蕾 王亦诤 董科 译
139. 男性特质论:中国的社会与性别　[澳]雷金庆 著　[澳]刘婷 译
140. 重读中国女性生命故事　游鉴明 胡缨 季家珍 主编
141. 跨太平洋位移:20世纪美国文学中的民族志、翻译和文本间旅行　黄运特 著　陈倩 译
142. 认知诸形式:反思人类精神的统一性与多样性　[英]G.E.R.劳埃德 著　池志培 译
143. 中国乡村的基督教:1860—1900年江西省的冲突与适应　[美]史维东 著　吴薇 译
144. 假想的"满大人":同情、现代性与中国疼痛　[美]韩瑞 著　袁剑 译
145. 中国的捐纳制度与社会　伍跃 著
146. 文书行政的汉帝国　[日]富谷至 著　刘恒武 孔李波 译
147. 城市里的陌生人:中国流动人口的空间、权力与社会网络的重构　[美]张骊 著　袁长庚 译
148. 性别、政治与民主:近代中国的妇女参政　[澳]李木兰 著　方小平 译
149. 近代日本的中国认识　[日]野村浩一 著　张学锋 译
150. 狮龙共舞:一个英国人笔下的威海卫与中国传统文化　[英]庄士敦 著　刘本森 译　威海市博物馆 郭大松 校
151. 人物、角色与心灵:《牡丹亭》与《桃花扇》中的身份认同　[美]吕立亭 著　白华山 译
152. 中国社会中的宗教与仪式　[美]武雅士 著　彭泽安 邵铁峰 译　郭潇威 校
153. 自贡商人:近代早期中国的企业家　[美]曾小萍 著　董建中 译
154. 大象的退却:一部中国环境史　[英]伊懋可 著　梅雪芹 毛利霞 王玉山 译
155. 明代江南土地制度研究　[日]森正夫 著　伍跃 张学锋 等译　范金民 夏维中 审校
156. 儒学与女性　[美]罗莎莉 著　丁佳伟 曹秀娟 译

157. 行善的艺术:晚明中国的慈善事业(新译本)　[美]韩德玲 著　曹晔 译
158. 近代中国的渔业战争和环境变化　[美]穆盛博 著　胡文亮 译
159. 权力关系:宋代中国的家族、地位与国家　[美]柏文莉 著　刘云军 译
160. 权力源自地位:北京大学、知识分子与中国政治文化,1898—1929　[美]魏定熙 著　张蒙 译
161. 工开万物:17世纪中国的知识与技术　[德]薛凤 著　吴秀杰 白岚玲 译
162. 忠贞不贰:辽代的越境之举　[英]史怀梅 著　曹流 译
163. 内藤湖南:政治与汉学(1866—1934)　[美]傅佛果 著　陶德民 何英莺 译
164. 他者中的华人:中国近现代移民史　[美]孔飞力 著　李明欢 译　黄鸣奋 校
165. 古代中国的动物与灵异　[英]胡司德 著　蓝旭 译
166. 两访中国茶乡　[英]罗伯特·福琼 著　敖雪岗 译
167. 缔造选本:《花间集》的文化语境与诗学实践　[美]田安 著　马强才 译
168. 扬州评话探讨　[丹麦]易德波 著　米锋 易德波 译　李今芸 校译
169. 《左传》的书写与解读　李惠仪 著　文韬 许明德 译
170. 以竹为生:一个四川手工造纸村的20世纪社会史　[德]艾约博 著　韩巍 译　吴秀杰 校
171. 东方之旅:1579—1724耶稣会传教团在中国　[美]柏理安 著　毛瑞方 译
172. "地域社会"视野下的明清史研究:以江南和福建为中心　[日]森正夫 著　于志嘉 马一虹 黄东兰 阿风 等译
173. 技术、性别、历史:重新审视帝制中国的大转型　[英]白馥兰 著　吴秀杰 白岚玲 译
174. 中国小说戏曲史　[日]狩野直喜 著　张真 译
175. 历史上的黑暗一页:英国外交文件与英美海军档案中的南京大屠杀　[美]陆束屏 编著/翻译
176. 罗马与中国:比较视野下的古代世界帝国　[奥]沃尔特·施德尔 主编　李平 译
177. 矛与盾的共存:明清时期江西社会研究　[韩]吴金成 著　崔荣根 译　薛戈 校译
178. 唯一的希望:在中国独生子女政策下成年　[美]冯文 著　常姝 译
179. 国之枭雄:曹操传　[澳]张磊夫 著　方笑天 译
180. 汉帝国的日常生活　[英]鲁惟一 著　刘洁 余霄 译
181. 大分流之外:中国和欧洲经济变迁的政治　[美]王国斌 罗森塔尔 著　周琳 译　王国斌 张萌 审校
182. 中正之笔:颜真卿书法与宋代文人政治　[美]倪雅梅 著　杨简茹 译　祝帅 校译
183. 江南三角洲市镇研究　[日]森正夫 编　丁韵 胡婧 等译　范金民 审校
184. 忍辱负重的使命:美国外交官记载的南京大屠杀与劫后的社会状况　[美]陆束屏 编著/翻译
185. 修仙:古代中国的修行与社会记忆　[美]康儒博 著　顾漩 译
186. 烧钱:中国人生活世界中的物质精神　[美]柏桦 著　袁剑 刘玺鸿 译
187. 话语的长城:文化中国历险记　[美]苏源熙 著　盛珂 译
188. 诸葛武侯　[日]内藤湖南 著　张真 译
189. 盟友背信:一战中的中国　[英]吴芳思 克里斯托弗·阿南德尔 著　张宇扬 译
190. 亚里士多德在中国:语言、范畴和翻译　[英]罗伯特·沃迪 著　韩小强 译
191. 马背上的朝廷:巡幸与清朝统治的建构,1680—1785　[美]张勉治 著　董建中 译
192. 申不害:公元前四世纪中国的政治哲学家　[美]顾立雅 著　马腾 译
193. 晋武帝司马炎　[日]福原启郎 著　陆帅 译
194. 唐人如何吟诗:带你走进汉语音韵学　[日]大岛正二 著　柳悦 译

195. 古代中国的宇宙论　[日]浅野裕一 著　吴昊阳 译
196. 中国思想的道家之论:一种哲学解释　[美]陈汉生 著　周景松 谢尔逊 等译　张丰乾 校译
197. 诗歌之力:袁枚女弟子屈秉筠(1767—1810)　[加]孟留喜 著　吴夏平 译
198. 中国逻辑的发现　[德]顾有信 著　陈志伟 译
199. 高丽时代宋商往来研究　[韩]李镇汉 著　李廷青 戴琳剑 译　楼正豪 校
200. 中国近世财政史研究　[日]岩井茂树 著　付勇 译　范金民 审校
201. 魏晋政治社会史研究　[日]福原启郎 著　陆帅 刘萃峰 张紫毫 译
202. 宋帝国的危机与维系:信息、领土与人际网络　[比利时]魏希德 著　刘云军 译
203. 中国精英与政治变迁:20世纪初的浙江　[美]萧邦奇 著　徐立望 杨涛羽 译　李齐 校
204. 北京的人力车夫:1920年代的市民与政治　[美]史谦德 著　周书垚 袁剑 译　周育民 校
205. 1901—1909年的门户开放政策:西奥多·罗斯福与中国　[美]格雷戈里·摩尔 著　赵嘉玉 译
206. 清帝国之乱:义和团运动与八国联军之役　[美]明恩溥 著　郭大松 刘本森 译
207. 宋代文人的精神生活(960—1279)　[美]何复平 著　叶树勋 单虹泽 译
208. 梅兰芳与20世纪国际舞台:中国戏剧的定位与置换　[美]田民 著　何恬 译
209. 郭店楚简《老子》新研究　[日]池田知久 著　曹峰 孙佩霞 译
210. 德与礼——亚洲人对领导能力与公众利益的理想　[美]狄培理 著　闵锐武 闵月 译
211. 棘闱:宋代科举与社会　[美]贾志扬 著
212. 通过儒家现代性而思　[法]毕游塞 著　白欲晓 译
213. 阳明学的位相　[日]荒木见悟 著　焦堃 陈晓杰 廖明飞 申绪璐 译
214. 明清的戏曲——江南宗族社会的表象　[日]田仲一成 著　云贵彬 王文勋 译
215. 日本近代中国学的形成:汉学革新与文化交涉　陶德民 著　辜承尧 译
216. 声色:永明时代的宫廷文学与文化　[新加坡]吴妙慧 著　朱梦雯 译
217. 神秘体验与唐代世俗社会:戴孚《广异记》解读　[英]杜德桥 著　杨为刚 查屏球 译　吴晨 审校
218. 清代中国的法与审判　[日]滋贺秀三 著　熊远报 译
219. 铁路与中国转型　[德]柯丽莎 著　金毅 译
220. 生命之道:中医的物、思维与行动　[美]冯珠娣 著　刘小朦 申琛 译
221. 中国古代北疆史的考古学研究　[日]宫本一夫 著　黄建秋 译
222. 异史氏:蒲松龄与中国文言小说　[美]蔡九迪 著　任增强 译　陈嘉艺 审校
223. 中国江南六朝考古学研究　[日]藤井康隆 著　张学锋 刘可维 译
224. 商会与近代中国的社团网络革命　[加]陈忠平 著
225. 帝国之后:近代中国国家观念的转型(1885—1924)　[美]沙培德 著　刘芳 译
226. 天地不仁:中国古典哲学中恶的问题　[美]方岚生 著　林捷 汪日宣 译
227. 卿本著者:明清女性的性别身份、能动主体和文学书写　[加]方秀洁 著　周睿 陈昉昊 译
228. 古代中华观念的形成　[日]渡边英幸 著　吴昊阳 译
229. 明清中国的经济结构　[日]足立启二 著　杨缨 译
230. 国家与市场之间的中国妇女　[加]朱爱岚 著　蔡一平 胡玉坤 译
231. 高丽与中国的海上交流(918—1392)　[韩]李镇汉 著　宋文志 李廷青 译
232. 寻找六边形:中国农村的市场和社会结构　[美]施坚雅 著　史建云 徐秀丽 译
233. 政治仪式与近代中国国民身份建构(1911—1929)　[英]沈艾娣 著　吕晶 等译
234. 北京的六分仪:中国历史中的全球潮流　[美]卫周安 著　王敬雅 张歌 译

235. 南方的将军:孙权传 [澳]张磊夫 著 徐缅 译
236. 未竟之业:近代中国的言行表率 [美]史谦德 著 李兆旭 译
237. 饮食的怀旧:上海的地域饮食文化与城市体验 [美]马克·斯维斯洛克 著 门泊舟 译
238. 江南:中国文雅的源流 [日]中砂明德 著 江彦 译
239. 中国早期的星象学和天文学 [美]班大为 著 宋神秘 译
240. 中国乐书:从战国到北宋 [美]戴梅可 著 何剑叶 译
241. 中国古代的身份制:良与贱 [日]崛敏一 著 何志文 译 李天石 校
242. 秦帝国的诞生 [日]栁山明 [美]罗泰 编 吴昊阳 曾广桃 译
243. 洪亮吉:清朝士大夫的生存之道 [日]片冈一忠 著 张珺 译